学思语言学丛书
国家社会科学基金项目（06BYY042）
现代汉语空间范畴的认知与理解（一）
主编 齐沪扬

现代汉语位移空间的认知研究

曾传禄 著

2014年·北京

图书在版编目(CIP)数据

现代汉语位移空间的认知研究/曾传禄著.—
北京:商务印书馆,2014
ISBN 978-7-100-09769-7

I.①现⋯ II.①曾⋯ III.①现代汉语—研究
IV.①H109.4

中国版本图书馆 CIP 数据核字(2013)第 007874 号

所有权利保留。
未经许可,不得以任何方式使用。

现代汉语位移空间的认知研究

曾传禄 著

商 务 印 书 馆 出 版
(北京王府井大街36号 邮政编码100710)
商 务 印 书 馆 发 行
北京中科印刷有限公司印刷
ISBN 978-7-100-09769-7

2014年1月第1版　　开本 787×1092　1/16
2014年1月北京第1次印刷　印张 18 1/4
定价:41.00元

总　序

这套丛书的作者都长期从事现代汉语语法的教学和研究。笃学深思，各有所得。丛书涉及的范围很广，从整体上看，重点在于通过语法结构的分析，达到深入理解语句的目的。

通常认为句子属于三维结构，即包括句法、语义和语用。三者的关系怎样，向来有不同的看法。丛书作者以句法为基点，从而阐述语义和语用，这符合认知的规律。表达汉语句法结构的要素，一般认定是语序和虚词。其实，在语言分析的实践中，许多学者已经扩大了形式要素的范围，以"标记"代替虚词。虚词当然是重要的标记，但标记不限于虚词，从书中可以找到这方面的实证。顺便说一句，我以为汉语的句法形式的要素，除了语序与标记之外，还有"节律"。例如单双音节的搭配常影响结构关系。

从认知的角度考虑思维活动，历来都关注从感性到理性的过程。其实，高级思维活动还有一个重要的环节，那就是"悟性"。简单地说，从感性到理性是从具体到抽象，这是思想上的一次升华。从理性到悟性，是从抽象到具体，不过，这里的具体不是前边那个具体的回归，它们的范围并不相同。可以认为，这是思想上另一次升华。丛书中论述"量"和"空间"等问题体现了这种观点。

目前的语法研究，目标集中在规范化和现代化。语言现代化的内容很广泛，机器翻译和人机对话是主要内容之一。在这方面有许多问题亟待解决。丛书作者在信息处理方面，在短语的规范化方面都做出了有益的探索，正适应了当前的需要。

丛书的选题，有些是很少有人讨论过的，给人以新的领会。有些选题是多次见于论著的，作者提出新的见解，能给人以启迪。不同的选题之间有很多互补的地方，这大概也是构成丛书的依据吧。

张斌

目　　录

引言 ··· 1
第一章　位移事件的表达模式 ······································· 9
　　第一节　位移事件与语言表达 ··································· 9
　　　　○　引言 ··· 9
　　　　一　位移事件的表达方式 ·································· 10
　　　　二　位移事件的类型 ······································ 17
　　　　三　位移事件的性质 ······································ 21
　　　　四　位移事件参照及其格标 ································ 25
　　　　五　结语 ·· 34
　　第二节　"V起来"的语义分化及相关问题 ························ 35
　　　　○　引言 ·· 35
　　　　一　从位移义到结果义 ···································· 36
　　　　二　时体义的形成和发展 ·································· 40
　　　　三　情态义及其衍生理据 ·································· 44
　　　　四　语篇中的信息地位 ···································· 49
　　　　五　结论与余论 ·· 50
第二章　与位移动词、置放动词相关的问题 ························· 54
　　第一节　位移动词的类型特点和认知语义研究 ··················· 54
　　　　○　引言 ·· 54
　　　　一　动词移动性功能研究的理论背景 ························ 55
　　　　二　研究思路与研究方法 ·································· 57
　　　　三　汉语动词移动性功能的强弱分类 ························ 61
　　　　四　分类结果与结论 ······································ 64

第二节　置放事件、置放动词及其相关句法语义 …………… 68
　　　　〇　引言 ……………………………………………………… 68
　　　　一　关于置放事件和置放动词 ……………………………… 69
　　　　二　句式论元的特征和句位 ………………………………… 75
　　　　三　处所成分的处所性和事物性 …………………………… 82
　　　　四　结语 ……………………………………………………… 93

第三章　"过来/过去"与"下来/下去"的用法及其认知解释 …… 95
　　第一节　"过来/过去"的用法及其认知解释 …………………… 95
　　　　〇　引言 ……………………………………………………… 95
　　　　一　"过来/过去"的基本用法 ……………………………… 96
　　　　二　"过来/过去"的引申用法及其认知解释 ……………… 98
　　　　三　障碍图式与"V得（不）过来/过去" ……………… 108
　　　　四　结语 …………………………………………………… 116
　　第二节　"下来/下去"的用法及其认知解释 ………………… 117
　　　　一　"下来/下去"意义上不对称的认知解释 …………… 117
　　　　二　"下来"和"下去"句法位置上不对称的认知解释 … 137

第四章　介词短语的功能与相关问题 ………………………………… 156
　　第一节　介词"往"的功能与相关问题 ………………………… 156
　　　　〇　引言 …………………………………………………… 156
　　　　一　A、B两式的句法、语义差异 ………………………… 156
　　　　二　事件的性质和表达的差异 …………………………… 167
　　　　三　介词"往"、"向"的功能比较 ……………………… 173
　　　　四　从历时角度看介词"往"、"向"的功能 …………… 183
　　　　五　结语 …………………………………………………… 185
　　第二节　"从+X"的语义语用考察 …………………………… 186
　　　　〇　引言 …………………………………………………… 186
　　　　一　"从"介引的事件角色 ……………………………… 187
　　　　二　"从+X"对V的选择 ………………………………… 191
　　　　三　"从+X"与动作参与者的语义关系 ………………… 193

  　　四　"从+X"的语用功能 ··· 199
  　　五　连动句、"把"字句和隐现句中的"从+X" ················ 203
  　　六　结语 ··· 215
第五章　和"来、去"相关的短语的认知解释 ····························· 216
  第一节　"V来V去"格式及其语法化 ···································· 216
  　　〇　引言 ··· 216
  　　一　语义类型和语法意义 ··· 217
  　　二　句法功能和语篇特征 ··· 220
  　　三　语法化的机制和特点 ··· 230
  　　四　结语 ··· 240
  第二节　"V+去"和"V+走"的认知解释 ···························· 241
  　　〇　引言 ··· 241
  　　一　"V+去"与"V+走"对动词的选择 ························ 242
  　　二　"V+去"与"V+走"所构成的句式 ························ 245
  　　三　"V+走"与"V+去"的界性特征 ···························· 252
  　　四　从位移事件的类型看"V+去"与"V+走" ·············· 260
  　　五　结语 ··· 268
参考文献 ··· 270
后记 ··· 279

引　言

一　本课题的总体情况

空间认知域是人类最基本的认知域,空间范畴不仅包含一般意义上的物理空间,还可以拓展至心理空间,甚至可以进一步拓展至时间空间、事相空间等人类认知的各个方面。对空间范畴的进一步研究可以较好地解决人类认知世界的思维机制和心理过程,有利于揭示语言现象中一些尚不为人们所关注的现象和规律。

本课题的研究成果最终体现在如下三个子课题中:

1. 现代汉语位移空间的认知研究

主要讨论空间位移的认知研究。在这个子课题中,将从空间位移的语义表达出发,以认知语义学的基本理论为指导,重点选择位移选题中具有代表性的路径成分、位移动词和位移表达方式做重点研究。这个子课题的主要内容是:(1)位移事件的表达模式,并以"V起来"的语义分化及其相关问题作为对表达模式的论证;(2)与位移动词、置放动词相关的问题,讨论位移动词、置放动词的类型特点和相关句法语义;(3)讨论两组词的基本用法和引申用法,即"过来/过去"和"下来/下去"的用法及其认知解释;(4)介词短语的功能与相关问题,讨论"往"字所构成的两种格式在句法、语义和事件表达方面的差异以及"从+X"的语义、语用功能;(5)和"来、去"相关的短语的认知解释,讨论"V来

V去"格式及其语法化的过程，以及"V+去"和"V+走"在表示位移事件中的差异。

2. 现代汉语心理空间的认知研究

主要从语言习得的角度和心理实证的角度，讨论空间方位词的认知研究，涉及预期研究计划中处所系统方面的问题。这一子课题从最能表现空间概念的四组表示处所"上下"、"前后"、"大小"、"高低"入手，在四个方面对四组词进行实证研究：（1）用意象图式理论分析这四组词的多义现象，证明空间隐喻是抽象概念的基础，是表达抽象概念的认知方式；（2）用发展心理学的实验手段，研究低龄儿童口语习得四组词时形成的规律，证明上述义项引申过程的正确；（3）用认知心理学的实验手段，探讨空间认知和部分抽象域概念的认知加工过程。这一子课题是以一定数量的心理学实证报告作为主要内容的，改变了现代汉语学界从语言学视角研究空间隐喻的状态，以心理实证来回答空间隐喻和词的多义性问题。

3. 现代汉语现实空间的认知研究

在借鉴以往研究成果的基础上，阐述现实空间领域的结构要素和表达方式，涉及预计研究计划中大部分内容。这一子课题立足于空间域本身的认知研究，研究范围主要涉及以下一些内容：（1）空间位置系统的认知研究，认为空间位置可以分为静止的和非静止的两种，依次讨论构成不同空间位置的要素，以及表达这些空间位置的相应句式；（2）空间方位系统的认知研究，讨论方位参照的结构要素，指示参考点的方位短语的认知规则，并对方位词"上/下"的不对称分布和语法化过程进行解释；（3）与静态位置相关句法形式的认知研究，主要研究表示静态位置的零动词句、"着"字句、状态"在"字句和动作"在"字句的结构类型和认知语义；（4）与动态位置相关的句法形式的认知研究，首先讨论带处所宾语的"把"字句的基本语义和空间位移模式，接着对空间位移中主观参照"来/去"、客观参照"P+N"和"D+Q+M"的认知语义规则进行详尽的讨论。

二 本课题的研究方法和研究特色

本课题在研究方法和研究特色上主要有以下特点：

1. 在对空间范畴充分描写的基础上，重点对空间范畴向其他范畴投射的方式、方法进行认知解释。归纳和总结物理空间范畴的表达形式在心理空间等其他目标域范畴中的表现形式和表现方法，探讨这些表现形式和方法是怎样为人们所认知和理解的。本课题的研究立足于功能主义的语言观，主要借鉴标记理论、典型范畴理论、认知（概念）域理论、言语行为理论、关联理论等相关的理论模式，并适当运用结构主义的分布、变换等原理，对空间范畴非空间化的方式、方法以及过程进行研究的同时，对心理空间等目标域范畴的整体及内部层次进行详细的描写和解释。

2. 本课题对重要的、具有典型意义的投射过程进行详细具体的描写，寻找外在形式标志，并在大规模语料库中进行验证，寻求形式与意义之间的对应。本研究在着重强调语言形式和语义内容之间的对应关系的同时，从人类认知世界的生理和心理过程出发，对人类知识概念化的方式和手段寻求语言外在形式化的标志。用心理实证的手段，在大量心理实验的基础上，论证空间隐喻的心理现实性，论证空间认知和部分抽象域的认知加工的心理过程，着重探讨空间方位词和空间维度词的意向图式在人的行为中的表现，意向图式对词语加工的影响，时空隐喻模式在年龄差异上的表现。

3. 20世纪70年代以后重新兴起的语法化研究把重心从历时转向共时。本课题用语法化的研究方法来解释空间范畴共时平面研究中难以解决的现象。从认知的角度看，重新分析是概念的"转喻"，类推是概念的"隐喻"，因此语法化的背后是认知动因在起作用。本研究认为汉语里表示空间位移的路径或方向的不少趋向词，在隐喻和转喻机制的作用下，扩展到时间范畴表示时体意义，有的还在语法化和主观化的作用下，扩展到情态范畴。本课题用隐喻和转喻的理论很好地解释了一些表示空间位移的介词结构，是如何从具体的原型范畴向外扩展到边缘范畴，然后再到虚拟的抽象的事物和概念。

三 本项子课题的主要结论和研究思路

1. 本项子课题的主要结论

（1）首次比较全面地阐述了汉语位移事件框架、表达模式和类型性质，总结了位移事件语言表达的基本特点和基本规律。汉语位移事件可以分为自移事件和致移事件两种类型，有简单表达式和复杂表达式两种表达模式。从性质特点看，位移事件还可以分为现实位移和虚拟位移，自主位移与非自主位移，有界位移和无界位移。位移事件参照由"处所词"充当，按语义特征可分为"起点"、"经过点"和"终点"等。由介词标引的处所词，语序基本遵循"起点在动词前，终点在动词后"的时空象似性，体现了人类普遍的"终端焦点化"的认知倾向。

（2）从位移事件的角度，重新解释了介词"往"、"向"的功能差异。"往"和"向"可以构成两种格式，即"往/向+O+VP"，简称 A 式；"V+往/向+O"，简称 B 式。从位移事件的角度看，介词"往"、"向"也存在着功能差异：1）"往"、"向"在 A 式中都可以标引位移的方向、目标、终点；"往"在 B 式中可以标引位移的目标、终点，不能标引位移的方向，"向"在 B 式中可以标引位移的目标、方向，不能标引位移的终点。2）"往"凸显位移的目标或终点，所表达的位移事件过程性和方向性不明显，可以出现在实现类位移事件中；"向"凸显位移的过程或方向，所表达的位移事件具有明显的过程性和方向性，很少出现在实现类位移事件中，即使出现一般也要求动词是方向凸显的。3）动词在语义上的认知显著度对"往"、"向"的使用是有影响的：对目标认知显著度高的动词宜用"往"不宜用"向"；对方向认知显著度高的动词宜用"向"不宜用"往"。4）"往"的主要功能是标引位移的目标或终点，"向"的主要功能是标引动作或状态的方向。

（3）运用认知语义学、语法化、主观化和话语标记等理论，对某些路径成分的基本意义和引申意义之间的内在联系、对某些位移表达式发展演变的机制和动因做出了合理的解释。"V起来"表示结果义、时体义与路径隐喻有关，前者是路径终点转喻路径整体，后者是凸显路径起点；"V起来"表示情态意义则与起始时态的将来特征和"以身喻心"的隐喻有关；"V起来"的语义变化是一个主观性增强的过程。"过来、过去"的位移图式通过隐喻机制映射到时间、数量、心理、状态和事件等抽象认知域，各个认知域的"过来、过去"在语义特征上存在某些不同，其隐喻映射也存在某些对称和不对称。

（4）基于认知语义学的观念，提出或重新定义了位移参照的格标，过程凸显和目标凸显，位移的方向、目标和终点等概念；确定了置放动词、置放事件的范围，说明了置放句式的特征以及置放动词和置放句式之间的关系。在置放句中，处所成分做补语时，处所性得到实现，事物性受到抑制；做宾语时，事物性得到实现，处所性受到抑制；处所成分做宾语具有受动性，做补语没有受动性。处所成分做直接宾语和"把"的宾语的条件是具有"整体性"或者完全受影响性特征。

2. 本项子课题的研究思路

位移概念是人类基本的认知概念，位移表达系统在各种语言中普遍存在。位移概念如何与语言编码建立联系，不同语言采用的手段却不尽相同，这种语言编码手段上的差异具有类型学意义。因此，位移运动的概念化和位移事件的词汇化是近年来语言类型学和对比语言学的研究热点。

位移是指随着时间的推移，物体的空间位置发生了变化。物体的位移包含诸多语义要素，它的语言表达方式较为复杂。在Fillmore的格语法框架下，位移动词带有起点、路径、终点三个语义角色。在框架语义学模式下，位移框架包括主体、起点、路径、终点四个框架要素。Leonard Talmy从"事件整合类型学"角度对位移事件结构及其词汇化模式进行了系统的描写和分类，"位移体"、"参照物"、"位移"和"路径"

是位移事件的四个基本语义成分，这四个基本语义成分组成了整个宏观位移事件中的框架事件。

本项子课题拟从空间位移的语义表达出发，运用认知语义学的有关理论讨论汉语位移系统中某些语义语法问题，讨论范围将涉及位移事件及其下位类型，位移事件构成要素（主动词、路径成分、位移参照等），位移表达式等。通过对位移系统中这些基本问题的研究，旨在发现某些隐藏在语言表达形式背后的认知动因，为对外汉语教学和汉语信息处理提供理论和事实的依据。

本项子课题运用认知语义学理论来开展研究，但不是采用单一的理论方法，而是具体问题具体研究。只要所采用的理论方法具有解释力强、简单、可操作的特点，便是可取的方法。总体上说，采取功能主义的研究取向，以认知语义学的基本观念为指导，从语义表达出发，对位移系统中的某些问题进行专题性研究。本项子课题立论依据建立在大量实际语料的收集、整理和分析的基础上，在研究方法上注重归纳与演绎相结合、描写与解释相结合、静态分析与动态分析相结合，透过语言的表象挖掘语言的深层规律，努力寻找形式与功能之间的对应关系，同时，还广泛运用比较的研究方法。

四　本课题的学术价值与不足之处

1. 本课题的学术价值

本课题认为空间问题已不限于空间位置系统的表达，作为人类最基本的认知方式和手段，已经渗透到了语言运用的各个方面，在语言的编码和解码的过程中起着非常重要的作用。人们在组织和理解语言时，依然遵循着对空间认知的心理过程，对这些表达空间范畴的语言形式进行系统、详细的描写和解释，可以进一步揭示空间范畴的重要性。本课题首次将空间范畴与其目标域范畴结合起来统一进行研究，对空间范畴的表达形式与目标域范畴中的表达形式进行系统的描写、对比，并寻求外在形式标志，将空间问题置于一个动态的系统中，研究空间范畴的内部层次和目标域范畴的内部层次，争取将表达形式与意义对应起来。

本课题的研究，将直接推动汉语认知语义系统的进一步深入，对厘清汉语认知语义系统的内部关联，把握汉民族对外部世界的认知方式、概念化过程以及解码方式和过程都有非常重要的理论价值和实际意义。本课题的研究成果，可以为自然语言信息处理形式化需求提供外在形式标准，可以对汉语本体研究提供理论上和方法论上的新的探索，本研究也可以直接推动对外汉语教学理论和方法的改进，部分成果可直接转化为汉语本体和对外汉语教学知识，具有较强的实用价值。

2. 本课题存在的不足

本课题存在的不足有两点：首先，现代汉语空间范畴的认知和理解是一项比较大的工程，也是一个十分开放的研究课题，目前本课题只是在选择了其中几个方面进行研究，所做的只能是非常初步的、尝试性的研究工作。就目前所做工作的深度和广度而言，它距离建立一个科学的、系统的理论框架的要求，还有一定的差距。其次，本课题对空间范畴的研究主要局限于汉语普通话，没有对古汉语和汉语方言空间范畴的语言表达进行研究，也没有对古今汉语空间范畴的类型特点进行对比和评述。有些研究工作，比如位移动词的概念化和位移事件的词汇化还没有展开，心理学上的实证研究还有许多问题值得探索。

有待进一步研究的问题在于以下几个方面：

（1）认知上的主观化，使得物理空间赋予了汉语特有的情理值，三种维度的凸显各有特点，怎样将这些特点与情理值整体上对应起来，建立起一套符合人们语感的语义框架，是本课题继续研究的重点。其中位移动词的概念化差异对句法结构的影响，是需要特别关注的问题。

（2）空间方位系统既有静态系统也有动态系统，关乎两者的参照系统的建立，在人们的认知中显得尤为重要，在这两个系统中参照系统是怎样确立的，人们确立参照项的依据和标准是什么，为什么人们会采用不同的参照系统，需要从人们的心智发展过程加以研究和考察。心理学上的实证应该在这方面提出理论依据。

(3)汉语中许多表示空间概念的句法形式如动趋式、介词短语等，其形成过程不同，成熟的时间有先后，在汉语方言中有不同的表现。在空间位移的语言表达方面，方言与方言之间、方言与普通话之间的诸多差异，很可能成为研究汉语位移事件类型的重要线索或参照项，值得进行一定规模的方言调查和全面的普方比较研究。

第一章

位移事件的表达模式

第一节 位移事件与语言表达

○ 引言

位移是指物体的空间位置在运动中发生了变化。位移是一个动程，位移物体随着时间的推移在空间留下一个位移轨迹。位移事件框架是人类的一种基本认知模式，各种语言一般采用不同的方式来表示物体的位移。物体的位移包含诸多要素，它的语言表达方式较为复杂。根据Talmy（2000）和沈家煊（2003）的观点，一个位移事件由四个基本概念构成：

图像（Figure），指位移体，它是相对参照点而运动的人或物。

场景（Ground），指参照点，作为位移体运动参照的物体，由"处所词语"充当。

位移（Motion），指运动本身。

路径（Path）[①]，指位移体以场景为参照点的位移轨迹。在汉语中"路径"成分涉及趋向动词、方位词和介词。

[①] "路径"是一个复杂概念，包括"向量"（vector）、"维向"（conformation）和"指示"（deictic）三个区别成分。"向量"是位移体相对于参照点的运动方式，分为三个基本位移模式："到达"、"路过"和"离开"。"维向"是位移轨迹和参照点之间的几何关心，有"上/下、里/外"等类型。"指示"是以说话人为参照点的一种特殊向量关系，相当于汉语中的"来"和"去"。（Talmy 2000:53—57）

例如：

① a. The bottle floated out of the cave.
　b. La botella salió de la cueva flotando.
　c. 瓶子漂出岩洞。

汉语和英语都用动词（漂，float）表达"运动"和"方式"，单独用趋向补语（出）和副词性成分（out）表达位移的路径，西班牙语里"运动"和"路径"合并为一个动词"sali"，"方式"单独由 flotando 表示。从结构上讲，汉语的"漂"、英语的 float 和西班牙语的 sali 是谓语动词，是句子的核心成分，汉语的"出"、英语的 out of 和西班牙语的 flotando 是附加在谓语动词上的非核心成分。Talmy 认为位移路径是一系列相关的事件（Macro-event）中的构架事件（framing event），根据构架事件是由核心成分还是非核心成分来表达，世界上的语言可以分为两种类型：一种是卫星构架语言（satellite-framed languages），构架事件由非核心成分表达，例如汉语、英语；一种是动词构架语言（verb-framed languages），构架事件由核心成分表达，例如西班牙语、法语、日语。

但是，对于汉语动补结构的核心是动词还是补语，学界的意见并不统一。如果认为动词是核心，补语是附加成分，那么汉语属于卫星构架语言；反之，如果认为补语是核心，动词是起修饰补语作用的，那么汉语属于动词构架语言。也有学者认为汉语是一种混合类型的语言，因为充当补语的形式仍然能作为动词短语的主要动词，如"出去"、"回来"等。本节不介入汉语归属问题的讨论，只就汉语位移事件的语言表达问题进行探讨。

一　位移事件的表达方式

（一）位移事件的简单表达式①

位移事件的简单表达式主要通过一般位移动词和路径动词来表达。

---

① 简单表达式体现动词构架语言的特点。

这里的一般位移动词是指除路径动词（因为路径动词也是位移动词）之外的、具有［＋位移］语义特征或者说本身蕴含一个位移动程的动词，如"走、跑、跳、滚、撒、逛、遛、游、渡、跨、闯、过、扔、落、陷、离开、经过、通过、靠近、逼近、横穿、逃奔、进军、挺进、深入、渗透、置身、抵达"等。

1. 一般位移动词表达位移事件，主要有两种表达式

（1）单独用动词表达

② a. 他一大早就走了。

b. 几个小偷转眼就溜了。

c. 他把那些烂苹果扔了。

d. 刚喝下的几口汤全吐了。

例②a、b中的"走"、"溜"是自移动词，c、d中的"扔"、"吐"为致移动词。自移是通过施动者自身的移动而改变所处位置，能单独表达位移事件的自移动词只有"走、跑、逃、溜"等几个，这几个动词都含有"离开原来所在的位置"的意思，也就是说本身隐含位移参照，而"跳、爬、逛、滚、滑"等因为本身没有隐含位移参照，所以不能单独表达位移事件，如"他跳了"、"他爬了"都不合法。致移是施动者通过动作使受动者的位置发生改变，能单独表达位移事件的致移动词也只有"扔、吐、洒、倒"等几个，这几个动词含有"使离开原来所在的空间"的意思，本身也隐含位移参照，而"搬、端、抱、提"等本身没有隐含位移参照，所以不能单独表达位移事件，如"他把桌子搬了"、"他把孩子抱了"都不合法。最基本的位移事件框架包括位移体和参照物两个要素，这些语义上隐含参照点的动词入句后，句子表层通常可以不再显现参照成分。

（2）**动词＋处所词**

③ a. 小孩掉沟里了。

b. 此次航班飞北京。

c. 你把文稿放桌上吧。

d. 那两封信寄河南。

例③a、b中的"掉"、"飞"是自移动词，c、d中的"放"、"寄"为致移动词。

这类"动词 + 处所词"可以看成是因为语言表达的经济性追求而减省了其中的路径成分①，比如"掉沟里"是"掉在/进沟里"的减省，"放桌上"是"放在/到桌上"的减省，"寄河南"是"寄往河南"的减省。

2. 路径动词表达位移事件

路径动词在汉语里一般叫作"趋向动词"，专门表示位移的路径，分为三类：

（1）直指性路径动词

第一类是直指性路径动词（deictic path verbs）：来、去。直指性路径动词与说话者所处的位置有参照关系。"来"表示向靠近说话人所处的位置移动，"去"表示向远离说话人所处的位置移动；"来"的终点（说话人位置）成为默认值（default value），起点成为位移轨迹上的凸显阶段；"去"的起点（说话人位置）成为默认值，终点成为位移轨迹上的凸显阶段。例如：

④ a. 我们的客人从宝岛台湾来了。→我们的客人来了。

b. 他去北京了。→？他去了。

例④ a 中"来"的起点信息不凸显时，可以省去，b 中"去"的终点信息一般不可省，否则造成句子信息不足，"他去了"只有在特定上下文中才说。齐沪扬（1996）把"来/去"看作"主观参照点"（隐性的参照位置），因为句子中无须一个专门的处所词来加以指示。对"来"而言，句子中确实不需要专门的处所词，因为其终点（参照点）是默认的，而"去"的起点（参照点）是默认的，语义上一般还需要有一个终点处所，才能成为有界事件（具有自然的终结点），像"他去了"则是无界的位移，中性语境下听起来不自然。

（2）非直指性路径动词

第二类是非直指性路径动词（non-deictic path verbs）。非直指性路

---

① 汉语里有些"动词 + 处所词"的格式，语义已经抽象化，不等于或不完全等于"动词 + 路径 + 处所词"的减省，比如"走后门"不等于"走进/出后门"，"跳水"不完全等于"跳进水里"。

径动词与说话者所处的位置没有参照关系，如"上、下、进、出、回、过"。在位移事件的表达中，非直指性路径动词有时表示位移的方向："上"是由低往高，"下"是由高往低，"进"是由外往里，"出"是由里往外，"回"是返回原处，"过"是经过某处；有时则提示作为起点，过点或终点的位移参照的空间维向特征："进/出"提示三维的"体"，"上/下"提示二维的"面"，"过"、"回"提示零维的"点"。

⑤ a. 张主编进了会议室。　＊张主编进了。　张主编进来了。
　　b. 战士们下山了。　　＊战士们下了。　　战士们下去了。

非直指性路径动词单独表达位移事件一般要带处所词①，或者加"来/去"变成复合路径动词，如例⑤。

（3）复合路径动词

第三类是复合路径动词。复合路径动词由直指性路径动词和非直指性路径动词组合而成的，如"上来、上去、下来、下去、进来、进去、出来、出去、回来、回去、过来、过去、起来"。在位移事件的表达中，复合路径动词既表示位移的方向，又提示参照点（客观参照）的维向特征，同时还表明靠近或远离参照点（主观参照）的位移关系。比如"上来"表示趋向高处二维空间的、靠近说话人位置的移动，"回去"表示返回原处的、远离说话人位置的移动。

⑥ a. 孩子们放假都回乡下姥姥家去了。
　　b. 门开了，进来一股寒风。

复合路径动词如果带有处所宾语，处所宾语必须插入复合路径动词之间，而不能位于其后，即只能放在"来/去"之前，如例⑥a。对此，陈忠（2007）做出了很好的解释，他认为处所成分和非直指性路径动词都属于内参成分（位移框架内部参照成分），彼此之间的句法关系非常密切；而直指性路径动词是外参成分（位移框架外部参照成分），不如非直指性路径动词和处所之间的关系密切。表现在句法分布上，"内参"成分之间优先

---

① 口语中有"出太阳了"、"下暴雨了"等说法，但这不是单独用非直指性路径动词表达位移事件，因为这里的"出"应理解为**显露**，为"从里面到外面"的引申，"下"应理解为**降落**，为"从高处到低处"的引申。

组合，直指性路径动词处于内参成分所形成的结构的外围，所以形成了处所宾语总是被安插在复合路径动词之间的态势。

从上面的讨论可以看出，一般位移动词既可以表达自移事件，也可以表达致移事件；而路径动词只能表达自移事件，不能表达致移事件。因为路径动词都是不及物的自主动词，只有一个必有论元，而且必须是一个具有移动能力的动作参与者，而致移事件的位移体是致使移动的，是非自主位移，所以路径动词不能单独表达致移事件。

（二）位移事件的复杂表达式[①]

位移事件的复杂表达式是指位移事件由两个次事件构成：一个是框架事件（frame-event），一个是伴随事件（co-event）。框架事件是主事件，伴随事件是副事件。汉语表达复杂位移事件多用动补结构，动词表达的事件是副事件，补语表达的事件是主事件，两个事件之间有多种语义关系。

第一，副事件是主事件的方式（manner）。例如：

⑦ 一滴一滴的水流进了这垂危病人的口中。

上例中主事件是"一滴一滴的水进了这垂危病人的口中"，副事件是"一滴一滴的水流"，主事件是一个位移事件，副事件所表达的行为是主事件所表达的运动的方式。

第二，副事件是主事件的使因（cause）。例如：

⑧ 他跟拎小鸡一样，把红玉拎出屋门。

使因是造成位移体运动的原因，是使事（agent）的行为。例⑧中主事件是"红玉出屋门"，副事件是"他拎红玉"，副事件所表达的行为是主事件所表达的运动的原因。

第三，副事件是主事件的伴随行为。例如：

⑨ 他哭到了大门口。

上例中主事件是"他到了大门口"，副事件是"他哭"，副事件所表达的

[①] 复杂表达式体现卫星构架语言的特点。

行为与主事件所表达的运动伴随发生。

第四，主事件和副事件之间是一种逆序关系（subsequence）。例如：

⑩ 他把洗好的床单都晾出去了。

上例中主事件是"床单出去"，副事件是"他晾床单"，副事件说明运动后的某种状态。柯理思（2003）指出，这种语义关系是把动词所表达的事件和补语所表达的事件的前后关系倒过来了，违反了动趋式的临摹性原则。具有这种语义特征的动词有"坐、摆、藏、插、放、搁、挂、趴、晾、关、陷、站、绑、捆"等。

根据充当路径的成分的不同，汉语位移事件的复杂表达式主要包括动趋式和动介式，下面分别说明。

1. 动趋式：V + 趋向补语

趋向补语都是由趋向动词虚化而来的，分为简单趋向补语和复合趋向补语两类：

简单趋向补语又分两类：

第一，非直指性简单趋向补语：上、下、进、出、回、过、起、开、到。

第二，直指性简单趋向补语：来、去。

复合趋向补语：上来、上去、下来、下去、进来、进去、出来、出去
回来、回去、过来、过去、起来①。

有些趋向补语不能离开前面的主动词单独成句。比如"开、起"：

⑪ a. 他一脚踢开了被子。　　＊他一脚开了被子。

　　b. 他端起杯子，喝了两口水。　＊他起杯子，喝了两口水。

有些趋向补语不能表示明确的方向和参照，比如"到、开"，"到"表示移动到某处所，"开"表示"离开了某处"，位移体移动的方向和参照都不明确。例如：

⑫ a. 他一扭身就跑开了。

　　b. 他倒了一杯水递到我手上。

---

① 汉语普通话中"开来"只表结果，不表趋向，"开去"表趋向但极少使用，并且不能单独使用。"到……来/去"能充当趋向补语，但不是复合趋向动词。所以这里列出的未包括这些。

典型的路径动词能离开主动词单独成句,能表示明确的位移方向和参照,"开、起、到"都不是典型的路径动词。

2. 动介式：V+介词结构

动介式中的介词有"在、向、往"。

（1）"在"和"到"

"在"和"到"都是终点标记,都表示通过动作抵达某处所,但表达的侧重点不同。试比较：

⑬ a. 他正在把开水从炊壶灌到暖壶。

　　＊他正在把开水从炊壶灌在暖壶。

　b. 把这几封信搁到写字台上去。

　　＊把这几封信搁在写字台上去。

"到"强调位移的过程,激活的是一个线性图式,而"在"着重于位移结束后存在于某处,激活的是一个点状图式,所以当前面出现表示位移起点的成分或者后面有"来/去"时都不能用"在"。"到"是对物体位移实现的动态描写,"在"是对物体存在于某处的静态描写。

当V是持续性的、位移动程明显的自移和伴移动词,比如"走、跑、游、滚、爬、逃、搬、拉、送、拖、带、寄"等,这些动词后能用"到",不能用"在",理由如前。例如：

⑭ a. 她吃力地游到岸边。　　＊她吃力地游在岸边。

　b. 我把行李都拖到西厢房了。＊我把行李都拖在西厢房了。

（2）"向"和"往"

"向、往"是目标或终点标记,表示动作的方向,但功能上存在较大差异："向"主要是标引动作的方向,目标是方向的参照；"往"主要是标引目标或终点,方向蕴含其中而不凸显。试比较：

⑮ a. 注水猪肉大量销往（＊向）外地。

　b. 玉英时而把脸颊歪向（＊往）全义的肩头。

　c. 苍鹰拍打着翅膀飞向（＊往）蓝天。

例⑮a中"销"是对终点显著度高的动词,"外地"是"注水猪肉"抵达的终点,所以只能用"往",不能用"向"；b中的"歪"是对方向显著度高的动词,"全义的肩头"只是状态的方向参照,所以只能用"向",不能用"往";c 中的"蓝天"是一个模糊的、不确定的处所,而"往"的宾语一定是位移体最终抵达的终点,所以要求它是一个相对确定的处所,"向"的宾语只是位移体运动的方向参照,所以可以是模糊的、不确定的。

二 位移事件的类型

根据位移体和位移动力的关系,位移事件可以分为自移事件和致移事件两种类型。自移事件中,位移体是动作主体或施动者,位移动力来源于位移体本身;致移事件中,位移体是受动者,位移动力来源于施动者或致使者。

(一)自移事件

根据位移体[±有生]的特征,自移事件可分为无生自移事件和有生自移事件。

1. 无生自移事件

无生自移事件中,位移体为动作的主体,位移动力为某种不确知的自然力。从位移事件的表达看,一般用复杂表达式,不用简单表达式。例如:

⑯ a. 从窗隙里透进了青色的微光。

? 从窗隙里进了青色的微光。

b. 水面上几片鹅毛飘飘悠悠地流过来。

? 水面上几片鹅毛飘飘悠悠地过来。

c. 岩浆从山上喷下来。

? 岩浆从山上下来。

只有少数无生位移体,人们把它看作是可以自己移动的,可以用简单表达式,比如"柳絮进院子了"、"太阳出来了"、"轮船已经出了渤海湾"。但这种直接用路径动词的表达模式比较受限,一般出现在口语中,带有情景语特色,使用频率不高。

2. 有生自移事件

有生自移事件中，位移体为施动者，也是位移动力的发出者。从位移事件的表达看，既可用复杂表达式，也可用简单表达式，两种表达模式都很常见。例如：

⑰ a. 他顾不上脱衣服，扑通跳下水。

b. 从渠里蹿上来一个赤臂露胸的汉子。

c. 大龙顺着斜坡滚下去了。

⑱ a. 那两个女人进了后花园。

b. 他刚起来，还没吃早点。

c. 大人都出去了，只有两个小孩在家。

自移事件，尤其是有生自移事件的语言表达模式，既可以使用简单表达式，也可以使用复杂表达式，但这两种表达模式有时表现出不同的功能。杨凯荣（2006）以位移方式没有任何信息价值的"走进来/去"为例说明"走"的使用与否所具有的不同功能：用"走"时，一般在已然句中特别对移动方式的描写显得较为突出，而在非已然句中有时就不能出现"走"。比如在祈使句中一般就不能附加"走"，加"走"后反而不自然。例如：

⑲ ? a. 你走进房间去！ b. 你进房间去！

⑳ ? a. 你走进去！   b. 你进去！

祈使句中不出现"走"是因为祈使句中说话人一般只要求对方做出位移动作，而不要求对方以什么方式位移，而例⑲a、⑳a一方面对动作进行描摹，另一方面又发出命令，这是一种不合事理的语言行为。

需要指出的一点是，在自移事件的复杂表达式中，作为副事件的动词和作为主事件的趋向补语之间基本上是一种方式和位移的语义关系，这是不同于致移事件的地方。

（二）致移事件

致移事件中，施动者和位移体相分离，施动在前，位移在后，施动和位移之间有一个"致使"的语义关系。从位移事件的表达看，一般使用复杂表达式，极少使用简单表达式。在表达式中，作为副事件的动词和作为主事件的趋向补语之间都是一种原因和结果的语义关系，这是不同于自移事件的地方。例如：

㉑ a. 他从书架上取下两本线装书。

　　b. 他从西山拉回几匹骆驼。

　　c. 他从桌子上端起一杯茶。

汉语的趋向动词都是不及物动词，只能带一个施事论元，不能带受事论元，所以如果趋向动词前的"V"删去的话，"下两本线装书"、"回几匹骆驼"、"起一杯茶"都不能成立。独立使用的趋向动词只限于自移事件，致移事件中因为有一个必有的役事（causee）论元，所以趋向动词不能独用，必须和前面的"V"复合后才能带役事。V 和趋向动词的复合过程也是一个由不及物动词向及物动词转换的过程，复合结构在语法功能上相当于一个使动及物动词。

例㉑中的动趋式是"V+非直指性趋向补语"，再看趋向补语为直指性趋向补语或者复合趋向补语的情况：

㉒ a. 他给我端来一碗热气腾腾的馄饨。

　　b. 他给女儿寄去好几封信。

　　c. 救援人员从废墟里扒出来两具尸体。

例㉒中的受事宾语位于动趋式之后，句子表达的是"已然"事件，句中的"来/去"近似于实现体或完成体标记，其后可以再加体标记"了"，比如"他给我端来了一碗热气腾腾的馄饨"、"他给女儿寄去了好几封信"，甚至可以和"了"替换，比如"救援人员从废墟里扒出了两具尸体"。

但是，如果受事名词用"把"提前，即构成"把"字句，则句子既可以表达已然事件也可以表达未然事件。例如：

㉓ a. 快把连长的马牵来吧。

　　b. 来，把这两盆花搬上去！

　　c. 他把父亲要的几件东西带来了。

　　d. 他把几大箱古董托回去了。

例㉓a、b是祈使句，表达未然事件，c、d是叙述句，表达已然事件。金立鑫（2003）认为，如果一个动词的后面出现了宾语，可以认为这一动词表示的运动获得了一个终点，它的能量得到了释放，该运动得到了封闭。"来"在宾语之前，"来"的能量指向并落实到宾语上，并且形成了封闭，运动得以完成。也就是说，"来/去"后出现宾语，"来/去"表示位移不仅［＋实现］，而且［＋结束］[1]，如例⑦。相反，"把"字句里，由于宾语提前，位移运动的能量是开放的，没能获得终止点。㉓a、b中，"来/去"表示位移［－实现］，c、d中，句末是"来/去＋了"，和说话时间有关，"来/去"表示位移［＋实现］，但［±结束］，即存在着歧义，不过，不管是否"结束"都是已然事件，因此在"把"字句里既可以表示已然也可以表示未然。

如果是复合趋向补语，宾语成分（受事或处所）还可以置于复合趋向补语之间，例如：

㉔ a. 他很快从筐里捞起一条鱼来。

b. 老人从里屋又捧出一缸酒来。

c. 那两件棉袍都送进当铺去了。

上例中"捞起"、"捧出"、"送进"后出现了宾语成分，该运动得到了封闭，即"起"、"出"、"进"表示位移已经实现，但由于宾语后面还带有"来/去"，和说话时间发生了联系，表示位移［＋实现］，但［－结束］。如果句末为"来/去＋了"，则表示位移［±结束］，如例㉔c。

㉕ a. 他正把一箱行李扛上船。

b. 他把刚买的冰箱搬回新房去了。

c. 危重病人被紧急推进手术室。

致移事件中趋向动词前的"V"和自移事件中的不同，自移事件中的"V"都是不及物动词，如例⑯a、⑰a中的"透"、"跳"等，致移事

---

[1] 本文区分"实现"和"结束"："实现"是指动作行为得到实施（执行），"结束"是指动作行为已经结束。后者蕴涵前者。反过来，"未实现"蕴涵"未结束"。参看金立鑫（2003）。

件中的"V"都是及物动词，如例㉕中的"扛"、"推"等。这些及物动词本身可以带"施事"与"受事"，为二价动词，甚至可以独立表达位移事件，比如"他正往船上扛行李"、"他在往新房搬着刚买的冰箱"。这类动词和趋向动词结合构成动趋式复合词后还可以带一个处所论元，成为三价动词，如例㉕a中"扛上"带有三个论元"他"、"一箱行李"和"船"。

三　位移事件的性质

（一）现实位移和虚拟位移

根据位移体是否发生物理性位移的角度把位移事件分成两类：现实位移（factive motion）和虚拟位移（fictive motion）。现实和虚拟是认知语言学里的两个概念，是对实在性的一种认知评价。现实并不是客观的真实（objectively real），而是实在性更多一些。虚拟也不是客观的不真实（objectively unreal），而是指认知上一种想象的能力（imaginary capacity of cognition）。现实位移是指位移体在物理空间的位置发生了现实的移动，虚拟位移是指位移体并没有发生任何现实的移动却用位移动词表达的主观的、想象的移动。虚拟位移包括视觉上的位移和抽象位移两类，视觉上的位移是由于视线移动而产生的一种非真实移动；抽象位移是借助隐喻机制所造成的一种抽象移动。例如：

㉖ a. 高高的烟囱往高空伸去，占去了这个小房间的四分之一。
　　b. 心里一股股的恼火直往脑门儿窜。
　　c. 大哥，你想开着点……不必紧自往死牛犄角里钻！

例㉖a是视觉上的位移，位移体"高高的烟囱"由于观察者的视线移动而产生虚幻移动；例㉖b、c是抽象位移，例㉖b中位移体"一股股的恼火"是抽象物通过隐喻机制想象成具体物，而且使之可以向"脑门儿窜"；例㉖c中"死牛犄角"通过隐喻机制想象成可容物，成为一个可往里钻的容器性目标。

（二）自主位移与非自主位移

自主位移与自移既有区别也有联系：前者是针对位移体的意志性和控制力来说的，后者是针对位移体的动力来源（从动力来源看，有自移和致移）来说的；自主位移都是自移，但自移不全是自主位移。比如"清澈的自来水正流往竹林居民的家中"是自移，但位移体"清澈的自来水"是没有意志力和控制力的无生命实体，属于非自主位移。少数自移和所有的致移都属于非自主位移。位移的自主性和非自主性与位移体的生命度密切相关。在"人＞有生物＞无生物＞抽象物"生命度等级上，位移体是人称代词、亲属称谓名词和表人的专有名词时，意志性和控制力最强，为高自主位移；位移体为有生物时，其生命度和意识性低于人，但它所具有的内在控制力表现出与人的象似性，为低自主位移；位移体为无生物时，由于其没有意识性，为非自主位移。

㉗ a. 请侍应小姐不要往我杯里放话梅。
　　b. 可张全义刚被放下，就要爬起来，死活不肯往床上躺。
　　c. 一撒手，这知了就拼命往高处飞，一直飞到看不见！
㉘ a. 于是他们就叫了一辆车，把小舅送往医院的太平间。
　　b. 患儿被转往郧阳地区急救中心救治，脱离了濒临死亡的边缘。
　　c. 救灾物资迅速发往灾区。

例㉗是"往+O+VP"格式（简称A式），都是自主位移句，例㉘是"V+往+O"格式（简称B式），都是非自主位移句，A、B两式的倾向性比较明显。自主位移句都是自移，位移动力来自位移体自身，非自主位移句大多数为致移，位移的动力来自位移体之外。表现在句法上，自移的位移体不能用"把（将）"引介，也不能用作"被"字句的受动者；致移的位移体可以用"把（将）"标引，也可以用作"被"字句的受动者。例㉘中有些是"把（将）"字句和"被"字句，不是"把（将）"字句、"被"字句的都可以变换为"把（将）"字句、"被"字句。A式一般反映位移体主观的具有意图性的位移行为，所以句中可以出现表现位移体意图性或强意志性的词语，如例㉗a的"要"、㉗b的"肯"、㉗c的"拼命"，O是位移体在动作之前自主选择的、预期的方向或目标；而 B 式反映的大都是致使位移行为，位移体是受使者，所以句中不可能出现表现位移体意图性的词语，O 一般是致移的目标或终点。

（三）有界位移和无界位移

"有界"和"无界"的确定和区分都必须在一定的"认知域"（cognitive domain）内进行。在"位移是否体现终结点"这个认知域内，有终结点的为有界（telic/bounded）事件，没有终结点的为无界（atelic/unbounded）事件。我们以位移事件的主要表达形式"动趋式"和"动介式"来具体说明。

从体貌特点来看，汉语动趋式和动结式一样有一个内在的自然终止点，因而表示有界动作。也就是说，趋向补语和结果补语一样，能改变前项动词的体貌特点，起"有界化"标记的作用。表现在句法上，动趋式不能与持续体标记"着"连用，一般也不与进行体标记"在、正在"共现。例如：

㉙ a1 * 屋里在/正在飞进来几只苍蝇。
　　a2 * 屋里飞进来着几只苍蝇。
㉚ b1 * 老头在/正在东倒西歪地跌进学校的大门。
　　b2 * 老头东倒西歪地跌进着学校的大门。
㉛ c1？他在/正在把相片放进皮夹里去。
　　c2 * 他把相片放进着皮夹里去。

与之相反，汉语里有一类动趋式却表现出"无界"谓词的一些特点。动词 V 为表示躯体、物体自身运动的动词（如"走、跑、爬、冲、奔、滚、赶、奔"等）和表示躯体某部分运动的动词（如"砍、抽、刺、砸"等），趋向动词为单音节趋向词"来、去"①，这类"V 来"、"V 去"组合可以和进行体标记"在、正在"共现。例如：

㉜ a. 那三个人在向西面的大陈庄奔去。

---

① 这两类自移动词和表示"经过"意义的"过来/过去"组合也表现出无界动作的特点。

b. 前方陡地竖起一座高高的峭壁，船正在往壁上撞去。
　　c. 赵天辉陪着秦波朝内科病房走来。
　　d. 歹徒举着明晃晃的刀向黄庆砍来。
　　e. 黑衣人拔出腰间匕首直直地往对方腰部捅去。

例㉜中的"V来"、"V去"前面都有由"朝、向、往"等介词引导的状语，"朝、向、往"引进的是位移的目标，表示位移体还没有达到目标，正往目标移动。因此，带有"往/向/朝＋处所＋来/去"的句子在体貌方面基本上表示无界的动作。

　　动介式"V向/往"也一般表示无界的位移，"向/往"引进的是"意想"或"计划"的目标而不是终点，而"V到"表示有界的位移，"到"引进的是实际抵达的终点。试比较：

　　㉝ a. 1181次航班上午10时在浦东机场起飞，飞向/往洛杉矶，下午2时10分到达目的地。
　　　b. ？1181次航班上午10时在浦东机场起飞，飞到洛杉矶，下午2时10分到达目的地。
　　㉞ a. 大批消防官兵正/正在火速赶往事故现场。
　　　b. *大批消防官兵正/正在火速赶到事故现场。

例㉝a描述从起飞、飞行至抵达目的地的全过程，"飞向/往"与全句的位移进程相吻合，所以可以跟后面的"到达目的地"相容；例㉝b中"飞到"表示"洛杉矶"已经成为终点，所以排斥其后再出现"到达目的地"的话语。例㉞a"赶往"描述位移的进行状态，所以可跟"在/正在"共现；例㉞b"赶到"描述位移的结束状态，所以不能与"在/正在"共现。

　　"V在"分为两类：一类表示位移动作；一类表示持续状态。例如：
　　㉟ a. 他走进门，把肩上的包裹撂在沙发上。
　　　b. 他一整天静静地躺在沙发上。

例㉟a表示位移物通过动作而到达"沙发上"，"沙发上"是位移的终点，例㉟b"沙发上"表示行为主体静态存在的位置。从体貌特点上看，前一句表达有界的、异质的变化事件，而后一句则表示一种无界的、均质的呈现状态。表现在句法上，例㉟a"在沙发上"不能提到动词前面做状语,"把肩上的包裹在沙发上撂"不合法,而例㉟b则可以,如"他一整天静静地在沙发上躺着",变换后句子的基本语法意义不变。

四 位移事件参照及其格标

一个位移事件由图像、场景、位移和路径四个基本概念成分构成。"场景"是位移体空间运动的参照,由"处所词"充当,按语义特征可分为"起点"、"经过点"和"终点"等。从处所词在位移句中的位置看,主要有三种位置:一是充当一般位移动词和路径动词的宾语;二是充当介词的宾语;三是充当动趋式的宾语。充当一般位移动词和路径动词的宾语的情况,前文已论及,这里主要谈谈充当介词宾语和动趋式宾语的情况。为叙述方便,我们把处所词前起标记作用的介词和趋向词统一称为格标。

(一) 用介词标引的处所词

位移句中,由介词标引的处所词,部分可以位于动词前,部分可以位于动词后。可以位于动词前的主要有"从、自、朝、向、往",可以位于动词后的主要有"自、在、向、往"。

1. "从"与"自"

先看"从、自":

㊱ a. 她从里屋走出来。

b. 慰问信自全国各地寄来。 慰问信寄自全国各地。

"从、自"都标引位移的起点,但"从"构成的介词结构只能用在动词前,不能用在动词后,而"自"构成的介词结构则既可以用于动词前,也可以用于动词后。不过,用于动词后时限于"寄、来、出、选、抄、录、摘、译、引"等少数动词。

2. "在"

"在"构成的介词结构可以位于动词前,也可以位于动词后,但表义上不同:动词前表示动作发生的处所或状态呈现的处所,动词后表示动作到达的处所或状态呈现的处所。例如:

㊲ a. 他在池塘边摔了一跤。

b. 他脚下一滑，重重地摔在地上。

例㊲中的"在"字结构分别位于动词"摔"的前、后，例㊲a中"在池塘边"只能理解为动作发生的处所，例㊲b中"在地上"只能理解为动作到达的处所。"在"标引位移的终点，只能位于动词后，不能位于动词前。

3."朝"与"往、向"

㊳ a. 他朝停机坪走去。

b. 几名警察向出事地点奔去。　几名警察奔向出事地点。

c. 一架直升机往灾区飞去。　一辆直升机飞往灾区。

"朝、向、往"都表示位移的方向，但"朝"与"往、向"不同，"朝"构成的介词结构只能用在动词前，不能用在动词后，而"往、向"构成的介词结构则可以用于动词前、后。"往、向"位于动词前和位于动词后也有不同：位于动词前时，说话人以参照者的身份置身于位移事件中，采取的是主观视点的事件描述；位于动词后时，说话人以旁观者的身份置身于位移事件之外，采取的是客观视点的事件描述。这种差别在句法上的表现是，前者句末一般带有"来/去"，后者句末一般没有，如例㊳b、c。"来/去"是主观范畴的一种表达手段。主观视点的事件中，由于说话人的参与，位移目标往往是具体的，客观视点的事件中，由于没有说话人的参与，位移目标往往是泛然的。例如：

㊴ a1. 他摸起一块石头向天池里投去。

a2. 他摸起一块石头投向天池（？里）。

b1. 大人们忙着把一箱箱衣物往新房里搬去。

b2. 大人们忙着把一箱箱衣物搬往新房（？里）。

例㊴a1、b1中，处所词可以加上方位词，例㊴a2、b2中，处所词一般不加方位词，而方位词的作用在于凸现物体的空间形状或维向特征。例㊴a1、b1句能加，说明处所词表示的空间是现实的、具体的，例㊴a2、b2句一般不加，说明处所表示的空间是泛然的、抽象的。或者说，例㊴a1、b1的目标偏重于目标本身的空间特征，例㊴a2、b2的目标偏重于目标所蕴含的方向特征。

"往、向"位于动词前、后,除了观察视点的不同外,在位移事件表达上还体现出这样的差别:位于动词前时,强调从起点到目标的位移运动,凸显位移过程;位于动词后时,位移目标成为注意的焦点,位移过程处于背景位置。这种差别在语言形式上也有一些不同的表现,例如:

㊵ a. 溃败的敌人往/向密林深处逃了数公里。
　　b.*溃败的敌人逃往/向密林深处数公里。

例㊵a中可以出现移动的距离成分,例㊵b中排斥距离成分。这说明例㊵a、b有不同的凸显或侧面(profile):例㊵a采取顺序扫描(sequential scanning)的方式,依次感知位移主体向目标移动的过程,移动的全过程得到凸显,所以可以有表示持续过程的距离成分;例㊵b采取总体扫描(summary scanning)的方式,移动的全过程作为一个整体来感知,而把注意力焦点放在位移的目标上,所以不能出现距离成分。

介词词组处在动词之后时,语法学界对于动词与介词词组之间的结构关系有两种不同的看法:一种看法是动补结构,介词词组做动词的补语,一般语法教材都持这种观点;一种看法是动宾结构,介词依附于动词成为复合词后再带处所宾语,如文炼(1984)、赵金铭(1995)、范晓(1996)等。持这种观点的依据是语音停顿在介词后,如"逃往/乡下、走向/主席台",而且体标记也只能加在介词后,如"飞向了蓝天、洒在了床单上"。Li(1990)把这种现象解释为动词与后置介词的"重新分析",即"[动+[介宾]]"被重新分析成"[[动介]+宾]"的新构造,[动介]变成了一个独立的语法单位。冯胜利(1998)指出这一重新分析是汉语韵律结构"迫使"介词移位的结果。根据韵律规则,宾语的重音一定要由动词来指派,介词的宾语要想得到重音,介词就必须黏着在前面的动词上面,组成一个新的复杂动词。

受词汇双音化作用,介词的附缀化(cliticization)倾向越来越明显,"动介+宾"结构有从动补向动宾转化的趋势,而且部分动介结构已经固化为词,介词成为词内成分,比如"趋向、走向、指向、赶往、通往、去往"等。如果出于方便教学和着眼于结构关系的发展趋势,把上述"动介+宾"结构处理为动宾结构似乎要好些。

(二) 用趋向词标引的处所词

汉语动趋式带事物宾语和带处所宾语时，其中的趋向词很不相同，比如"掏出两个硬币、抬回一个伤员"的"出、回"不能单独带事物宾语，"出两个硬币、回一个伤员"不能单说，而"挤进礼堂、爬上城墙"的"进、上"可以单独带处所宾语，"进礼堂、上城墙"可以单说。吕叔湘（1999）指出，"跟某些外语比较，当动趋式动词后边是代表处所的名词时，动趋式里的'趋₁'的作用像一个介词，如'话说出口'、'走出门来'"。这就是说，这类结构中趋向词有标引处所的功能。不过，它们还无法归入介词，动趋式和动介式最大的不同在于：动趋式可以插入"得/不"构成可能式①，如"挤得/不进礼堂、爬得/不上城墙"，而动介式不能插入"得/不"，如"扔得/不在水里、开得/不往上海"不合法。刘丹青（2001）指出，"真正的介词在类型上是一种从属语标注的手段，而介引方所题元的趋向词却属于核心标注的类型"，所以一方面这类动趋式中的趋向词具有类似介词的功能，起着标引方所题元的作用，另一方面又不妨碍把动趋式看作复合动词。

鹈殿伦次（1993）按照意义和语法特征的不同，把标引处所词的各类趋向词做了细致分析，并分为：

起点：出、下₁、起；

经过点：过；

终点：到、回、进、下₂、上；

除了标引"起点"、"经过点"和"终点"外，还有"经过的路径"，但这是某些趋向词次要的标引功能，而且从整体上看，作为"终点"类格标的趋向词多于其他类趋向词。可以这么说，趋向词的典型语法功能就是"终点"标志。

1. "起点"格标"出、下₁、起"

处所词在"V 出"句中的位置受 V 及物与不及物的影响。如果 V 是

---

① 大部分表示躯体及物体自身运动的动词，如"跑、游、飘"等，跟"来/去"组成动趋式没有可能式。参看刘月华（1998:52，68）。

不及物的，一般可以做宾语，也可以用于介词结构，例如：

㊶ a. 他爬出了废墟。　　他从废墟里爬出来了。

　　b. 一汪眼泪涌出了眼眶。　一汪眼泪从眼眶涌出来了。

例㊶a中的"废墟"是位移起点，例㊶b中的"眼眶"，严格说是空间边界，可视为位移的经过点，都可以做宾语，也都可以用于介词结构。

如果V是及物动词，有的"V出"可以带处所宾语，有的不能，但都可以用于介词结构。例如：

㊷ a. 工人们把货物搬出了仓库。

　　工人们从仓库里把货物搬了出来。

　b. 奶奶把孙儿抱出了卧室。

　　奶奶从卧室里把孙儿抱了出来。

　c. *孩子们把课本掏出了书包。

　　孩子们把课本从书包里掏了出来。

　d. *大民把虎头钳子取出工具箱。

　　大民把虎头钳子从工具箱里取了出来。

　e. 他把纸团扔出了教室。

　　他把纸团从教室里扔了出来。

　f. *他把开水倒出了炊壶。

　　他把开水从炊壶里倒了出来。

例㊷a、b中的"搬、抱"是伴移动词，施动者伴随位移物移动，处所词可以做宾语；例㊷c、d、e、f中的"掏、取、扔、倒"都是非伴移动词，仅表示位移物移动，施动者并不发生位移，有些处所词可以做宾语，有些不能，其原因目前还不清楚①。但是，如果处所词表示"经过点"、"终点"（一般限于"门外"、"窗外"、"圈外"之类）时，又可以做宾语，如"把

---

① 有些学者（柯理思 2003）提到在一些北方方言里，"起点"处所要用介词短语放在动词前而不是放在动词后作宾语，比如"跳下舞台、走出教室"要说成"从舞台上跳下、从教室里走出"，V是及物动词的情况也一样。据学友刘辉（北京人）告诉笔者，在北京话里，"起点"处所也一般用介词短语放在动词前，如果V是不及物动词则也通常用"路径动词+处所"，如"下了舞台、出了教室"。"动趋式+起点处所"的格式在北京话和其他一些北方方言本身很少使用或许是其原因之一。

小儿子赶出了家门、把纸团扔出了窗外","窗外、门外"类终点由表示空间边界的"窗、门"加"外"构成,空间范围较为模糊。

处所词在"V下₁"句中的位置也与 V 的及物与不及物有关。如果 V 是不及物动词,处所词可以做宾语,也可以用于介词结构。例如:

㊸ 他跳下驾驶室,向人群走去。

他从驾驶室跳下来,向人群走去。

下例中处所词表示"经过的路径",其位置与"起点"处所相同。

㊹ 他一步一步地走下舷梯。

他一步一步地从舷梯上走下来。

如果 V 是及物动词,处所词一般不做宾语,只用于介词结构。例如:

㊺ a.*他把画取下了墙壁。

他把画从墙壁上取了下来。

b.*他把行李带下了飞机。

他把行李从飞机上带了下来。

c.*他把几件文物搬下了危楼。

他把几件文物从危楼上搬了下来。

与"出、下₁"不同,"起"实际上没有标引功能,因为处所词在"V起"句中不能做宾语,只能用于介词结构。例如:

㊻ a.*老王站起座位来。

老王从座位上站了起来。

b.*老张把砖头捡起了地上。

老张从地上把砖头捡了起来。

2."经过点"格标"过"[①]

"过"标引的处所词既可以是"经过点",也可以是"经过的路径"。

[①] 自移动词后的"过"分成两种:一种可以带处所,如"走过桥来/从桥上走过来",一种不能带处所,如"*走过老马去/向老马走过去"。(刘月华 1998:288,301)前一种"过"表示"经过",保留具体的维向因素的意义,不能省去,后一种"过"不表"经过",语义已经泛化,相当于傀儡动词(dummy verbs),可以省去。(柯理思 2003:13)

（1）**表示“经过点”**

先看表示“经过点”的情况：

如果V是不及物动词，处所词在“V过”句中可以做宾语，但一般不用于介词结构。例如：

㊼ 趁着夜色，跳过围墙去。

*趁着夜色，从围墙跳过去。

例㊼中的“从围墙跳过去”改为“从围墙上跳过去”就合法，但意思也改变了，后句的“围墙上”不是“经过点”，而是“起点”。

如果V是及物动词，处所词在“V过”句中可以做宾语，也可以用于介词结构。例如：

㊽ 他把纸条塞过门缝去。

他把纸条从门缝里塞过去。

（2）**表示“经过的路径”**

再看表示“经过的路径”的情况：

如果V是不及物动词，处所词在“V过”句中可以做宾语，也可以用于介词结构。例如：

㊾ 孩子们穿过了狭长的隧道。

孩子们从狭长的隧道穿了过去。

如果V是及物动词，处所词在“V过”句中一般不做宾语，但可以用于介词结构。例如：

㊿ ？战士们把救护车推过了简易木桥。

战士们把救护车从简易木桥上推了过去。

3.“终点”格标“到、回、进、下$_2$、上”

“到、回、进、下$_2$、上”标引的“终点”处所都可以做宾语，但不可以用于介词结构。例如：

(51) a. 小胖这些天躲到乡下去了。

b. 马龙无可奈何地跑回监房。

c. 吴英跑进家门，一头扎进丈夫怀里。

d. 玉宝被鬼子抛下了大海。

e. 几条汉子把他推上了吉普车。

"到"与"回、进、下₂、上"之间的不同之处表现在：

（1）前者不体现位移方向和参照，后者具有明确的方向和参照。比如："回"是向原处移动，参照点是原处；"进"是由外面向里面移动，参照点在里面或外面；"下₂"是由高处向低处移动，参照点在高处或低处；"上"是由低处向高处移动，参照点在低处或高处。

（2）前者必带处所宾语，后者可以不带。例如：

㊷ a. 他逃到台湾去了。

*他逃到去了。

b. 他把孩子抱回家去了。

他把孩子抱回去了。

c. 她躲进蒿地里去了。

她躲进去了。

d. 他顾不上脱衣服就跳下河去了。

他顾不上脱衣服就跳下去了。

e. 我看见他跳上台来。

我看见他跳上来。

（3）"了"只能位于"到"后，不能位于"到"前，而"了"既可以位于"回"等格标前，也可以位于"回"等格标后。例如：

㊸ a. 她把孩子送到了幼儿园。

b. 她把孩子送回了幼儿园。 她把孩子送了回去。

例㊸a中"到"表示"她"和"孩子"到达了终点，位移事件已经结束，所以"了"只能处在"到"后。例㊸b"回"仅仅起着表示趋向和标引"终点"的作用，本身并不提示位移是否实现。"了"位于"回"前时，表示动作"送"正在实现，"回（去）"表示位移并不一定结束；"了"位于"回"后时，即"送回了"，表示位移事件已经结束。

（4）"到"只能用于已然事件中，"回"等可以用于已然事件，也可以用于未然事件。例如：

㊹ a. 他把客人领到了会议室。

b. 把犯人押回监房！

"到"与介词"在"有共同特性,"在"后也必带处所词语,"了"也只能位于"V 在"后,但这个"到"不是介词,而是动词,因为"V 到"可以有可能式,而"V 在"没有。动趋式和动结式都可以有可能式,那么"V 到"是动趋式还是动结式呢?我们认为"V 到"更接近于动趋式,理由如下:

(1)动结式不能带处所宾语,而"V 到"可以,比如"搬空了那座城"和"搬到了那座城","那座城"在前句中是对象宾语,可以说成"把那座城搬空了",在后句中是处所宾语,不能说成"把那座城搬到了"。

(2)动结式不可以变换为分裂句①,而有些"V 到"则可以②,比如"他把那帮看客赶跑了"和"他把老人送到了车站","赶跑"是动结式,前句不能说成"他赶那帮看客跑了",后句可以说成"他送老人到车站了"。

(3)"到"与趋向词一样可以后加"来/去",只是由于"到"后必带处所词,使得"到"与"来/去"不能紧邻,形成"到……来/去"。这一语法特征是动介式③和动结式所没有的。据此,我们认为"V 到"是动趋式,"到"是一个比较特殊的趋向词④。

总体上说,表示"起点"的处所词可以用介词结构置于动词前,表示"终点"的处所词都不能用介词结构置于动词前而只能用于动词后。值得注意的是,有些处所格标,可以标引几种处所类型,比如"出"和"下"有时标引"始点"处所,有时标引"终点"处所,齐沪扬(1998)指出,标引"起点"处所是"下"和"出"的基本用法。这个观点可以得到"下"、"出"实际使用频率的支持,它们标引"起点"的使用频率远高于标引"终点"。"下"、"出"标引"起点"是无标记组配,标引"终点"是有标记组配。

---

① "V 走"可以变换为分裂句,如"赶他走",柯理思(2006)认为,"走"在某些北方方言中与"去"一样属于直指性趋向词,当代普通话中的情况与此近似,即"V 走"也可视为动趋式。本文仍把"V 走"看作动结式,是具有某些动趋式特性的动结式。

② "V"一般具有"引领、陪伴"的语义特征,位移体一般是具有自主位移能力的人。

③ 只有极少数"V 向/往"有时可加"来/去",如"人群涌向法华寺去了"、"鬼子逃往密林里去了",但"向/往……来/去"不能独立成句,而"到……来/去"可以。

④ 刘月华(1998)继承吕叔湘的看法,仍然把"到"划到趋向补语里。不得不承认,普通话的"到"已经部分地"介词化"了。"到"或许可算是 Talmy(2000:108)所提到的 satprep(卫星和介词合为一体的成分)。

（三）处所宾语语序的时空象似性

从上文介词和趋向词的标引情况来看，处所宾语在汉语普通话中的语序总体上较为遵循"起点在动词前，终点在动词后"的时空象似性（temporal-spatial iconicity），但是正如刘丹青（2001）所指出的"不同语言或同一语言的不同时代、不同方言遵循方所语序象似性原则的程度可以很不相同"。在先秦汉语中，起点和终点一样处在动词之后，而直到魏晋南北朝以后才形成起点在动词前、终点在动词后的格局。汉语不是自古以来就严格遵循这一象似原则的，而且现代普通话还有少数起点和经过点处所位于动词之后，但终点处所从先秦时起就一直位于动词之后。因此可以这么认为，无论古今汉语的处所宾语语序都在一定程度上符合时空象似性，而没有与之完全背道而驰：起点处所放在动词后而终点处所反而放在动词前。

古川裕（2002）从认知角度对处所宾语语序的时空象似性进行了解释，他认为人类有一个普遍的认知倾向——"终端焦点化"（end-focusing），即人们面对一个事件的起承转合，往往更重视其终点而相对轻视其起点，重视终点是因为终点与结果相关联，而人们总是期望达到一个结果。这表现在事件的构造上就是，终点标志着一个事件的终结，更容易形成有界的事件；表现在句法位置上就是，终点一般出现在凸显程度高的宾语位置而起点一般出现在凸显程度相对低的状语位置。

五 结语

综上所述，本节的基本结论归纳如下：

（1）从位移事件的表达方式看，简单表达式主要通过一般位移动词和路径动词来表达，复杂表达式由框架事件和伴随事件构成，主要包括动趋式和动介式。

（2）一般位移动词既可以表达自移事件，也可以表达致移事件；而路径动词只能表达自移事件，不能表达致移事件。

（3）从位移事件的类型看，位移事件可以分为自移事件和致移事件两种类型：无生自移一般用复杂表达式，不用简单表达式；有生自移既可用复杂表达式，也可用简单表达式。致移事件一般使用复杂表达式，极少使用简单表达式。

（4）现实位移是指位移体在物理空间的位置发生了现实的移动，虚拟位移是指位移体并没有发生任何现实的移动却用位移动词表达的主观的、想象的移动。

（5）自主位移是针对位移体的意志性和控制力来说的，自移是针对位移体的动力来源来说的；自主位移都是自移，但自移不全是自主位移，少数自移和所有的致移都属于非自主位移；位移的自主性和非自主性与位移体的生命度密切相关。

（6）从体貌特点来看，汉语里有一类动趋式表现出"无界"谓词的一些特点，动介式"V向/往"也一般表示无界的位移。

（7）位移体空间运动的参照，由"处所词"充当，按语义特征可分为"起点"、"经过点"和"终点"等。由介词标引的处所词，部分可以位于动词前，部分可以位于动词后，但有些介词结构位于动词前、后时，表义上往往不同。表示"起点"的处所词可以用介词结构置于动词前，表示"终点"的都不能用介词结构置于动词前而可以由趋向词标引于动词后。

（8）处所宾语在汉语普通话中的语序基本遵循"起点在动词前，终点在动词后"的时空象似性，体现了人类普遍的"终端焦点化"的认知倾向。

第二节 "V起来"的语义分化及相关问题

〇 引言

动趋式"V起来"的意义和用法比较复杂，有关的研究成果比较多，除概括性论述趋向动词的论文外，专题研究论文主要有吕叔湘（1999）、吴洁敏（1984）、房玉清（1992）、刘月华（1998）、张国宪（1999）、贺阳（2004）、李敏（2005）、唐正大（2005）、张谊生（2006）。这些论著对"V起来"的意义、用法和语法化做了细致的描述，归纳起来主要体现在三个方面：一是认为"V起来"可以分为位移义、结果义和体貌义三种基本的语义类型（贺阳 2004）；二是认为"V起来"中"起来"的意义和功能已经发生从趋向动词到动态助词的虚化，从而虚化为"起来$_{趋动}$"和"起来$_{助}$"两大类（李敏 2005）；三是把"V起来"分为自由的和黏着的，自由的"V起来"与第一种观点一致，黏着的"V起来"在句子中做话题，"起来"是话题标记（唐正大 2005）。毫无疑问，这些著述对"V起来"语义的分析，在各自方面都取得了一定的创获，但对"V起来"语义的变化发展及其各个意义之间的联系没有进行解释，或者解释不够。我们感到，"V起来"的各个意义之间应该有其内在的联系和理据，本节试图做出一定的解释。

为表述方便，我们把"起来"跟在动词或形容词后构成的动补结构或形补结构统一记作"V起来"。本节讨论的内容，除了引言、结论与余论，主要分为四个部分：首先描写"V起来"表位移义、结果义的语法特点并解释"起来"表完成的理据；其次讨论"V起来"时体义的形成及其关联化发展；然后探讨"V起来"情态义的语法表现和形成理据；最后讨论"V起来"在语篇中的信息地位。

现代汉语不少趋向动词，如"上、下、起、上来、下来、起来"等都具有丰富的意义，本节虽只选"起来"为分析对象，但分析的过程或结果对其他多义的趋向动词也会有一定的借鉴作用。

一　从位移义到结果义

从共时角度看，"V起来"的功能已经分化，存在着一个由实到虚的连续统。下文分组讨论"V起来"的语义分化和表达特点，并对"V起来"各个意义的形成、发展及其内在联系做出解释。

（一）位移义

A 组：

① 笑够了，陈玉英想起了什么似的，看看表，从沙发上跳起来。

② 金秀随后也跑了进来，头发披散着，显然刚刚从床上爬起来。

③ 我摸了手好牌，举起来给站在我身后的阮琳看。

④ 张全义放下公文包，脱掉外衣，洗了手才从小床里把儿子抱起来……

上例中"V 起来"有的表示主体位移，如例①、②，有的表示客体位移，如例③、④。主体位移是主体发出某一动作，在这一动作过程中主体自主向上位移，客体位移是主体发出动作致使客体向上位移。"V 起来"中的动词有的具有 [＋趋上] 特征，如"跳"、"举"，有的不具有 [＋趋上] 特征，如"爬"、"抱"，但整个"V 起来"具有 [＋趋上] 特征，可以受表示空间源点的介词词组修饰。

A 组的"V 起来"表示某一位移体（trajector, 包括位移主体和位移客体）随动作由下向上位移，"起来"表示位移方向，即趋向。比如"把落水儿童捞起来"，"捞起来"描述位移体"落水儿童"随动作"捞"自下向上直至终点的位移。终点没有在"捞"这一过程呈现，因为它由施动者主观确定，起点隐含在位移体的语义内涵中。

以上描述的是基本的物理空间位移，它还可以通过隐喻扩展（metaphorical extension）到其他抽象认知域。例如：

⑤ 主意容易打，执行的勇气却很不易提起来。

⑥ 那些终年穿着破乱的军服的兵士，……都从愤怒里站起来，掉转了枪口，打死了长官，成千地反叛了。

⑦ 后来梁局长当了局长，就把贺玉梅提拔起来当局团委书记。

例⑤的位移体"勇气"被看成空间实体，可以随相关动作自低向高位移，这是对位移体进行隐喻投射（metaphorical mapping）；例⑥的运动起点"愤怒里"被看成空间实体，这是对位移起点进行隐喻投射；例⑦隐喻投射到社会地位方面：从较低的社会地位到较高的社会地位。这里的空间是一种抽象意义的心理空间，"起来"凸显位移体在这一空间中从下向上位移的方向。

（二）结果义

B 组：

⑧ 和点泥，把打住的野物糊起来，拾一把柴架起火来，烧熟。

⑨ 他的笑容渐渐地收起来了。

⑩ 干鱼一捆一捆积起来，堆放在屋角的一个搁板上。

⑪ 脑门上轻易不显露的一根青筋暴涨起来。

⑫ 随着她的长大成人，那疑窦在她心里渐渐膨胀起来：老祖宗为什么对东府的秦氏如此疼爱？

B 组的"V 起来"比较多，其中动词有的具有［+隐存］的语义特征，"V 起来"是主体发出某一动作，在这一动作过程中主体自主或使客体发生由外到内、由显到隐的变化，如例⑧、⑨；有的具有［+聚拢］的语义特征，表示由分散向集中、由四周向中间聚拢的过程，如例⑩；有的具有［+突起］的语义特征，"V 起来"表示事物从无到有、从小到大、从低到高的渐变，如例⑪、⑫。B 组"V 起来"没有［+趋上］特征，"起来"表示动作行为的完成或实现，"V 起来"表结果义。

从动词的语义看，有的是具体的动作动词，如"躲、圈、抓、埋"等，有的是抽象的行为动词，如"创办、组织、集中"等。从位移体的语义看，有的可以指向具体事物，如例⑧"打住的野物"、例⑩"干鱼"；也可以以隐喻的方式指向抽象事物，如例⑨"他的笑容"、例⑫"那疑窦"。

B 组"V 起来"描述事件发展变化的过程并凸显结果状态，"起来"表示"完成"。"起来"表完成是有一定理据的。"V 起来"所表示的物理空间运动是一个有起点有终点的位移过程，事件的发生、发展和结束也是一个有起点有终点的变化过程，具有相似性。用具体的空间运动过程来表示抽象的事件发展变化过程，这是隐喻的作用。具体地说，这是物理空间运动的路径在事件范域的隐喻投射，即路径被隐喻地理解成活动的过程。除隐喻外，还有转喻的作用。转喻是认知加工过程，在同一个理想化的认知模型（idealized cognitive model）中，其中一个概念实体（喻体）为另一个概念实体（本体）提供心理可及性（mental accessibility）。（Radden & Kövecses 1999:21）"理想化的认知模型"是心理学上所说的存在于人们知识库中的完形（gestalt），完形的各个部分能互相激活，部分能激活整体，整体能激活部分。转喻认知的完形心理基础是"相邻原则"和"凸显原则"，其认知方式是以事物易感知或易理解的部分来代替事物的整体或事物的另一部分。Lakoff（1987:440—442）指出意象图式之间存在某些非常自然的关系，这些关系促动出一词多义。自然的意象图式转换在构成意义的放射形结构中起着重要作用。他认为"路径图式"和"终点图式"存在着转换关系，即"路径←→路径终点"。运动路径通过隐喻投射到事件范域，路径的终点得到凸显。路径的终点成为注意的焦点是非常自然的，因为人们在观察一个运动物体时总是习惯追随其路径，直到其停止，然后把注意力集中在其所处的位置。相对来说，物体运动的"起点"和"终点"通常具有较高的显著度。根据转喻认知规律：用显著的转喻相对不显著的。路径终点比路径相对显著，因此，终点转喻路径整体，终点蕴涵完成，所以"起来"具有完成义。由此可见，"起来"表"完成"是通过"隐喻"和"转喻"引申而来的。

"V起来"描述事件范域抽象的运动路径并凸显路径的终点。这可以比较明显地从"V起来"前面常有的一些彰显路径的词语标记看出。比如可以出现表示空间源点或事物发展起源的介词结构"从……"：

⑬ 赵振红对小李道："你去告诉战士们，敌人一定有大规模的攻击，要大家做好准备，<u>从死伤的战士身上</u>把弹药集中起来。"（李敏例）

⑭ 沪江企业是<u>从一个车间少数纱锭</u>发展起来的。（李敏例）

又如，也可出现"从……到……"、"一点一滴"、"渐渐……成（为）"等显示行为过程或事物发展过程的词语。例如：

⑮ 近半个世纪过去了，新中国海军已经<u>从无到有</u>地发展起来。（李敏例）

⑯ 大把金钱潮水似地倏然而来，悠然而去，卷到这边又涌到

那边，一点一滴算起来，得多少人的血汗，多少年的辛苦！

⑰ 忽然群山上一抹腥血色红光，渐渐散起来成一片橙黄，一片金黄的云霞，天上的紫云远远地散开，渐渐地与天中的青灰云混合。

再如，"V 起来"前常有一些表 [+完结] 意义的词语彰显终点状态。例如：

⑱ 我们失去了你这样一个连锁，可是我们已经坚实地团结起来。

⑲ 马威看了天空一眼，太阳还没完全被云彩遮起来。

⑳ 因此他们在制造一个个具体的恶果时并没有想到这些恶果最终组接起来将会酿发出一个什么样的结局。

此外，"V 起来"可作为连动结构的前项，多表示这一动作行为的完成。例如：

㉑ 转眼斋主把稿子抄好，叠起来放进信封，那五便把那一元票子放在了桌上。

这种隐喻路径不仅可从彰显路径的标记词语看出，还可从"V 起来"本身的语义大致反映出来。前面提到"V 起来"刻画行为事件的过程及其目标，比如"由外到里、由显到隐"、"由分散向集中、由四周向中间聚拢"、"从无到有，从小到大，从低到高"。这种过程义是从源点到终点的向量关系的内在体现，始源域（source domain）显性的、确定的"自下向上"的运动方向映射到目标域（target domain）变为内在的、不确定的观念方向。

二 时体义的形成和发展

（一）时体义

C 组：

㉒ 他妈给他倒了半碗马奶子，他巴呷巴呷地喝起来，安静了。

㉓ 李建平的脸由红变黄、变白，他强作镇静，双手仍不由自

主地颤抖起来。

㉔ 同事起初对他很敬重，渐渐地在背后议论起来，说这个人的脾气很"方"。

C组"V起来"，其中动词所表示的行为动作必须有明确的起点并且具有[＋动态持续]的语义特征，能够带动态助词"着"、能被副词"在"修饰，"V起来"表示动作行为变化的起始并持续，"起来"已经虚化为时态助词①。"起来"也可跟在一些形容词后表示性状的开始并持续。例如：

㉕ 姑娘们活跃起来，照镜子嗑瓜子，无聊地互相打闹。

C组的"V起来"，动词表示的行为动作或者反映一个长时过程，或者反映一个可重复的短时过程，"起来"表示起始时态，因此"V起来"经常与时间副词共现，例如：

㉖ 从一擦黑儿鞭炮就响起来，随着炮声把灶王的纸像焚化，美其名叫送灶王上天。

㉗ 正在狂欢的时候，敌人的大炮又响起来了……

㉘ 再想一想，他就会马上大哭起来。（老舍《火葬》）

㉙ 他回头看了看彩蝶，彩蝶正在爬起来。

也可和动词"开始"连用，但不多见，因为和"起来"的起始义重复而造成语义羡余。

㉚ 服务员把菜陆续端上来，我们开始吃起来。

再则，"V起来"常作为连动结构的后项，表示这一动作行为的起始。

㉛ 开始金枝还以为他是想捣腾，听了这话立刻警觉起来。

C组的"V起来"实际上仍然是位移体运动路径的隐喻投射，由空间投射到时间。时间的运动是单向的，从过去经由现在通向未来，时间运动的单向线性模式与位移体空间运动路径的定向性是相似的，这是产生隐喻投射的认知基础。运动路径投射到时间域并凸显路径的起点，经过转喻机制的作用，路径起点转喻路径整体，起点蕴涵开始，所以"起

---

① 动词的时和体这两个语法范畴，无论在汉语里还是在外语里，要想截然分开比较困难，所以本文不做区分，有时统称为时态。

"来"表示起始态。

从人类认知客观世界的顺序来看，总是空间域先于时间域，空间域鲜明、具体，时间域比较抽象、难以把握，空间域向时间域的投射就为人们把握时间概念提供了捷径。从跨语言、跨方言的研究看，有些语言和某些汉语方言的时体标记来自趋向动词或位移动词。石毓智、白解红（2007）综合 Bybee et al.（1994）和 Heine et al.（2002）的分类和统计结果报告，发现许多语言表达将来时的概念，都用移动动词"来"与"去"。根据他们提供的数据，至少有 24 种语言用"来"，28 种语言用"去"表达将来时概念。比如，纳西语 zʅ³³ gv³³ dɯ³³ mba³¹ ʂʅ³¹ lɯ³³（意思是"将要修一条路"，lɯ³³ 来→将行体标记）（木仕华 2003）；英语 She is going to have a baby。在一些汉语方言里，也有用趋向动词表示时态意义的。比如，据李如龙（1996）报告，泉州方言里"去"可以表动作完成或事件结束：我拍破去（一块）碗。伍云姬（1996）指出，长沙方言里复合趋向动词"去来"可以构成过去时标记：我看去来，冇看完（我看了，没看完）。朱美芳（2003）研究指出，"来去"在台湾闽南方言里可以作为表将来时的助动词：我卜来去食饭（我要去吃饭）。①

（二）话语功能

D 组：

㉜ 金秀，提起别人的事儿来，你说得头头是道，合情合理。怎么一轮到自己头上，就钻牛犄角尖儿呢？

㉝ 高先生性子很急，爱生气。生起气来不说话，满脸通红，脑袋不停地剧烈地摇动。

㉞ 谁帮她推碾子拉磨呢？她一抱起磨棍来就头晕哩！

㉟ 他的眼睛似乎相当细小；一笑起来眼角上便布满了饱经风霜的皱纹。

㊱ 这两架机器，摇起来嘎嘎的响，给这条街增添了一种新的

---

① 转引自徐丹（2005）。

声音，和捶铜器、打烧饼、算命瞎子的铜铛的声音混和在一起。

㊲ 这要落到税务局手里，罚起来可没完呐！

㊳ 如果说它是法律之外的一种"补充"形式，细抠起来必然存有许多不合法的内容；但要说它是落后的"法盲"行径，其中却又饱含着人情味儿。

D组的"V起来"，以从属分句或者紧缩复句的前位分句形式出现，具有话题功能和衔接功能。有的"V起来"表示做某事或发生某种状态的时候，已经指称化，表示时间，意思相当于"（当/每当）VP时/的时候"，具有话题功能，如例㉜、㉝。例㉜"提起别人的事儿来，你说得头头是道"意思是"每当提起别人的事儿的时候，你说得头头是道"，"提起别人的事儿来"是次话题，"你说得头头是道"是述题，也是句子信息的焦点。有的构成"一V起来就……"或意思相当于"一……就……"，前后两部分之间表示顺承关系，如例㉞—㊱。例㊱"摇起来嘎嘎的响"意思相当于"一摇起来就嘎嘎的响"。有的前后两部分之间隐含假设关系，意思相当于"一旦……"或"假如……的话"，如例㊲、㊳。例㊲"罚起来可没完呐"意思是"假如罚起来的话可没完呐"。"V起来"作为从属分句和前位分句，表示时间、方式、条件等，语义上不能自足，后面必有后续成分，对某个情况或状态进行叙述或描写。

从语义上看，D组的"V起来"有三种情形：一是相当于一个表时间的名词性短语。二是在顺承关系的紧缩句中做先后事件的先事。这两种情形中的"起来"仍然表示时间，不过已经不表起始意义。三是在假设关系的紧缩句中表示对动作行为估测，"V起来"带有一定的语气意义。

我们认为D组"V起来"的话题功能和连接功能是从C组的时体特征引申出来的。一方面，时态本身具有一定的篇章功能，它不仅表示句子中的时间关系，而且表示句子与句子、语段与语段之间的时间关系，为叙事提供时间框架；另一方面，表示时间意义的词语同时表示假设关系意义，在世界语言中也是极其普遍的。"吕叔湘（1982）指出时间关系句往往含有条件关系，而且有些时间关系句兼有假设之意，如英语的 when 也常兼有 if

意；德语时间和假设两种关系同用 wewn 一词。"（江蓝生 2002）江蓝生的研究论证了近代汉语中时间词"时"和"後"语法化为假设语气助词的事实。例如①：

㊴ 我与你四锭钞，肯时卖，你不肯时，赶将去。（古本《老乞大》26a）

㊵ 不来後，是众僧大家采；来後，怎当待。（《董西厢》卷二）

三 情态义及其衍生理据

（一）情态义

E 组：

㊶ 桃源石很硬，磨起来很不容易。

㊷ 这是因为刘大爷的地是熟地，开起来不那么费力。

㊸ 他演戏，本来不合适，嗓子不好，唱起来不搭调。

㊹ 徐伯贤看这位杜逢时说起话来有板有眼，倒不像个胡说的人。

从结构上看，上述"V 起来"小句都是"NP+V 起来+AP"（AP 多为形容词性短语，也有 VP 或小句等，这里统一表示为 AP），NP 是主语，"V 起来"是状语，AP 是主要谓语，表达说话人的某种主观评价。有的小句主语是"V"的逻辑宾语，"V 起来"隐藏着一个更高层次的主语——言者主语（speaker subject），即文中没有出现的"我"，"V 起来+AP"表示说话人实施"V—NP"的某种体验，如例㊶、㊷；有的小句或子句主语即为"V"的逻辑主语，但句子呈现或隐含另一言者主语，"V 起来+AP"表示说话人对施动者实施"V—NP"的某种主观评价，如例㊸、㊹。

"V 起来"除了可以表示某种评价意义，还可以表示假设、估测等语气意义。表示假设语气，前已论及。"起来"用于"看、说、听、算"等动词后可以表示推测、估量等语气，这类动词限于极少的几个。例如：

---

① 下面两例引自江蓝生（2002）。

㊺ 梓树籽榨成的油叫梓油，虽是植物油，却是凝结的，颜色雪白，看起来很像猪油。
㊻ 这本是个外号，但是听起来倒像是个正式职称似的。
㊼ 这件事细说起来复杂透顶，简而言之就是赖账。
㊽ 那么，多给老人们尽点心，而少生点兄弟妯娌间的闲气，算起来还倒真不错呢！

（二）话语功能

从话语表达看，E 组的"V 起来"也具有话题功能或连接功能。句法上，有的充当句子的状语，如表示评价意义的"V 起来"，其后可以有停顿，可以插入"啊、呢、吧"语气词和"是不是"等疑问形式，因而也可看作话题（次话题，句首 NP 为主话题），交代方式、根据、来源等信息，其后 AP 表达说话人通过这种方式或来源等而获得的主观体验或做出的主观评价，如例㊶"磨起来很不容易"，"很不容易"是通过"磨"的方式得到的感受；有的作为句子的插入语，如表示推测、估量意义的"V 起来"，不仅"起来"虚化了，"V"也在很大程度上虚化了，基本不表感知、言说等动作行为义，而表主观看法、态度等认知义，"V 起来"成为表达推测、估量意义的话语标记（discourse marker），基本上不具有概念语义，对所在句子的命题意义也没有影响；但可以改变句子的语气和情态。Traugott（1995）认为语法化和主观化是一个渐变的过程，强调局部的上下文在引发这种变化中所起的作用，强调说话人的语用推理过程（pragmatic inference）。语用推理的反复运用和最终的凝固化，结果就形成表达主观性的成分。句法上，有些已经词化，成为黏着性的短语词，"起来"失去了句法独立性，成了词内成分。

"V 起来"作为话语标记，不仅可以表明说话人的观点和态度，而且作为话语单元之间的连接成分，起着标明话语单元与话语情境间的某种关联作用。例如：

㊾ 一碗鸡汤，上面一层油，<u>看起来连热气都没有</u>，可是超过一百度。

(50) 有的先生虽然看起来衣冠齐楚，西服皮鞋，但是皮鞋底下有洞。

(51) 与此同时，〇三所却在对他组织一场围剿。这听起来有点小题大做，可笑又不可理解，但的确在发生。

(52) 她对历史的见解不管是否正确，听起来蛮新潮。

(53) 这真是一件有趣的事，说起来真像一个虚构的荒唐的故事哩！

“看、听、说”等动词都是知觉动词，它们构成的“V起来”分句，其语义特征是通过感知事物的外部特征而得出一个估测性的观点或结论。多数情况下，这些“V起来”分句说明事物的表面现象，另一分句说明事物的本质特征，二者构成转折关系。有时也构成因果、假设、总括等关系，例如：

(54) 孙小姐的脚当真放了，放得很好，看起来就不像裹过的。（因果）

(55) 只有仁渡，没有叫他“渡师父”的，因为听起来不像话，大都直呼之为仁渡。（因果）

(56) 在这个年头，说起来也真可笑，我还希望嗅着一种纯粹的檀香的气息。（因果）

(57) 这种放荡的生活方式说起来，描绘在纸上是很有吸引力的，足令未曾涉足者目眩神往。（假设）

(58) 我的父亲是堂堂正正的骑兵，负着保卫皇城的重任，每月不过才领三两银子，里面还每每掺着两小块假的；为什么姑父，一位唱小生或老旦的，还可能是汉人，会立下那么大的军功，给我姑母留下几份儿钱粮呢？看起来呀，必定在什么地方有些错误！（总括）

(59) 说起来，我对巴黎赛场始终怀有美好的记忆。1983年，我第一次作为国际评委率三个节目前往参赛。当年竞争虽然激烈，但我们的节目质量占压倒优势，三个节目全拿到了

金牌的前三名，大胜而归。不用说，我这个评委当得也很自豪。（总括）

"V 起来"表总括多以独立形式处于语段末尾，后接引一个结论性小句，对前文列举的事实进行总结，如例⑱。有时也出现在语段开头，后文列举相关事实，如例⑲。

（三）泛时性特征

从时间表达来看，E 组的"V 起来"分句不指某一特定时间，而指任何时间或所有时间，具有泛时性或恒时性特征；它们也不描述具体的实际事件，而描述虚拟事件的特性，具有非事件性特征。这里的"起来"也不表起始时态，表示的是一种泛时态。"V 起来"不能和时间副词和动词"开始"共现，试比较：

⑥ 我知道她与我的葡萄园具有同样意义，也同样沉重和淳朴、同样<u>正在</u>蓬蓬勃勃地生长起来。

⑥ 服务员把菜陆续端上来，我们<u>开始</u>吃起来。

⑥ 泽泻不是贵药，但切起来很费工，要切成厚薄一样，状如铜钱的圆片。

⑥ 他看起来很有文化修养。说话高雅，声音甜润。

例⑥"切起来很费工"、例⑥"他看起来很有文化修养"不能被"正在"和"开始"修饰，如不能说"正在/开始切起来很费工"、"他正在/开始看起来很有文化修养"。

（四）主观性特征

从语义表达的性质看，E 组"V 起来"所在的句子（分句）表达的都不是客观的命题内容，而是表达说话人对命题内容的评价、估测或者对言谈对象的看法、态度等。句子表达的视角已经转到说话人。试比较：

⑥ "我跟你干这杯吧。"马青站起来和宝康碰了下杯，一饮而尽。

⑥ 吴胖子和马青乐了，跟着也大吼起来："混蛋！王八蛋！"

⑥ 鸭嘴是角质，就像指甲，没有神经，刻起来不痛。
⑦ 这人看起来是不会头疼脑热、感冒伤风的，而且不会有什么病能轻易地把他一下子打倒。

例⑥、⑥分别以语法主语"马青""吴胖子和马青"为出发点和描写对象，"站起来""大吼起来"是对其行为事件的客观报道；例⑥、⑥的出发点不是语法主语"鸭嘴""这人"，而是"言语场景"中的说话人"我"，"我"是主观识解（construe）的实体，是"言者主语"，"刻起来""看起来"所在的句子（分句）是"我"对言谈对象"鸭嘴""这人"进行主观识解的结果。说话人的视角是语言表达中所体现出来的说话人的个人印迹，是语言主观性（subjectivity）的表现。

需要说明的是，"V起来"表示评价和语气都属于情态范畴，是一种"认识情态"（epistemic modality）。Palmer（2001:22）认为认识情态是一种命题情态，表达说话人对命题真值的可能性或必然性的看法或态度。认识情态是说话人阐释他对自己所说的话的坚信程度。

（五）情态义的衍生理据

从认知角度看，"V起来"的情态意义与其起始时态意义密切相关。因为起始时态在时间意义上具有将来特征，而将来事件带有待知性、期盼性、预测性及不确定性。将来事件的上述特征常体现为句子的情态，将来时态与非事实话语，诸如假设、估测、愿望、打算等言语主体的主观态度有着比较自然的联系。

同时我们注意到，出现在E组"V起来"中的动词必须是表示具体行为动作的，尤其以言说动词、知觉动词和肢体动作动词多见，这些动词所表示的行为动作是最基本的身体活动，直接为人们感知、体验，经过人们反复体认而获得真实可靠的日常经验，并在此基础上建立认识、思想和情感等观念系统。这种借助客观的身体活动来表达主观的、内在的认知心理活动是人类基本的身体隐喻功能。"隐喻的方向是从身域投射到心域，'以身喻心'是普遍现象"，"符合由具体到抽象的思维规律"（沈家煊 1997）。

由此我们可以认为表情态特征的"V起来"是由表时态特征的"V起来"进一步语法化的结果，是"以身喻心"的隐喻引申和主观化的结果。事实上，从时间范畴发展到情态范畴在人类语言中具有相当的普遍性。据卓小清（1999）报告，瑶语中的"taːi²（来）"在"ȵan²（吃）、maŋ⁶（看）、ɬuo³（摸）、muaŋ⁵（听）"等动词后表示从某种感觉做出估计或推断，这时"taːi²"用作动态助词，意义与汉语的"起来"相同，比如"nin² maŋ⁶ taːi² maːi² fei⁵ tsiep⁸ lɛŋ² a³"（他看起来有四十多了）。英语中的三种基本时态（现在时、过去时和将来时），除了表示时间意义，都带有一定的情态意义。比如，英语中表达将来时间的助动词 will 和 shall 都是由带强烈情态意义的动词演变而来的，它们本身又是情态动词。日语中放在动词后边的"-shimau しまう"如果附在自主动词后就强调动作的完成，比如"それを食べてしまいなさい"（把它吃掉）；如果放在非自主动词后就一定表示说话者对事件的一种感叹语气，即"不如意"或"意外"等情态范畴的意义，比如"こわれてしまつた"（坏了）（柯理思 2005）。时态和情态之间有着密切的关系，其相关之处也可看作时态的隐喻用法。需要说明的是，我们虽然认为"V起来"表示情态意义，但我们并不认为"起来"成为情态助词。因为"起来"不能单独表示情态意义，而且和"起来"结合表示情态意义的动词必须是具体行为动作动词，不能是非行为动词和形容词，"起来"仍是时态助词。在这点上，我们和曹宏（2004）的观点一致。不过，我们并不认为"起来"仍表起始时态，因为这类句式在时间表达上具有泛时性，"起来"表示泛时态。

四 语篇中的信息地位

一个叙事语篇中，有些语句所表达的信息是直接描述事件的进展、人物的活动的，而另一些语句所表达的信息则是对事件进行铺排、衬托或评价。前者被称作前景（foreground）信息，后者叫作背景（background）信息。前景信息用来回答"发生了什么"这样的问题，背景信息用来回答"为什么"或"怎么样"发生等问题。（方梅 2005）前文我们讨论了共时平面上"V起来"可以表位移义、结果义、时体义和情态义，由于表达这四种不同意义的"V起来"在篇章中的分布和作用存在着明显差别，其所表达的信息在语篇中的地位也就不同。

"V起来"表位移义、完成义和起始时体义，充当句子基本谓语或谓语中心而且通常位于句子的末尾，根据线性增量原则，其所表达的信息不仅是新信息，而且是焦点信息。

"V起来"作为从属分句和紧缩复句的前位分句（如D组），表示时间、方式、条件等，语义上不能自足，强制要求出现陈述性或描述性后续成分。方梅（2005）指出，句子层面上，主句为前景，表达事件进程；从句为背景，表现事件过程以外的时间、条件、伴随状态等因素。小句层面上，连动结构内部，背景在前，前景在后。从分布和表义看，这类"V起来"表达的应属背景信息，其所承接的部分传达的才是前景信息。

"V起来"表情态义，有的充当状语，有的充当独立成分，固化为话语标记。做状语的"V起来"具有话题性，交代方式、根据、来源等信息，其后述部分表达说话人通过这种方式或来源等获得的体验或做出的评价。从所传递的语义信息看，这类"V起来"回答"为什么"或"怎么样"发生的问题，陈述部分回答"发生了什么"的问题，所以前者为背景信息，后者为前景信息。"V起来"作为话语标记，其作用是引导听/读者对话语前后语义关系的识别与理解，表达说话人对命题内容的估测、看法或态度。它表达的是一种主观性和程序性（procedural）意义，并非表达事件过程和事件过程相关的语义信息。一个重要的形式证据就是其中的"V起来"可以删去，却并不影响事件信息或命题内容的表达。换句话说，这类"V起来"不在所描述的事件的时间链上，不表达与事件有关的信息，因此无所谓前景和背景。

五　结论与余论

综观A组到E组的"V起来"，其语义变化经历了：位移义→结果义→时体义→情态义；相应地，"起来"也呈现出一种由实到虚的引申过程：趋向义（趋向动词）→完成义（趋向动词）→起始态（时态助词）→泛时态（时态助词/词内成分）（见表 1-1）。从客观世界的逻辑发展顺序看，趋向发展到最终阶段就会产生某种结果，而结果一旦稳定下来就会呈现出某种状态。时态是话语发出者所构建的主观时间——反映说话时间与事件发生时间之间的时间关系；情态表达话语发出者的某种语气或态度。二者都是言语使用者传递信息时的主体表现（modality）。主体表现有主观性和客观性之分，时态是客观性主体表现，情态是主观性主体表现。

表 1-1　A—E 组 "V 起来" 语义变化

q＼语义特征＼Vq	q:［趋向］ Vq:［位移］	q:［完成］ Vq:［结果］	q:［起始态］ Vq:［时体］	q:［泛时态］ Vq:［情态］
A 组	＋	－	－	－
B 组	－	＋	－	－
C 组	－	－	＋	－
D 组	－	－	－	±
E 组	－	－	－	＋

说明：q 表示 "起来"，"Vq" 表示 "V 起来"。

伴随 "起来" 的语义虚化，"V 起来" 经历了一个去前景化过程。"V 起来" 表位移义、完成义和起始时体义，充当句子基本谓语或谓语中心，是句子表义的重心或焦点，是说话人着意凸显的成分，是前景信息（figure）；"V 起来" 作为从属分句和紧缩复句的前位分句，表现事件进程以外的时间、方式、条件等因素，表达的是背景信息；"V 起来" 表情态义，充当状语时，交代说话人对行为事件进行评判的方式、根据、来源等背景信息，而充当独立成分，即作为话语标记时，表达主观性和程序性意义，与前景信息和背景信息无关。伴随这一去前景化过程，"V 起来" 发生了由命题内成分到命题外成分的转变[①]："起来" 表示趋向义、

---

① 关于主体表现（主观性主体表现和客观性主体表现）、命题内成分和命题外成分等概念参看于康（1996）。

结果义时,"V起来"充当命题内成分表达命题意义;"起来"表示时态义时,"V起来"充当命题外成分表达言语主体的语气、评判等主观意义,即从客观事件表达转到主观评价表达。相应地,"V起来"的逻辑主语也发生了由句子主语到言者主语的变化。"Traugott(1982)将Halliday(1970)区分的三种语法功能排成一个语法化程度由低到高的等级:概念功能＞语篇功能＞人际功能。"(沈家煊 1994)"V起来"表示位移意义、结果意义体现概念功能,表示时体意义既体现概念功能又体现语篇功能、人际功能,表示情态意义主要体现人际功能,由概念功能到语篇功能再到人际功能,印证了语法化中的主观化过程。"V起来"共时平面的这种差异(variation)正是历时演变(change)在不同阶段、不同层次上的反映,其语法化和主观化过程可概括为以下几个互相联系的方面(如表1-2):

表1-2 "V起来"的语法化和主观化过程

V起来 语法化、主观化过程	从A组到E组,语法化和主观性逐渐增强
一	基本谓语＞状语＞插入语
二	句子主语＞言者主语
三	自由形式＞黏着形式 (部分已经词化)
四	前景＞背景＞话语标记
五	命题功能＞话语功能 (命题内成分＞命题外成分)
六	概念功能＞语篇功能＞人际功能

我们把"V起来"分为位移义、结果义、时体义和情态义等四种意义,这四种意义的区分有时比较清楚,有时则有所交叉和纠缠。有的"V起来"既可能表位移义也可能表时体义,如"跳起来",在"他受惊地从床上跳起来"中表位移义,而在"他的心立刻'砰砰'跳起来"中表时体义。有的"V起来"既可能表结果义也可能表时体义,如"捆起来",在"他

们把那个故意捣乱的家伙捆起来了"中表结果义,而在"几个彪形大汉将选手们翻倒,骑在身上左一道右一道地捆起来"中表时体义。有的"V起来"既可能表时体义也可能表情态义,如"看起来",在"他走进剧场找了空坐下,全神贯注地看起来"中表时体义,而在"他看起来完全不像个中医"中表情态义。有的"V起来"既可能表位移义、结果义,也可能表时体义,如"拉起来",在"马青硬把刘美萍从座位上拉起来"中表位移义,在"绳子的两头拉起来拴在了木桩上"中表结果义,而在"他拉上了个买卖,把车拉起来,他才晓得天气的厉害已经到了不允许任何人工作的程度"中表时体义。这种有歧义的"V起来"究竟表示什么意义根据上下文一般可以确定,但是"V起来"的语义演变是个连续的渐变过程,在从 A 义转变为 B 义时,有可能存在中间阶段既有 A 义又有 B 义,如"那群大狗打起来了"中"打起来"既可理解为表结果也可理解为表起始。

第二章

与位移动词、置放动词相关的问题

第一节 位移动词的类型特点和认知语义研究

○ 引言

物体在空间中所处的位置可以分为静态位置和动态位置两种。从形式语义角度分析，静态位置和动态位置反映了静态义和动态义的不同，而反映静态义和动态义的句式，则可分别称为"位置句"和"位移句"。

通过对位置句和位移句中动词的研究，我们可以建立位置句和位移句的常用句型表（表 2-1）：

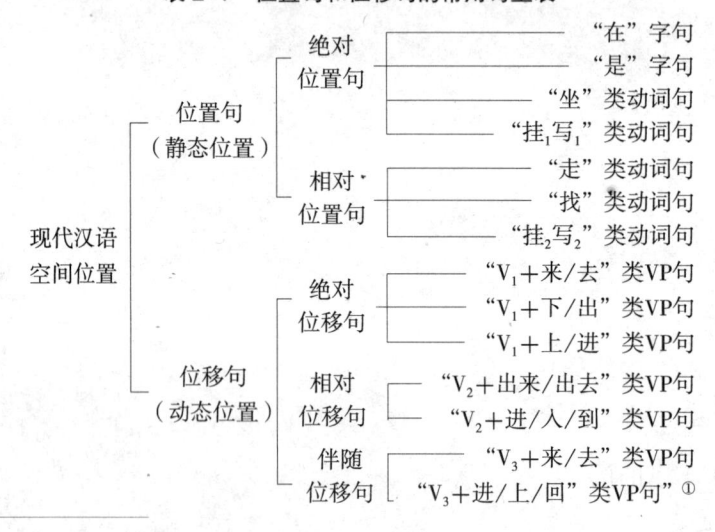

表 2-1 位置句和位移句的常用句型表

```
                              ┌ 绝对    ┌── "在"字句
                              │ 位置句  ├── "是"字句
                    ┌ 位置句  ┤         ├── "坐"类动词句
                    │ (静态   │         └── "挂₁写₁"类动词句
                    │  位置)  │ 相对    ┌── "走"类动词句
                    │        │ 位置句  ├── "找"类动词句
  现代汉语          │        └         └── "挂₂写₂"类动词句
  空间位置  ────────┤
                    │        ┌ 绝对    ┌── "V₁+来/去"类VP句
                    │        │ 位移句  ├── "V₁+下/出"类VP句
                    │ 位移句 │         └── "V₁+上/进"类VP句
                    │ (动态  │ 相对    ┌── "V₂+出来/出去"类VP句
                    │  位置) │ 位移句  └── "V₂+进/入/到"类VP句
                    │        │ 伴随    ┌── "V₃+来/去"类VP句
                    └        └ 位移句  └── "V₃+进/上/回"类VP句"①
```

---

① 参阅齐沪扬《位置句中动词的配价研究》(1995)、《关于"动词+趋向补语"方向价的类型及位移句句型的建立》(1996)等文。

我们认为,句式上的差异是由于句子中动词的不同造成的,动词的不同性质,又反映出了动词移动性功能的强弱。本节将在以往研究的基础上,从及物性系统理论和认知语法理论出发,对句式中动词的移动性功能进行考察,从而建立起一个适合于这种句式的动词分类系统。

一 动词移动性功能研究的理论背景

(一)及物性系统理论和动词移动性功能的考察

系统功能学派认为,作为人类交际工具的语言,承担着各种各样的功能,概念是其中的一种。Halliday 所说的概念功能指的是语言对人们在现实世界中的各种经历的表达,而动词体现了语言的概念功能(Ideational Function)中的及物性系统(Transitivity)的一个成分——"过程"(Process),这是因为在语言表达中说话者对非静止的主客观世界的经验的体现是由动词担任的。同时,由于人类生活中的主客观世界中的各种变化都不是在虚无中进行的,过程也必然与主客观世界中的时间、空间、人物、事物等互相联系。因此,系统功能语法中的"过程",还应包括过程的参与者(Participants)和与过程相关的环境(Circumstances)。在语言表达中,参与者与环境常由非动词担任。[①]

及物性系统为我们提供了一个可供选择的网络:我们可以根据自己所要表达的具体内容的需要,对上面所说的过程、参与者与环境进行选择,甚至选择不同类型的过程、参与者与环境。这样看来,从表达语言概念功能的及物性系统理论出发对动词进行考察,在句法—语义关系上更能真实地反映我们对主客观世界的认识。

通过对现代汉语表达空间位置句式的考察,我们认为可以建立一个适合这类句式的动词的分类系统。对动词的分类,将不仅注意动词本身的过程,这个过程在空间位置系统中表现为移动性功能,同时还将结合参与者和环境的因素:参与者是指占据空间位置的物体,环境则是指物

[①] 参阅胡壮麟等《系统功能语法概论》(1989)。

体存在的处所。也就是说，动词移动性功能的考察，仅仅注意动词本身是不够的，还必须考虑到与动词相关的名词、处所词的性质。

（二）认知语法理论和动词移动性功能的考察

认知语法理论强调语言不是一个自足的认知系统，对语言的描写必须参照人的一般认知规律，语言形式的意义不能在语言结构系统内部的聚合关系和组合关系中去寻找，只能就说话人的背景知识来加以刻画，理解一个语言形式的意义必须激活（trigger）相关认知领域中的其他认知结构。人类的认知能力，必须以客观世界中的具体的"画像"（image）作为支撑的。这种汉语功能语法称作为"临摹"现象的，就是"画像"在语法结构中的真实反映。尽管汉语功能语法在解释"临摹"现象时，认为"失真是必然的，无法做到句法结构完全映现概念结构"①，然而，认知语法这种建立在心理现实性基础上的语义研究，无疑拓宽了我们的研究范围，提供了一个语义研究的新视点和切入角度。

认知主体与客观世界的沟通和联系，与日常语言中对空间、处所的叙述是密切相关的。空间、处所的正确表达、理解，对于句法结构的解释，具有特别重要的作用，所以国外语言学理论界有人就直接将认知语法称作为"空间语法"。② 其中的一个主要观点就是：用语言正确地反映一个客观世界物体的移动，牵涉到的不仅仅是这个物体本身的移动，至少还与下列两个因素有关：A. 感觉到客观世界物体移动的观察者的视线的移动；B. 感觉到客观世界物体移动的观察者自身的移动。

这样，在认知语法理论的支持下，我们同样认为可以建立一个适合于现代汉语表达空间位置句式的动词的分类系统。动词的移动性功能，不仅体现在客观世界物体本身的移动上，还体现在观察物体移动的观察

---

① 沈家煊《句法的相似性问题》，《外语教学与研究》，1993年第1期；袁毓林《关于认知语言学的理论思考》，《中国社会科学》1994年第1期等文中，都谈到了这种"临摹"现象。

② R. W. Langacker 的"认知语法"，最初称为"空间语法"（Space Grammar），见沈家煊《R. W. Langacker 的"认知语法"》，《国外语言学》1994年第1期的介绍。最近，看到的几本日本出版的有关认知语言学的著作，所介绍的大都是空间的问题，参阅《空间認知と言語理解》《認知文法論》《認知言語学の基礎》等书。

者的视线移动和观察者本身的移动上。在现代汉语中，与物体本身移动有关的是处所词，与观察者视线移动和观察者本身移动有关的是方位词和趋向动词。因此，对动词移动性功能的考察，既要注意相关的处所词的性质，也要考虑到相关的方位词和趋向动词的性质。

关于动词移动性功能的考察，过去没有学者专门进行研究，但与之有关联的，如及物性系统中动词的方向结构等问题，却有学者从不同角度进行过探索，如邓守信（1975）、汤廷池（1975）、范晓（1986）等人，都认为可以把动词分为"内向"、"外向"，甚至"兼向"等类，对这些动词的选择性特征进行描写和分析，得出了一些颇有解释力的结论。然而，上述研究只是对某些动词做出一些描述，牵涉到的也只是与空间有关的动词的一个方面，并未建立一个如同时间结构一样的较完整的空间系统，这就留下了许多遗憾和不足。我们认为，动词移动性功能的考察将能全面地揭示动词语义上的空间特征，得出的结论也将更显合理。

二 研究思路与研究方法

（一）与移动性功能有关的几个要素

讨论动词的移动性功能，将牵涉到下列几个要素：

（1）表示处所的 N；
（2）表示存在的 V；
（3）表示移动的 V；
（4）表示物体的 N。

（二）命题的产生及句法槽的制定

从认知的角度考虑，说话者要表示一个移动性的过程，亦即一个动词的移动性功能的体现，通常是在一定的行为背景（Background）的支持下，产生如下命题，即：

命题1：物体在某一处所存在；
命题2：物体在移动。

上述（1）、（2）、（4）要素构成命题1：表示物体的N在表示处所的N中存在；

上述（3）（4）要素构成命题2：表示物体的N在移动。

根据命题1和命题2的要求，我们设立了以下两个句法槽：

句法槽1：CN+V+NP/NP+V+CN（其中CN表示处所词），如：

　　山顶上是一块平地/学校的周围有农贸市场/理发店在商店的旁边

　　墙上挂着一幅画/村子里死了一头牛

句法槽2：（CN）+V+来/去/上/下……+NP/NP+V+来/去/上/下……+（CN），如：

　　前面来了一个人/后面冲上去几个士兵

　　他寄去一封信/妈妈端上来一碗面/他跳下车厢

本文讨论的是能够进入这两个句法槽的所有的动词。①

（三）确定移动性功能的依据和原则

1. 几组概念

（1）位置/参考位置：空间中物体占据的位置可以分为静态位置和动态位置两种：相对于参考位置来说是静止不动的是静态位置；相对于参考位置来说是移动的，且移动是有方向的是动态位置。参考位置可以是显性的，句子中表现为由处所词指示；参考位置也可以是隐性的，句子中不出现处所词，而由"来/去"等趋向动词指示，参考位置可以是客观的，也可以是主观的。

（2）位移/位移方向：现代汉语表示空间中一个物体的位移有两个条件，

---

① 所谓的句法槽，其实还有许多其他的限制：N所表示的物体，应该是"具体"的物体，这儿的"具体"是指可以有实在的移动的物体，像声音、颜色一类，就不算具体的，因此，"外面传进来一股嘈杂的声音"、"脸上浮现出一阵红晕"一类句子，就不属于这样的句法槽；CN所表示的处所，应该满足物体可以占据的要求，也就是说，CN所表示的参考位置的范围，应该大于物体占据位置的范围。储泽祥的论文《动词的空间适应性情况考察》谈到根据空间范围的大小，可以分成A、B、C三级空间，动词的空间适应能力影响着宾语所指称事物的形体或范围的大小。虽然本人不能完全同意储文中考察的结果，但在这一点上，看法还是比较一致的。

一是要有位移的源点和终点，一是要有位移的方向。只有源点、终点概念无法单独表示物体的位移，必须再出现位移方向；只有位移方向则能单独表示物体的位移，因为有位移方向的运动方能显示出运动的轨迹。位移方向可以在动词后加上"来/去"、"上/下、进/出"等表示，也可以直接用"来/去"、"上/下、进/出"或一部分移动动词来表示。

（3）源点/终点：源点、终点的表示通常有两种方式：A. 介词引介出后面的处所词，例如"'从、自、打'+处所词"表示源点，"'到、向、往'+处所词"表示终点；B. "（动词）+'下/出'+处所词"表示源点，"（动词）+'上/进'+处所词"表示终点，或者由一部分移动动词直接加上处所词，表示源点或终点。

（4）近向/远向：物体向着说话人方向的移动是近向移动；物体背离说话人方向的移动是远向移动。近向移动往往由"来"或者"动词（包括趋向动词）+来"表示；远向移动往往由"去"或者"动词（包括趋向动词）+去"表示。

动词的移动性功能的考察与这几组概念有密切的关系，考察的依据与原则是建立在这几组概念上的。

2. 几项原则

（1）在特定的句式中考察动词的移动性功能，这些句式已在前文中列举出来，事实上上述列举出来的句式也就是能进入句法槽的句子。

（2）动词的移动性功能的强弱主要体现为两点：A. 是否有位移；B. 位移牵涉到的对象。

（3）主要考察特定句式中的动词能与什么样的成分组合，组合之后又体现怎样的意义。

3. 几条标准

我们制定五条标准，用来鉴定动词移动性功能的强弱情况。

（1）V+处所词：可以表现以下几种意义：A. 表示某一处所存在有某个物体；B. 表示某一处所里的某个物体开始移动；C. 表示某个物体移动到某个处所。这里的处所词，有的是物体占据的位置，有的是参考位置。例如：

① 山顶上是一块平地。
② 前面来了一个人。
③ 他跳下车厢。

（2）V+着/了："着/了"表示状态的持续，或者说表示移动的停止。"动词+'着/了'"通常表现"某一处所里有一物体以持续的状态留存"的意义。有一点值得注意，就是有"着/了"的句子，物体占据的位置往往和参考位置重合。例如：

④ 墙上挂着一幅画。
⑤ 窗上坏了一块玻璃。
⑥ 路上走着一个人。

（3）V+来/去："来/去"可以表示近向或远向。"动词+'来/去'"通常表现"某一物体做近向或远向的移动"的意义。由"来/去"参与的句子，可以不出现处所词，即不出现显性的参考位置。[①]例如：

⑦ 我拿来一本书。
⑧ 他送去一碗饭。

（4）V+上/下："上/下"是这一类趋向动词的代表，还包括"进、出、过、回……"。"动词+'上/下'"通常表现"某一物体做水平或非水平方向的移动"的意义，后面通常可以带处所词，表示源点或终点的概念。例如：

⑨ 他跳下火车。
⑩ 他走进学校。
⑪ 火车穿过山洞。

（5）V+N_1/N_2：这里的 N_1 是表示无生命的物体，也就是不能主动发出移动的物体，N_2 表示有生命的物体，是能够主动发出移动的物体。"动词+N_1/N_2"通常表现"某一物体在另一物体的作用下产生移动"的意义，或者是"某一物体做出移动或使另一物体也同时做出移动"的意义。

[①] "来/去"表示近向或远向，本身是一个很复杂的问题，要受到三个因素的影响，即：空间位移的物体与说话人的关系，说话时间与空间位移时间的关系，说话人与听话人的关系。参阅齐沪扬《空间位移中主观参照"来/去"的语用含义》（1996）一文。

例如：

⑫ 一本书被他借来了。

⑬ 我回来了。

⑭ 妈妈端上来一碗面。

三 汉语动词移动性功能的强弱分类

（一）动词移动性功能的强弱类别

根据上述依据和标准，对汉语动词移动性功能的强弱做出如下分类（表 2-2）：

表 2-2 动词移动性功能的强弱类别

大类	图示	小类	+处所词[1]	+着/了	+来/去	+上/下	+N1	+N2	+源点	+终点	例词
V_1	——	V_{11}	+	−	−	−	+[2]	+[2]	−	−	是、有、在
		V_{12}	+	+	−	−	−	+	−	−	坐、躺、蹲
		V_{13}	+	+	−	−	+	−	−	−	挂、写、留
V_2	$o_1 \to o_2$	V_{21}	+	+	+	−	+	−	−	−	走、跑、飞
		V_{22}	−	+	+	−	+	+[3]	+[3]	拥、围、潜
V_3	$o_1 >$ $o_2 \to o_2$		−	−	+	+	+	−	+[3]	+[3]	刨、挖、垒
V_4	$o_1 >$ $o_2 \to o_1 o_2$		−	−	+	+	+	+	+[3]	+	带、拿、搬

说明：1. 这儿的处所词不表示"源点/终点"的概念。

2. 表示两者选一，但 N_2 的情况较少见。

3. "源点/终点"并不一定出现，但可以出现。

上述动词构成一个与移动性功能有关的动词分类系统：

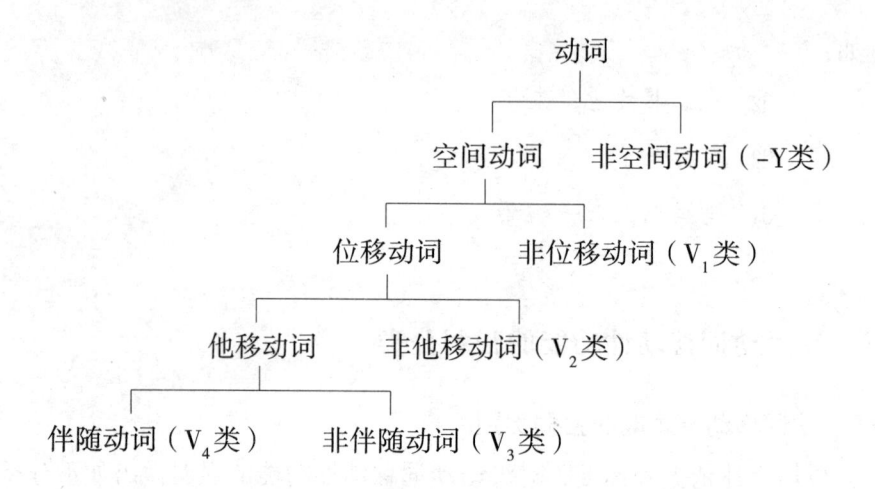

```
                          动词
                           |
                ┌──────────┴──────────┐
              空间动词            非空间动词（-Y类）
                |
        ┌───────┴───────┐
      位移动词        非位移动词（V₁类）
        |
    ┌───┴────┐
  他移动词   非他移动词（V₂类）
    |
┌───┴────┐
伴随动词（V₄类）  非伴随动词（V₃类）
```

（二）动词移动性功能强弱体现出来的语义特征

上述表内显示出来的动词移动性功能的强弱，事实上体现出了如下的语义特征：

1. [±状态]语义特征

处所词在句子中具有指示参考位置的作用，表现出与之相联系的动词具有[±状态]的语义特征。如果处所词指示的参考位置与物体占据的位置重合，那么这个位置肯定是静态位置，动词具有[+状态]的语义特征；如果处所词指示的参考位置不与物体占据的位置重合，而是指示"源点/终点"概念的话，那么这个位置是动态位置，动词具有[−状态]的语义特征。

2. [±指向]语义特征

"源点/终点"和"来/去"在句子中具有指示物体移动的作用，表现出与之搭配的动词具有[±指向]的语义特征。表示静态位置的动词只具有[−指向]的语义特征，表示动态位置的动词才具有[+指向]的语义特征。

3. [±自移]语义特征

表示无生命的 N_1 和有生命的 N_2 在句子中具有指示移动动作发出者的作用，表现出与之有联系的动词具有[±自移]的语义特征。N_2 发出动作并使 N_2 自身产生移动的动词，具有[+自移]的语义特征；N_2 发出动作而只

能使动作的对象 N_1 产生移动的动词,具有[-自移]的语义特征。

这样,上述表内的几类动词的语义特征可以归纳为:

V_1:[+状态]、[-指向]、[-自移];

V_2:[-状态]、[+指向]、[+自移];

V_3:[-状态]、[+指向]、[-自移];

V_4:[-状态]、[+指向]、[±自移]。

(三)动词移动性功能强弱的几点说明

V_1 类动词主要表现出来的语义特征是状态性。但由于"状态"的表现不同,又可以分成三类:V_{11}、V_{12}、V_{13}。V_{11} 类我们称作恒状态动词,因为这类动词表示的是一种物体的客观的存在,动词后面不可能再加上任何趋向动词。V_{12} 类动词可以称作主体状态动词,V_{13} 类动词可以称作客体状态动词,这和占据静态位置的物体的性质有关。

V_1 类动词的内部有差异,这种差异也部分体现在移动性功能的强弱上。用数轴表示:

```
              V₁₁    V₁₂    V₁₃
     弱 ─────────────────────▶ 强
                 移动性功能
```

V_{12} 类动词和 V_{13} 类动词后面都可以加上诸如"过来/过去"一类趋向动词,如"坐过来一点"、"(推他)睡过去"、"把画挂过去几公分"、"把字写过来一点就好看了"等等。V_{12} 类动词和 V_{13} 类动词的这种用法虽然大多都出现在祈使句中,但就移动性功能这一点来说,还是有差异的:V_{12} 类动词中的"睡过去"=维持"睡"的状态→整个状态移动;而 V_{13} 类动词中的"挂过去"="挂"的动作→动作的移动。动作的移动应强于状态的移动。

V_2 类动词中的 V_{21} 类,事实上是一种横跨 V_1 和 V_2 两类的动词:当这类动词带上"着/了"后,就会体现出一种状态性来,如"路上走着一个人"、"天上飞着一群鸟"等句子。当然,这里的"路上"、"天上"等静态位置，表现出来的不是"点"结构，而是"段"结构。[①]但是，这类动词也能带上"来/去"等，且不需用在特殊的句式里，这是与上述 V_1 类动词，特别是 V_{12} 类和 V_{13} 类动词不同的地方。

源点的表示可以有两种方式，一是作为动词的处所宾语，一是用介词前置，前者如"跳下火车"中的"火车"，后者如"从火车上跳下来"中的"火车上"。终点一般以动词的处所宾语出现在句子中，如"跳上火车"中的"火车"，如果动词后还有对象宾语的话，一般把对象宾语用介词前引，如"把球踢进球门"。因此，V_2、V_3、V_4 类动词后出现处所词的话，这个处所词可以表示源点，也可以表示终点；如果动词前出现处所词的话，这个处所词往往是表示源点的。

四 分类结果与结论

（一）按移动性功能强弱不同的动词分类词表

1. 几点说明

（1）本词表所收动词以《动词用法词典》（孟琮、郑怀德等编，上海辞书出版社，1987）一书为主，也收录一些词典未收但是常用的动词，共收录动词1201个，其中单音节动词522个，双音节动词679个。

（2）本词表所收动词先按"–Y"类和"Y"类顺序排列：其中的"–Y"类是指不具有移动性功能的动词，"Y"类是指具有移动性功能的动词；"Y"类动词中按 V_1—V_2—V_3—V_4 的顺序归类。

（3）所收动词一般不做义项上的区别，只有在语义特征和句法功能上有明显差异的动词，才做出标示，分别归入不同的类别。所做的标示是在动词的上面标序号，后面用括号做一定的说明。如"有[1]（表领有）"与"有[2]（表存在）"必须分开说明。

[①] 表示移动的动词 V_{21} 类所显示的状态性，是在一个"段"结构里，但从更大的空间位置来看，"走"、"飞"等动作仍然持续在表示静态位置的位置点上。参阅齐沪扬《表示静态位置的"着"字句的语义和语用分析》，《华东师大学报》1998年第3期。

2. 动词词表

-Y 类动词（非空间动词）（略）

（1）V_1 类动词（160个）：

挨 安 熬 摆 病 补¹（裤子上~着一个洞）擦 藏 缠 抄 炒 盛 冲¹（杯子里~着半杯茶）穿 串 存 搭 打¹（地板上~着一层蜡）戴 挡 点 垫 叠 叮 钉 顶¹（门上~着一根柱子）冻 堵 堆 蹲 躲 翻¹（沟里~着一辆车）放 缝 盖 搁 挂 管（该市~着六个区）裹 横 糊 画 混 记 夹 煎 架 卷 靠 烤 捆 立 炼 晾 裂 淋 留 描 摸 抹（mǒ~药膏）磨（mó）趴 排 泡 陪 披 批 破 铺 沏 砌 签 染 绕 晒 伤 烧 剩 是²（表存在）守 梳 树 竖 刷 拴 睡 锁 死 塌 摊 躺 烫 套 题 剃 填 挑¹（tiǎo 竹竿上~着一挂鞭炮）贴 停 涂 驮 捂 写 锈 淹 腌 养 印 有²（表存在）扎（zā ~头绳）栽 在²（表存在）扎（zhā 手中~着一根刺）沾 蘸 站 长 照 蒸 织 种 肿 煮 住 装 坐 凿 保留 包含 包括 布置 抄写 呈现 充满 出现 等待 等候 躲藏 发行 跟随 集合 集中 流传 流行 埋葬 排列 飘扬 容纳 散布 生长 生活 收集 停留 消失 掩盖 养活 遗留 遗失 印刷 隐藏（单音节动词127个，双音节动词33个）

（2）V_2 类动词（99个）：

奔 蹦 补²（~进来一个人）沉 冲²（队伍~出去了）出 闯 撤 乘 凑（~过来一个人）踩 倒（dǎo 人~下）到 登 掉¹（掉落）跌 翻²（~上墙头）飞 分（~来两个人）赶 拐 逛 跟 跪 过 滚 回 挤¹（人~进去）进 降（jiàng ~落）骑 流 漏 冒 趴 爬 攀 跑 喷 漂 飘 扑 离 来 落（là~下东西）潜 起 去 入 散 闪 上 升 伸 摔 缩 踏 逃 舔 通 退 透 突 下 围 拥 游 走 钻 转（zhuàn ~圈）爆发 变化 奔跑 奔走 补充 参观 参加 出差 出来 出去 出发 到达 倒退 分配 接近 降落 靠近 来往 离开 流动 流行 迁移 前进 散步 通过 下降 下来 下去 移动（单音节动词70个，双音节动词29个）

（3）V_3 类动词（158个）：

按 拨 办 包 闭 编 掰 采¹（~出很多矿石）裁 插 查 拆 扯 吃 抽 传 吹 搋 掸 递 钓 调 掉²（遗失）顶²（把球~进球门）钉（dìng ~

钉子）丢 对 夺 剁 发 罚 扶 赶 割 雇 刮 关 合 还 换 寄 挤^2（~牙膏）剪 缴 浇 揭 解 借 救 撅 掘 推 开 砍 磕（~下不少土）啃 抠 扣 拦 捞 垒 搂 埋 磨（mò）碾 撵 拧 扭 挪 派 抛 配 泼 劈 骗 拼 掐 敲 撬 切 请 扔 塞 洒 撒（sǎ~种子）扫 筛 渗 射 撕 锁 弹 探 掏 淘 讨 替 踢 提 挑（tiāo~西瓜）挑（tiǎo~刺）捅 偷 投 吐 推 吞 托 脱 挖 弯 喂 吸 掀 献 选 压 轧 咽 扬 咬 邮 砸 炸 招 找 造 摘 撞 捉 包围 呼吸 交换 交还 交流 扣留 呕吐 派遣 抛弃 聘请 牵连 清理 驱逐 审查 收拾 收集 搜查 搜集 替换 探望 挑选 泄漏 寻找 吸收 吸引 移动 争夺 制造（单音节动词 130 个，双音节动词 28 个）

（4）V$_4$ 类动词（42 个）：

搬 包 抱 背 采^2（小姑娘~来一朵花）搋 打^2（老张~回来不少野味）带 逮 担 端 递 扶 搞（他~进去一筐土）划（huá~船）接 捡 交 举 开 买 卖 拿 弄 捧 牵 抢 取 捎 拾 收 送 提 推 抬 拖 运 抓 追 采购（单音节动词 41 个，双音节动词 1 个）

（二）分类统计百分比[①]

	-Y 类动词	V$_1$ 类动词	V$_2$ 类动词	V$_3$ 类动词	V$_4$ 类动词	总计
数量	741	160	99	158	42	1201
百分比	62	13	8	13	4	100

---

① 从分类统计百分比看，缺乏移动性概念的动词，即本文所说的 -Y 类动词数量很多，占 61.7%，似乎讨论动词的移动性功能这个问题的意义不大。实际上并非如此：(1) 本文所说的位移是一种具体的位移，不仅表现在位移的物体是"具体"的，还表现在参照位置是具体的，而不是一种心理参照，如"昏过去/*昏过来"，"醒过来/*醒过去"，这样，就排除了一部分动词。如果将可以带趋向动词的动词都放在具有移动性功能的连续统中考察，那么 -Y 类动词将减少 400 多，只占 27% 左右。(2) 本人一直认为，空间问题要比时间问题复杂，时间是一维的，空间是三维的，而空间特征也是表现在多方面的：方向结构、形状结构、位置结构都应该有各自的表达方式和形式标志，应该从不同的角度进行考察，移动性功能涉及的只是空间中的一个方面，即物体与物体之间的位置变化。

（三）结论

从移动性功能的强弱来看，上述动词分布在一个连续统中。移动性功能最强的是 V_4 类动词，最弱的一头是 V_1 类动词，V_4 类动词与 V_3 类动词相比，移动性功能又要强一些，大致呈如下情况：

V_4 类动词（伴随移动词）＞ V_3 类动词（客体移动词）＞ V_2 类动词（主体移动词）＞ V_1 类动词（非位移动词）

倘用数轴表示，结合上文中的数轴，应是下列模式：

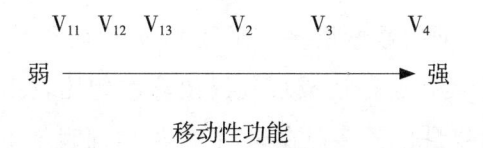

V_{11}　V_{12}　V_{13}　　V_2　　V_3　　V_4

弱 ──────────────→ 强

移动性功能

各类动词在连续统中的分布处在渐变的过程，表现在以下几个方面：

（1）V_{11} 类和 V_4 类位于连续统的两端，从移动性功能看，这两类动词相对来说是封闭的，且没有兼类的现象。

（2）V_{12} 类动词和 V_{13} 类动词在徐丹的论文中（1994）认为是"既可表达动作，又可表达状态"的动词。当这些动词表达动作时，动词后面往往可以加上"来/去"等，这时移动性功能增强，会从连续统的左边"游"向右边。

（3）V_{21} 类动词是具有明显特征的表示主体移动的动词，但动词后面加上"着"后，转而丧失表示动态位置的功能，这种变化在一部分 V_3 类动词上也能反映出来。V_{21} 类动词和一部分 V_3 类动词向"左"移动的现象，也可以看作是 V_1 类动词的右移。

是否可以认为，右移是这个连续统模型的发展趋势？

动词的移动性功能与动词的时间特征有密切的关系，这是因为物体的空间上的位移总是和时间上的位移联系在一起的。[①] V_{11} 类动词空间"活动性"较弱，这些动词的时间"活动性"也较弱。郭锐（1993）认为

[①] 参阅齐沪扬《现代汉语空间位置系统的理论框架》（1994）一文。储泽祥的文章（1998）中也提到："时间离不开空间，我们现在还无法想象出时间能离开空间的情形。"

这些动词是"无限结构",具有"无起点,无终点"和"续段极弱"两个特点。而"动作性"增强了的动词,表现在空间特征上,是移动性功能的增强;表现在时间特征上,则是"续段逐渐增强,终点逐渐增强"。郭锐论文中的V_{C5}类动词,是他归纳出来的在时间特征上动作性最强的动词,其中一部分与本文中的V_4类动词相同。这说明对动词空间义的研究和时间义的研究是同等重要的,而且这两种研究又是可以互相印证、互相支持的。

从动词的百分比统计来看,移动性功能强弱不同的动词,在分布上呈现出波浪线的趋势,这对汉语表达空间关系时的句式的选用是有联系的:首先,V_1类动词的数量最多,而且V_2类动词和V_3类动词中还有许多V_1类动词的兼类,这是造成现代汉语存在句比较多的原因之一。其次,V_3类动词的数量也较多,在运用V_3类动词表示空间关系时,汉语的特殊的"把"字句有可能增多,因为大多数动词后面只能带一个宾语,当需要表示终点的概念时,就会出现处所宾语,而表示客体移动的对象宾语,只能用介词"把"提到动词前面,如:"把球踢进球门/*踢球进球门","把垃圾扫出门外/*扫垃圾出门外";另外,如果要强调移动的对象,由V_3类动词参与的句子,往往用"被"字句的形式,如"球被踢进球门","垃圾被扫出门外"。由V_2类动词参与的句子,就不可能有这么多的"把"字句和"被"字句产生。

第二节 置放事件、置放动词及其相关句法语义

○ 引言

置放动词是现代汉语动词系统中一个比较特别的类,已有不少著作论及。相对做了较多研究的论著有徐峰(1998)、任鹰(2000)、顾阳(2000)、陈昌来(2002)等。徐峰(1998)运用配价语法理论,确立了置放类动词的成员,并分析了置放动词的语义基础和句法选择。任鹰

(2000:225—234)研究了覆盖与填充类动词（属于本文的置放动词）的句法语义特点，并重点讨论了该类动词所带的处所宾语的受动性问题。顾阳（2000:141—155）研究了定位动词（即本文的置放动词）涵生存现动词的过程，并解释了非定位动词不能涵生存现动词的原因。陈昌来（2002:213—223）对放置类动词的价质、价位和价用做了比较详尽的研究。毫无疑问，这些论著都在各自方面取得了不少富有价值的收获，但由于研究的理论、方法和关注的侧重点不同也留下了某些值得进一步探讨的问题。比如，置放事件和非置放事件，置放动词的范围，句式论元的特征和句位，处所成分的受动性及其原因和条件等。本节拟在前贤研究的基础上，对置放事件、置放动词及其句式论元的句法语义问题做比较全面的探讨，以期加深人们对置放事件和置放句式的理解。

一 关于置放事件和置放动词

（一）置放事件

置放事件是位移事件的一种，通过施动者发出动作使物体置于某处所。从构成要素看，置放事件包括置放者、置放物、置放处所和置放动作四个方面。一个完整的、典型的置放句式为三价句式，包括施事论元（置放者）、受事论元（置放物）和处所论元（置放处所）三个必不可少的论元成分。置放事件属于致移事件，通过动作使施动者自身处于某处所的自移事件不在本文讨论之列。试比较：

① a. 慧芳一边往餐桌上摆碗筷，一边盯着电视屏幕看。
　b. 我把几张钞票塞到司机手里，跳下车奔了进去。
　c. 我把嘴上的烟吐到地上，一脚踢飞了地上的一只皮鞋。
② a. 吴迪进了门，往沙发上一坐，不笑也不说。
　b. 我点点头，自个儿趴在地铺上。
　c. 我手抱后脑勺仰面躺在床上。

例①表达置放事件，施动者通过某动作使置放物处于某处所；例②为自移事件，施动者通过某动作自动处于某处所。表达这两类事件的动词也不同：表达置放事件的动词为二价或三价的致移动词（见下文）；表达自移事件的动词为一价的自移动词，比如"坐、躺、站、蹲、跪、趴、卧、睡"等。从句式论元的数目上看，置放句式的论元数目要多于自移句式。

（二）置放动词的确定和分类

我们根据徐峰（1998）设立的两个语法框架作为表达置放事件的典型句式：

S_1: $N_1+P+N_2+V+N_3$

S_2: $N_1+V+（P）+N_2+N_3$

N_1和N_3分别是施事和受事，N_2是置放动作过程中受事移动涉及的处所成分，P表示介词[①]，限于"往、向、在、到"四个。经过测试，能进入这两个语法框架的动词主要有（都取自《现代汉语词典》第5版，动词右上角的数字表示同形同音词，右下角的数字表示第几个义项）：

A. 放$_{10}$ 摆$_1$ 挂$_1$ 晾$_1$ 搁$_1$ 撂 搭$_2$ 插$_1$ 别^3 摊$_1$ 安$_3$ 上$_7$ 贴$_1$ 镶 扣$_2$ 糊 抹$_3$ 镀 堆 垫$_1$ 种 拴$_3$ 停$_4$ 夹$_1$ 佩 栽$^1_2$ 存$_4$ 安放 存放 堆放 摆放 搁放 安插 放置 存放 投放$_1$ 寄放 寄托$_1$ 佩戴 部署 输送 等

B. 盖$_1$ 包$_1$ 穿$_4$ 戴 披$_1$ 铺 套$_1$ 罩 裹 捂 遮 遮盖 覆盖 等

C. 装 灌 塞 注 加$_2$ 搀 填$_2$ 揣 浸 泡 埋 盛$_1$ 添 斟 藏$_2$ 关$_2$ 浇灌 注射 加入$_1$ 掺兑 浇注 埋藏 等

D. 扔$_2$ 洒 投$_2$ 掷 抛 撒 倒$_3$ 泼 甩 丢 吐 吐$_4$ 喷 摔 砸 等

S_1和S_2之间存在着变换关系，凡能进入S_2的动词都能进入S_1，但能进入S_1的动词却并不都能进入S_2（徐峰 1998）。能进入S_1而不能进入S_2的一般是双音节动词，双音节动词进入S_2比较受限，但与之同义的单音节动词一般能顺利进入S_2，这类双音节动词也是置放动词。例如：

③ a. 他往地上铺了两件蓑衣。

b. *他铺地上两件蓑衣。

④ a. 他正往书架上摆放各种矿石样品。

[①] 这里的P仅表示介词，下文的P则表示格标，包括介词和趋向词。

b.＊他正摆放书架上各种矿石样品。

⑤ a. 工人们正往模子里灌注混凝土。

b.＊工人们灌注模子里好些混凝土。

上述四类动词是根据动词词义进行划分的，A 类可称为摆放类动词，B 类可称为覆盖类动词，C 类可称为填充类动词，D 类可称为扔吐类动词。这只是做了一个大致划分，既不全面，也没有穷尽，又较模糊，类与类之间会有交叉，有些动词可以放在这一类也可以放在那一类，比如"披"既可能属于摆放类，也可能属于覆盖类，"揣"可能属于摆放类也可能属于填充类。实际上，这四类动词还可以根据 [±附着] 语义特征分成两类：A、B、C 类动词都具有 [+附着] 语义特征，D 类动词具有 [−附着] 语义特征。具有 [+附着] 语义特征的动词词义里蕴涵处所义素，其词汇意义表示"使物体处于某个位置"。我们根据《现代汉语词典》第 5 版列举若干词的释义如下：

穿：把衣服鞋袜等物套在身体上。

戴：把东西放在头、面、胸、臂等处。

插：长形或片状的东西放进、挤入、刺进或穿入别的东西里。

贴：把薄片状的东西粘在另一个东西上。

晾：把东西放在通风或者阴凉的地方，使干燥。

塞：把东西放进有空隙的地方，填入。

披：覆盖或搭在肩背上。

由具有 [+附着] 语义特征的动词构成的置放句式，句中的处所成分是构成动核结构的强制性语义成分，是与动词同现的强制性句法成分，也就是说，处所成分是该类动词的一个价成分，该类动词是三价动词，带施事、受事和处所三个论元。不过，有些动词所联系的处所论元是常项，比如"穿"，只要发出动作衣服鞋袜等就必然附着在"身上"，处所成分传递的信息是完全羡余的，一般并不在句中出现；还有些动词所联系的处所论元虽然不是常项，但在置放句中与一定的受事成分共现，也可以不出现处所成分。例如：

⑥ a. 强烈的光线刺得我眼冒泪花，我掏出副墨镜戴上。

b. 韩丽婷从暖器管子上扯下一条围裙系上。

c. 我披上大衣下了床，坐在火炉旁看书。

例⑥中的句子都没有处所成分，但根据与动词共现的受事成分，其蕴涵的处所是清楚的。这是因为缺省推理在起作用，处所成分不出现，不仅不影响句子语义的表达，反而显得清晰简明。

D类动词词义里不蕴涵处所，词汇意义不具有"使物体处于某个位置"。比如，在《动词用法词典》里，"扔"、"洒"、"吐"分别释义如下：扔：挥动手臂，使拿着的东西离开手；洒：使（水或其他东西）分散地落下；吐：使东西从嘴里出来。这类动词都是二价动词，带"施事"、"受事"两个必有论元，处所成分不是其价语，构成 S_1 和 S_2 后，句中的处所成分一般可以删去但句法、语义上仍保持完整。例如：

⑦ a. 他往垃圾篓里扔了不少杂物。

b. 他扔了不少杂物。

⑧ a. 他往痰盂里吐了几大口血。

b. 他吐了几大口血。

⑨ a. 她往头发上喷了几滴香水。

b. 她喷了几滴香水。

徐峰（1998）从动词配价的角度认定上述 A、B、C 三类三价动词为置放动词，D类动词因为处所成分不是其价语而排除在置放动词之外。张宝胜（2003）则认为，无论从语义上，还是从句法上，都无法把 D 类动词（即该文的"扔"、"洒"类）排除在置放动词之外。我们赞同徐峰的看法，不认为 D 类动词为置放动词，虽然该类动词能进入 S_1 和 S_2 表达置放义，但这种置放义是句式带来的，动词本身并不表示"使物体置于某处"。上述两个语法框架只是测定置放动词的必要条件而非充分条件，即凡置放动词都能进入 S_1 和 S_2，但不能反过来说，能进入这两个框架的都是置放动词。这正如我们不能因为"扔"能进入给予句式"他扔我一个球"表达给予义而认为"扔"是给予动词一样，把"扔"看作给予动词和把"扔"看作置放动词一样有悖于我们的语感和直觉。但是，徐峰采取自下而上的研究，从动词出发去推导论元结构，从动词语义中推导动词论元，而把由整个语句表现出来的置放义排除在外。然而，句式有其自身独立于组成成分的整体意义，这个整体意义是无法从组成成分推导出来的，"整体大于部分之和"（沈家煊 2000）。跟以动词为中心的配价不同，从句式配价的角度，D类动词构成的S_1和S_2都属于三价句式，跟A、B、C三类动词构成的S_1和S_2一样有三个论元，一个施事，一个受事，一个处所。句式的配价主要由句式的整体意义决定，虽然D类动词本身是二价动词，但是该类动词构成的句式S_1和S_2也表示"施事发出动作使受事置于某处所"，就是说句式的整体意义也表示置放义，表达置放事件。

当然，与置放事件相关的动词主要是置放动词，但也有一部分是二价的非置放动词，三价的置放动词和二价的非置放动词所构成的置放句式都是三价句式。置放动词句是置放句式的一个实例，某些非置放动词句也是置放句式的一个实例。

顾阳（2000）注意到非定位动词（相当于本文的非置放动词）进入某些句式中也含有施事、客体和处所三个论元，表示受事客体着落在某一处所的意义。

例如：

⑩ a. 厨师把土豆皮削在地上。

　　b. 奶奶把蚕豆一粒粒地剥在细瓷碗里。

　　c. 小明把铅笔屑吹在地上。

例⑩中的处所义都不能由动词义获得，顾文认为这个处所成分是经过增加论元这一步骤得来的。这个新增论元原来不属于动词论旨关系的角色，却能在动词的论元结构中担当某个论元，最终在句法结构中称为句子成分。顾文没有解释是什么原因导致动词增加处所论元。我们认为这个新增论元应为句式价，增价动因应为句式义。

⑪ a. 她把茶壶放在锅台上。→锅台上放着一把茶壶。

　　b. 她把几条席子铺在地上。→地上铺着几条席子。

　　c. 她把自制的黄铜钥匙装在衣兜里。→衣兜里装着一把自制的黄铜钥匙。

⑫ a. 他把烟蒂扔在烟灰缸里。→？烟灰缸里扔着一些烟蒂。
　　b. 他把茶杯摔在地板上。→*地板上摔着一只茶杯。
　　c. 她把水泼在地上。→*地上泼着几摊水。

例⑪中的"放、装、铺"都是置放动词，由这些动词构词的"把"字句都可以变换为相应的存现句；例⑫中的"扔、摔、泼"都是非置放动词，由这些动词构词的"把"字句变成相应的存现句或者不合格，或者可接受度很低。"放"类置放动词既可以表示动作，又可以表示动作完成后的状态，动作完成即进入遗留状态阶段。"扔"类非置放动词只能表示动作，不能表示动作完成后的状态，表示的动作都是瞬间完成的，不具有遗留状态特征。荒川清秀（1993）探讨了汉语动词词义中的阶段性问题，提出"作为表示动作过程的不同阶段"，"必须把动词中变化和静态这两个不同阶段也列为考虑的对象"。以动词"穿"为例，可将其分化为"穿$_1$"和"穿$_2$"，"穿$_1$"和"穿$_2$"分别代表同一行为的不同阶段："穿$_1$"——到穿上衣服为止的阶段（变化）；"穿$_2$"——维持穿上衣服以后那种状态的阶段（静态）。例⑪中"把"字句中的动词表示"变化"，相应的存现句中的动词表示"静态"。由"把"字句变换为存现句的过程，也就是"从及物动词涵生存现动词的过程"，在理论上也称作"处所倒置"（顾阳 2000:147）。顾阳（2000）指出及物动词通过"处所倒置"涵生存现动词，要求处所成分应是动词论元结构中的论旨角色。例⑪符合涵生机制要求，所以有相应的存现句；例⑫中的处所成分原本不是动词论元结构中的论旨角色，是通过增加论元得到，新增论元不能参与"处所倒置"，因为自然语言的内部机制是简明的，若该机制允许新增加的论元再参与类似"处所倒置"这类减少论元的构词过程，其简明性就不复存在。（顾阳 2000:153）

实际上，无论是动词词义中的阶段性，还是动词论元结构及论元结构变化，都与动词本身是否含有处所义素有关。置放动词因为本身含有处所义素，所以有［+附着］特征，能呈现附着状态，因而可以表现动态，又可以表现静态，如例⑪的"把"字句中表示动态义，相应的存现句中表示静态义。也正因为置放动词含有处所义素,处所论元才有可能成为必有论元,因而可通过"处所倒置"涵生为存现动词,由及物动词涵生为存现动词的过程也就是由动态义转变为静态义的过程。非置放动词因为本身不含处所义素,所以没有[＋附着]特征,不能呈现附着状态,只能表示动态义,可以构成"把"字句,没有相应的存现句。也正因为非置放动词不含处所义素,构成的"把"字句尽管带有处所成分,但处所成分并非动词的必有论元,而是句式带来的新增论元,新增论元不能参与"处所倒置",因此非置放动词不能涵生为存现动词,即不能表示静态义。

还有些动词也可以构成 S_1 和 S_2,如"写、画、刻、绣、描、印、按(手印)"等,但这类动词所带的宾语不是受事宾语而是结果宾语,在动作发生前客体并不存在,动作完成后某客体事物产生并附着于某处所。这类动词不是致移动词,而是致果动词,客体成分没有自立性,具有附庸性。可见,由该类动词构成的 S_1 和 S_2 并不真正表达置放事件,充其量只能算附着事件。例如:

⑬ a. 她往彩纸上写了几行字。

　　b. 她写在彩纸上几行字。

⑭ a. 他往石头上刻了一首诗。

　　b. 他刻在石头上一首诗。

⑮ a. 他往合同上按了一个手印。

　　b. 他按在合同上一个手印。

置放事件和附着事件通常具有相关性。有些置放事件结束意味着附着事件开始,这类结束类置放事件也可看作附着事件:不仅表达这两类事件的句式有重合之处,而且句式之间常常可以互相转换。

二　句式论元的特征和句位

(一)句式论元的特征

1. 施事论元 N_1 的特征

Dowty(1991)指出,施事、受事等并不是初始概念,跟动词发生种种语义关系的成分中最基本的角色只有两类,即原型施事（Proto-Agent）和原型受事（Proto-Patient）。原型施事包括自主性、感知性、使因性、位移性和自立性特征；原型受事包括变化性、渐成性、受动性、静态性和附庸性特征。（陈平 1994；程工 1995；徐烈炯、沈阳 1998）。

置放句式表示"施动者发出动作使受事处于一定位置",句式中 N_1 为典型的施事论元,具有自主性、使动性。N_1 自主地、有目的地发出动作并致使受事置于某处所,N_1 既是动作的施动者、事件的致使者,又是受事位移的动力源,具有意愿性或强施事性特征。

施事论元的意愿性或强施事性特征是由置放句中的动词所要求的。能进入句式 S_1 和 S_2 的动词都是自主动词,非自主动词不能进入。或者说,S_1 和 S_2 是两个具有意愿性或强施事性特征的句式,经过这两个句式过滤的动词才能表达置放事件。上文提到的能进入 S_1 和 S_2 的四类动词中有些动词有自主性用法,也有非自主性用法,如"抹、洒、倒、喷、泼、砸"等,进入 S_1、S_2 时为自主性用法,句子表达置放事件,进入其他句式则可能为非自主性用法,非自主性用法时句子表达的不是置放事件。例如：

⑯ a. 儿子（故意/*不小心）往土墙上抹了不少稀泥。
  b. 儿子（故意/*不小心）抹了土墙上不少稀泥。
  c. 儿子（故意/不小心）把稀泥抹在自己的鼻子上。
⑰ a. 儿子（故意/*不小心）往水泥地上洒了一些水。
  b. 儿子（故意/*不小心）洒了水泥地上一些水。
  c. 儿子（故意/不小心）把汤洒在自己的衣服上。

例⑯a、⑯b、⑰a、⑰b 分别为 S_1、S_2,句中可加意愿标记"故意",而不能加非意愿标记"不小心",说明这两个句式中的"抹"和"洒"所表示的动作为自主性或意愿性动作,例⑯c、⑰c 中既可加意愿标记"故意",也可加非意愿标记"不小心",说明这两句中的"抹"和"洒"所表示的动作可能是自主性或意愿性动作,也可能是非自主性或非意愿性动作。置放事件是施事自主地、有意识地发出动作使受事处于某处所,所以表达置放事件的句式应该是具有意愿性或自主性特征的句式。例⑯a、⑯b、⑰a、⑰b 只具有意愿性或自主性特征,句子表达置放事件；例⑯c、

⑰c 可能具有有意愿性或自主性特征，也可能具有非自主性或非意愿性特征，前者表达置放事件，后者表达的不是置放事件。尽管"抹"、"洒"为非自主性用法时也表示使某物处于某处所，但这不是施事自主的、有意识的行为。

2. 受事论元 N_3 的特征

置放句中的受事具备原型受事的受动性特征，受句式义影响，受事还具有两个非原型受事特征：位移性特征和自立性特征。置放句式的核心意义是"使受事转移并处于一定位置"，句式义要求 N_3 具有位移性特征，而且须是人力能改变其空间位置的物体；由于转移物先于置放事件独立存在，因此 N_3 又具有自立性特征，但不具有原型受事的变化性特征，因为受事在位移过程中保持不变。

在置放事件中，N_3 具有双重身份：既是动作的受事，又是存在的主体，即存在物、放置物。形式上，"V+N_3"构成动宾结构，"N_3+在+N_2"构成主谓结构。

3. 处所论元 N_2 的特征

N_2 是在动作的影响下置放物达到的处所，即终点处所。终点处所必须是具体的，只有具体事物才能够占据一个空间位置。从形式上看，主要有两种，一是具有[+空间]特征的名词语，N_3 直接移动到 N_2。二是方位短语（参照成分+方位词），如果 N_2 是"参照成分+里（中）"，N_2 为具有"容器"意义的参照物，N_3 位于 N_2 的内部；如果 N_2 是"参照成分+上（下、前、后、左、右、旁边）等"，N_3 位于 N_2 的外部。如果 N_2 是"参照成分+上"和"参照成分+里（中）"，N_2 在面积或体积上应不小于 N_3，这样 N_2 才有可能容纳和承载 N_3。N_2 除了上述两种形式外，还可以是处所代词、人称代词或表人名词语加处所代词。具有空间意义的名词语如果本身为处所性较高的名词成分（比如处所名词），则出现在动词前和动词后都无须附加方位词；如果为处所性较低的名词成分，则一般须后附方位词，成为方位短语，但位于动词后做宾语（格标为趋向词）时也可不加方位词。例如：

⑱ a. 他把那两张沙发摆在卧室。→他在卧室摆了两张沙发。

b. 他把那些废纸填进了化纸炉。→ 他在化纸炉里填了一些废纸。

c. 他把棉袍搭在椅子上。→ 他在椅子上搭了一件棉袍。

d. 他把那些书稿搁在我那儿。→ 他在我那儿搁了一些书稿。

例⑱a中的"卧室"为处所名词,因为本身处所性较高,所以出现在动词前后无须后附方位词;⑱b中的"化纸炉"为处所性较低的名词语,位于动词后做宾语时无须附加方位词,而位于动词前做状语时必须附加方位词;⑱c、⑱d中的"椅子上"和"我那儿"分别为方位短语和指代性处所短语,位于动词前和动词后都表示空间处所。

可见,动词前和动词后的处所成分的性质并不完全相同:处所成分位于动词前做状语和动词后做补语时只表示空间处所,位于动词后做宾语时则具有一定的事物性,所以由名词语充当的处所成分做宾语时无论其处所性高低与否都无须后附方位词,而做状语时低处所性的名词语必须后附方位词。

由方位短语充当N_2时,在参照成分后附加的方位词与置放动词的语义特点有一定联系。比如"穿、挂、晾、贴、盖"等动词的N_2,参照成分一般后附"上",相应地,这些动词一般可带趋向词"上";"塞、填$_1$、揣、灌注、加入"等动词的N_2,参照成分一般后附"里",相应地,这些动词一般可带趋向词"进";"放、搁、摆、装"等动词的N_2,参照成分既可后附"上",也可后附"里",相应地,这些动词既可以带趋向词"上",也可以带趋向词"进"。例如:

⑲ a. 她往骨灰匣上贴了一个标签。→ 那个骨灰匣被她贴上了标签。

b. 她往灶膛里塞了一些柴草。→ 她把柴草塞进灶膛了。

c. 他往马背上搁了一个木箱子。→ 他把木箱子搁上马背了。

d. 她往冰箱里搁了一斤肉馅。→ 她把肉馅搁进冰箱了。

处所论元是受事在动作作用下所到达的处所或落点,动作完成后受事附着于该处所。在有的置放句中,处所成分并不是受事位移后最终的附着处所，而是置放事件发生的处所，这类处所成分不是置放句式的处所论元。例如：

⑳ a. 妈妈在园子里浇白菜。
　　b. 杨妈在厨房灌暖瓶。

例⑳ a 中"在园子里"是"浇白菜"这一事件发生的处所，不是受事"水"位移后的附着处所，"水"的附着处所是"白菜上"；⑳ b 中的"在厨房"是"灌暖瓶"这一事件发生的处所，不是受事"开水"的位移后的附着处所，"开水"的附着处所是"暖瓶里"。所以⑳ a 中的处所论元应该是"白菜上"，⑳ b 中的处所论元应该是"暖瓶里"，只是因为分别做动词"浇"、"灌"的宾语而不能后附方位词。

（二）句式论元的句位

置放句式所要求的三个强制性论元成分（施事、受事、处所）通过一定的移位操作（如话题化和述题化[①]）可以形成不同的句法结构。论元成分的移位一般是因为表达的需要而进行的，通过移位实现一定的语用目的。置放句中，施事的句位相对固定，通常位于句首，占据主语位置，在"被"字句中也可置于"被"后，但这一位置变化是因受事或处所的移位而引起的，因此这里主要观察受事和处所论元的位置变化。

1. 受事论元的句位

受事论元在置放句中主要有四个句位：一是动词宾语位置；二是句首话题位置；三是"把"宾语位置；四是"被"字句主语位置。这样就形成四种句式[②]：

A. $N_1+P+N_2+V+N_3$

㉑ 她在我面前的茶几上放了一杯水。

B. $N_3+N_1+V+P+N_2$

[①] 这里的话题化和述题化有时更准确地说应该是主语化和宾语化，有些语义格前移后做主语兼话题，有些后移充当宾语。参看张云秋（2004:37）。

[②] 这里和下文列举的因受事论元和处所论元移位所形成的句式，并不意味着上文提到的四类动词都可以进入这些句式中。事实上，有些动词只能进入部分句式。

㉒ 那些书籍他堆在走廊里。

C. N_1+把+N_3+V+P+N_2

㉓ 她把选好的西红柿搁在秤盘上。

D. N_3+被+N_1+V+P+N_2

㉔ 所有的家具和器皿都被他摆在贮藏室。

受事论元在置放句中的常规配位是做动词的宾语，其句法移位主要有两种情形：一是前移至句首做话题；二是前移做"把"宾语和"被"字句主语。受事做"把"宾语和"被"字句主语时，处所论元占据动词后补语或宾语位置。处所论元直接做宾语，处所论元就由外围格进入核心格（客体格），这样，动词在逻辑上就有两个名词做其宾语，一个是直接做宾语的处所论元，一个是做"把"宾语和"被"字句主语的受事论元。

在有的置放句中，施事和受事具有领属关系，受事为施事的一部分，受事通常的句位是"把"的宾语，一般不做动词宾语和"被"字句主语，但可做话题化或主语化移位。例如：

㉕ a. 他把手搭在我肩上。

b. 男人把头转过去，下巴搁在方向盘上。

值得一提的是，有的置放句式中动词所带的三个强制性论元成分为施事（N_1）、处所（N_2）和凭事（N_3，工具或材料），N_1为主体格，N_2为客体格，N_3为外围格，外围格以介词"用、拿"等引介做状语。这类置放句式中的动词为覆盖类和填充类动词，摆放类和扔吐类动词不能构成这类置放句式。例如：

㉖ a. 他用青砖铺院子了。

b. 他用沙土填了那口机井。

c. *她用那些衣服放衣柜。

d. *她用手提包丢沙发。

2. 处所论元的句位

处所论元有些带有格标（介词或趋向词），有些不带格标。带格标的处所论元在置放句中有四个句位：一是句首话题位置；二是动词前状语位置；三是动词和宾语之间；四是动词和宾语之后。这样就形成了四种句式：

A. $P+N_2+N_1+V+N_3$

㉗ 在大号皮箱内她放了一双长筒靴。

B. $N_1+P+N_2+V+N_3$

㉘ 他在我身后的墙上挂了一块小黑板。

C. $N_1+V+P+N_2+N_3$

㉙ 他抛在我身后一个彩球。

D. $N_1+V+N_3+P+N_2$

㉚ 她洒了一些水在地板上。

句式 D 可能因为"N_3"移到句首或动词前而有以下变式：

D_1. $N_3+N_1+V+P+N_2$

D_2. N_3+被$+N_1+V+P+N_2$

D_3. N_1+把$+N_3+V+P+N_2$

带趋向词格标的处所论元只能出现在句式 D 的变式 D_1、D_2、D_3 中，带介词格标的处所论元则可进入以上全部或部分句式及其变式，其中带介词"在"的处所论元，可进入上述所有句式。

不带格标的处所论元在置放句中可以有五个句位：一是句首话题位置；二是"被"字句主语位置；三是"把"宾语位置；四是双宾句间接宾语位置；五是动词宾语位置。这样就形成了五种句式：

A. $N_2+N_1+V+N_3$

㉛ 篮子里她放了些西红柿和洋葱头。

B. N_2+被$+N_1+V+N_3$

㉜ 那堵墙上被他挂满了各种猎获的兽头。

C. N_1+把$+N_2+V+N_3$

㉝ 她把整个卫生间都摆满了各种香波浴液以及面霜雪花膏。

D. $N_1+V+N_2+N_3$

㉞ 他挂墙上一把旧琵琶。

E. N_1+把$+N_3+V+N_2$

㉟ 他把家具都装车了。

句式 E 中，处所论元做"把"字句的动词宾语，这只是处所论元做动词宾语的一个代表而已，除了做"把"字句的动词宾语，还可以做"被"字句和话题句的动词宾语。

可见，处所论元既可以进行话题化或主语化移位，也可以进行宾语化移位。此外，处所论元还可前移做"把"宾语和"被"字句主语。处所论元做"把"宾语和"被"字句主语的动因主要是，为了在不改变受事论元做客体格的前提下增加受事成分的句位，使受事论元和处所论元都以受事者身份出现在句中。（任鹰 2000:149）经过上述移位操作后，处所论元由外围格变为核心格，可以出现在句子的主语和宾语位置。不过，处所论元的移位操作有时不太自由，比如，要求处所要受到完全影响，动词要带有结果补语或者要有总括性副词修饰等。

处所论元除了可做整体移位外，也可做部分移位（徐峰 1998），可做部分移位的是由方位短语充当的处所论元，移出的部分是参照成分（即具有空间意义的名词语），指示方向和位置的成分留在原位。例如：

㊱ a. 卧室的那个保险柜她在里面放了几样值钱的东西。

b. 前厅的那堵侧墙主人挂了几块金漆匾额在上面。

三 处所成分的处所性和事物性

（一）处所成分的格标及其脱落

在置放句式里，处所成分既可以位于动词前，也可以位于动词后。动词后的处所成分有两种形式：一是有格标形式；一是无格标形式。处所成分的格标有两类：一类是介词；一类是趋向词。一般来说，带介词格标的是补语，带趋向词格标的是宾语。不带格标的处所成分，其句法身份则可能是补语，也可能是宾语。因为在实际语言运用中，特别是口语交际中，格标脱落现象十分常见。朱德熙（1982:114）已经发现："补语位置上的'在'和'到'有一个弱化形式 de。口语里说 de 比说'在'、'到'更普通。可是在更土的北京话里，连这个 de 也消失了，很多动词可以直接带狭义处所宾语，例如：拿展览馆会上展览一下／搁桌上／把它挂墙上。"

史有为（1997:96）也提到："北京话中不加'到'、'在'现在已经是一个常态现象。许多无介形式在口语中可以看成是语音脱落造成的介词省略。这种脱落过程至今在口语中仍然明显地存在着。"有些动词后的处所成分虽无介词但有明显的介词脱离痕迹，这类结构还是应处理为动补结构，至少应处理为介于动补和动宾之间的过渡性结构。例如：

㊲ a. 我把外衣搭衣架上。

b. 她将胳膊肘搁桌上，双手托住下巴仔细地瞧。

c. 李缅宁拎出一袋排骨扔筐里。

存在脱落现象的格标，除了介词，还有趋向词，"动趋 + 处所"结构中的"趋"，比如"上、下、进、回"等在口语和书面语中都存在程度不等的脱落现象，只是较之趋向词，介词的脱落更容易、更普遍罢了。齐沪扬、唐依力（2004）专门探讨了动词后处所成分格标的脱落问题，可参看。

脱落的格标是介词还是趋向词有时不好确认，存在两种可能：处所成分为具有较高处所性的名词，不管是否后附方位词；处所成分为具有较低处所性的名词但后附了方位词。反之，如果处所成分为具有较低处所性的名词，又没有附加方位词，那么这类处所成分脱落的格标应该是趋向词。例如：

㊳ a. 我把几张旧桌子放（在/进/回）左厢房（里）。

b. 他把几片发黄的菜叶捡起来放（在/回）案板上。

c. 他们将游泳裤在枕边放了几天，又塞（在/进/回）木箱里了。

d. 她把口琴装（*在/进/回）琴盒。

典型名词表示空间实体，具有处所性和事物性。介词结构"在～"可作为衡量名词处所性高低的重要手段。处所性高的名词可以直接进入"在～"里，而处所性低的名词则需要后附方位词才能进入"在～"里。比如"在卫生间"能说，而"在洗衣机"不能说，说明"卫生间"的处所性较高，"洗衣机"的处所性较低。"洗衣机"需要添加方位词"里"才能进入"在～"结构。例㊳a 中的"左厢房"为具有较高处所性的名词，不管是否后附方位词，脱落的格标都有两种可能：可能是介词"在"，也可能是趋向词"进"或"回"；例㊳ b、c 中的"案板"和"木箱"为具有较低处所性的名词，都后附了方位词，脱落的格标也有两种可能：可能是介词"在"，也可能是趋向词"回"或"进"；例㊳ d 中的"琴盒"为具有较低处所性的名词，又没有后附方位词，脱落的格标不可能是介词，只可能是趋向词"进"或"回"。

（二）处所成分必带格标的条件

处所格标的脱落并不是无条件的，表达置放事件的句子如果属于以下几种情形，格标一般不能脱落。

　　A. 动词受描摹性状语或某些评注性副词修饰。
　　㊴ a. 我把腿笨重地搭在练功杆上窝窝囊囊堆在那儿。
　　　 b. 那些珍贵的资料幸好藏在地下室里。
　　B. 处所成分有描摹性或比较复杂的限定性定语。
　　㊵ a. 虎子把字条塞进千代子的上衣兜里。
　　　 b. 他把那些艺术品放在擦得晶亮的玻璃橱子里。
　　C. 置放动作与其他动作构成连动结构。
　　㊶ a. 我夺过石静手里的刷子扔在地上。
　　　 b. 钱康顺手掂起一根玉米笋放进牙缝里嚼。
　　D. 置放结构以内嵌（embedded）小句形式做定语。
　　㊷ a. 我捡起扔在床上的那本厚壳书。
　　　 b. 他们正在翻一个搁在床上的皮箱。

上述不能脱落格标的句子在语义上大致体现出这样的特点：这些句子都具体而生动地反映了相关物象或事象的细节特点，就是说动词所表示的动作和处所成分所指称的处所都是具象性的。而脱落格标的句子一般是概述性的，所反映的相关物象或事象往往不够具体。例如：

　　㊸ a. 他把手揣兜里。
　　　 b. 我把剩菜装饭盒了。

从置放事件的界性特征来看，例㊸表达的置放事件，其有界程度比较低，近似于无界事件。例㊴—㊷表达的置放事件的有界程度明显高于例㊸。在人的认知结构上，有界程度高的事件应该比有界程度低的事件更显眼（salient），因此在语法结构上前者一般以“显眼的”形式（即有标记形式，处所成分带格标）来表达，后者以“不显眼”的形式（即无标记形式，处所成分不带格标）来表达。（古川裕 2001）

（三）带格标的处所成分的性质

带格标的处所成分，处在“动介＋处所”中和处在“动趋＋处所”中，性质并不完全一样：“动介＋处所”中的处所成分都表示实实在在的空间处所，不含任何事物性和受动性；而“动趋＋处所”中的处所成分则具有一定的事物性和受动性。试比较：

㊹ a. 她把脏衣服都塞进洗衣机。

b. 她把脏衣服都塞在洗衣机里。

㊺ a. 他把线装书都摆上书架。

b. 他把线装书都摆在书架上。

例㊹ a、b 中的“洗衣机”和“洗衣机里”都表示置放物“脏衣服”转移的终点，即都是作为终点处所，但㊹ a 中“洗衣机”可以直接放在“塞进”后，不需要添加方位词，而㊹ b 句中的“洗衣机”则需要添加方位词“里”后才能放在“塞在”后。这说明“塞进洗衣机”中的“洗衣机”并不完全表示空间处所，而是具有一定的事物性和受动性，一个直接的证据是可以把“洗衣机”提至句首做“被”字句主语，如“那台洗衣机被她塞进了大堆脏衣服”；“塞在洗衣机里”的“洗衣机里”只表示空间处所，没有事物性和受动性。当然，“塞进洗衣机”中的“洗衣机”不加方位词与动词“塞”和趋向词“进”有关，因为“塞”和“进”都表达了“从外向里的”方向意义。但不可否认的事实是，“动趋＋处所”中的“处所”可以是处所性较低的名词，而“动介＋处所”中的“处所”只能是处所性较高的名词，处所性较低的名词则需要附加方位词。较低的处所性意味着较高的事物性，较高的处所性则意味着较低的事物性。

（四）不带格标的处所成分的性质

有些处所成分，并不一定是因为脱落而不带格标，而是因为动词对处所成分具有支配作用，或者说，处所成分可以作为动词的支配对象，直接充当动词的宾语。这类动词有两类：一类是覆盖类动词（A类），一类是填充类动词（B类）[①]。而摆放类动词（C类）和扔吐类动词（D类）则对处所成分一般没有支配作用，处所成分充当动词的补语[②]。试比较：

㊻ a. 她把剩下的水果糖装塑料袋了。
　　→她把剩下的水果糖装塑料袋里了。
　b.*她把剩下的水果糖放塑料袋了。
　　→她把剩下的水果糖放塑料袋里了。
　c.*她把那些水果糖扔塑料袋了。
　　→她把剩下的水果糖扔塑料袋里了。

㊼ a. 她把开水都灌茶壶了。
　　→她把开水都灌茶壶里了。
　b.*她把开水倒茶壶了。
　　→她把开水倒茶壶里了。

㊽ a. 她把那块台布铺圆桌了。
　　→她把那块台布铺圆桌上了。
　b.*她把那块台布铺摊圆桌了。
　　→她把那块台布铺摊圆桌上了。

例㊻ a 和例㊼ a 中的动词"装"和"灌"属于填充类动词，例㊽ a 中的动词"铺"属于覆盖类动词，句中的处所成分既可以直接充当这两类动词的宾语（如箭头前面的句子），也可以充当这两类动词的补语（如箭头后面的句子）。例㊻ b 和例㊽ b 中的动词"放"和"摊"属于摆放类

[①] 这里并非指这两类（A、B类）中的所有动词都对处所成分具有支配作用，有些可能没有支配作用或者处所成分直接充当宾语不太自然，更何况这四类动词是按意义分类的，类与类之间可能有交叉。

[②] 这里处所成分脱落的格标有可能是趋向词，如果补出趋向词则这类处所成分充当宾语。为了讨论的方便，下文提到不带格标形式的处所成分一律看成脱落介词，处理为动词的补语。因为口语交际中介词的脱落远远比趋向词脱落更容易更普遍。

动词,例㊻c和例㊼b中的动词"扔"和"倒"属于扔吐类动词,句中的处所成分不能充当这两类动词的宾语(如箭头前面的句子都不合格),只能充当这两类动词的补语(如箭头后面的句子都合格)。处所成分充当宾语时,动词对其具有支配作用,动词与处所成分之间具有直接的及物性联系;处所成分充当补语时,动词对其不具有支配作用,动词与处所成分之间没有及物性联系,处所成分只是动作所关涉的处所,即移动物所达到的空间处所。也就是说,做宾语的处所成分具有受动性,做补语的处所成分没有受动性,只有处所性。

任鹰(2000:225—226)认为,覆盖类和填充类动词具有双重语义特征和双向支配能力。所谓的"双向支配能力"就是既能支配覆盖或填充物,也能支配覆盖或填充处所。对覆盖或填充物的支配作用主要体现在使其产生位移变化上,对覆盖或填充处所的支配作用则体现在使其产生状态变化上。所谓的"双重语义特征"指的是覆盖与填充类动词不仅具有[＋位移]语义特征,而且具有[＋添加]([＋使遮蔽]或[＋使充满])语义特征。摆放类和扔吐类动词则不具有双向支配能力,也不具有双重语义特征。这两类动词都只能支配位移物,不能支配位移处所,只具有[＋位移]语义特征,不具有[＋添加]语义特征。也就是说,动词所表示的动作只能使某物发生位移变化,不能使终点处所发生状态变化。因此,当摆放类和扔吐类动词后所带的是处所性较低的名词时,名词后必须加上方位词,如例㊻b、㊼b。添加方位词后,名词性成分的处所性得到突显,事物性则受到抑制。

覆盖类和填充类动词具有双向支配能力,在构成"把"字句时,既可以用覆盖或填充物做"把"的宾语,也可以用覆盖或填充处所做"把"的宾语。例如:

㊽ a. 他把那块塑料布蒙板车了。
  b. 他把那辆板车蒙上塑料布了。
㊾ a. 她把那几瓶牛奶灌奶瓶了。
  b. 她把那几个奶瓶灌满牛奶了。

摆放类和扔吐类动词不具有双向支配能力,但在构成"把"字句时,和覆盖类和填充类动词一样，既可以用位移物做“把”的宾语，也可用终点处所做“把”的宾语。例如：

(51) a. 她把那些年画贴墙壁上了。

b. 她把四周的墙壁都贴上年画了。

(52) a. 他把脏袜子扔藤椅上了。

b. 他把整张藤椅都扔满了脏袜子。

“把”字句是公认的高及物性句式（Hopper & Thompson 1980；王惠 1997；屈承熹 2001），“把”字句中的动词也应该是高及物性动词。摆放类和扔吐类动词对处所成分不具有支配能力，即动词与处所成分之间没有及物性联系，为什么这两类动词构成的“把”字句允许处所成分做“把”的宾语？上文提到，摆放类和扔吐类动词的及物性只体现在对位移物的支配作用上，动词所表示的动作使某物发生了位移变化，即动作具有强施动性、位移物具有强受动性，所以尽管这两类动词没有双向支配作用也仍然是高及物的动作动词。动作的强施动性和受事的强受动性是“把”字句高及物性的体现，在 Hopper 和 Thompson（1980）的及物性理论中，宾语成分的完全受影响性（affectedness）也是高及物性的一种体现。摆放类和扔吐类动词之所以允许处所成分做“把”的宾语正是因为处所成分具有完全受影响性特征，如例(51) b 和(52) b 中的“四周的墙壁”和“整张藤椅”具有“全称”意义，动词前有总括副词“都”，动词后有补语“满”，这些都说明处所成分的完全受影响。由于摆放类和扔吐类动词对处所成分没有支配作用，处所成分的完全受影响特征显然与动词的强施动力没有直接关系，而与位移物对终点处所的附着状况有关，位移物在动词所表示的动作作用下使处所发生状态变化，并受到完全影响。可见，在摆放类和扔吐类动词构成的“把”字句中，处所成分是否受到完全影响是其能否做“把”宾语的必要条件。

在覆盖类和填充类动词构成的“把”字句中，由于动词对充当“把”宾语的处所成分具有直接的支配作用，即处所成分具有强受动性，同时也具有完全受影响性，比如例㊾ b 中的“那辆板车”和例㊿ b 中的“那几个奶瓶”。例㊾b 中的“那辆板车”虽然没有“全称”意义的修饰词语，动词前也没有出现总括副词，动词后也没带补语“满、遍”等，但因动词“蒙”一般表示用一个覆盖物就能把覆盖处所全部遮盖的意思，所以也具有完全受影响性。一个直接的证据是“蒙”不可以带补语“满”，比如一般不说“板车蒙满了塑料布”。除了动词“蒙”外，很多覆盖类动词具有这一特点，比如“穿、盖、套、包”等。

“把”的宾语完全受影响性特征是一种句式意义。张伯江（2000:28—29）指出“把”字宾语带有一种“完全”的意义，比如：

(53) a. 他喝了酒。→ 他把酒喝了。

b. 他用了钱。→ 他把钱用了。

例中箭头右侧的句子分别表示“酒全喝掉了”、“钱全用尽了”，而箭头左侧的句子不仅没有这种“完全”义，而且倾向于理解成“非完全”的意义。

在覆盖类和填充类动词构成的“把”字句中，当动词的两个论元（置放物和置放处所）共现时总是用完全受影响的论元做“把”的宾语，部分受影响的论元做动词的宾语。即完全受影响的论元前置于部分受影响的论元，这在许多语言里都均如此，比如英语里：

(54) a. I loaded the hay onto the truck.

我把（所有）干草（都）装上了卡车。

试比较：

我把干草装上了（*整辆）卡车。

b. I loaded the truck with the hay.

我把（整辆）卡车（都）装上了干草。

试比较：

我把卡车装上了（*所有的）干草。

例(54)a 中的“干草”表示“全部干草”的意思，例(54)b 中的“卡车”表示“整辆卡车”的意思；而例(54)a 中的“卡车”和例(54)b 中的“干草”则为部分受影响，这从比较中可以看出。尽管汉语用“把”字实现“完全”的概念，英语用直接宾语的形式实现“完全”的概念，但都显示出表整体的论元前置于表部分的论元的倾向，因为表整体的论元比表部分的论元具有更高的可别度（identifiability）（陆丙甫 2005）。

（五）处所成分做直接宾语的条件

在覆盖类和填充类动词构成的语句中，可以把覆盖与填充物和覆盖与填充处所中的任意一个选为直接宾语，剩下的一个以"外围格"的身份出现在句中，由介词短语来表达；而摆放类和扔吐类动词构成的语句中，只能把位移物选为动词的直接宾语，而位移处所用介词短语来表达。我们所关心的问题是，处所成分做直接宾语的条件是什么？为什么在覆盖类和填充类动词构成的语句中覆盖或填充处所可以做直接宾语而在摆放类和扔吐类动词构成的语句中处所成分不能做直接宾语？菲尔墨在其二期格语法理论中[①]，提出"透视域"（perspective）这样一个带有信息过滤作用的层面：语句所描写的是场景，场景中的各参与者通过透视域的选择，有些进入透视域，成为句子的核心成分，充当主语和直接宾语，其他参与者不一定能进入句子，即使出现在句子中，也只能成为句子的外围成分。菲尔墨认为决定某个参与者进入透视域的性质是它的显要性（saliency），并给出了几项决定一个成分的显要层级，从而决定一个成分能否进入"透视域"，充当语句的核心成分（主要是直接宾语）的条件，其中一个条件是整体性(totality)。菲尔墨指出，当一个场景中除了施事，还有客体和终点两个实体时，如果终点没有值得陈述的特殊性时，那么客体成分通常会进入语句核心，充当直接宾语；如果对终点采取的行动具有一种"完全的"（complete）意义，即具有"整体性"，使得终点成分获得了显要性，那么终点成分进入语句核心，充当直接宾语。在覆盖类和填充类动词构成的语句中，覆盖或填充处所之所以可以做直接宾语就是因为这类动词具有 [+ 添加]（[+ 使遮蔽] 或 [+ 使充满]）语义特征，即自身就带有那种总体性或整体性的意思，能使覆盖或填充处所具有"整体性"，从而获得显要性，进入语句核心；摆放类和扔吐类动

---

① 本文引述的菲尔墨格语法理论都转引自杨成凯（1986）。

词构成的语句中，终点处所之所以不能做直接宾语就是因为这类动词只具有［+位移］语义特征，不具有［+添加］（［+使遮蔽］或［+使充满］）语义特征，即这类动词不能使处所具有"整体性"和获得显要性，因而不能进入语句核心。但是，如果这类动词带有结果补语"满、遍"等，则能使处所成分获得"整体性"，能进入语句核心，充当直接宾语。例如：

㊺ a. 工人们用碎石铺了（一段）河堤。
　　b. 杨妈拿开水灌了（五个）暖水瓶。
　　c. 花花绿绿的衣服堆满了（两张）单人床。
　　d. 金豹拿出酒来倒满了（两个）酒盅。

例㊺a中的"河堤"和㊺b中的"暖水瓶"分别是"碎石"和"开水"的覆盖或填充处所，直接做动词"铺"和"填"的宾语；例㊺c中的"单人床"和㊺d中的"酒盅"分别是"酒"和"衣服"的终点处所，但它们都不能直接做"堆"和"倒"的宾语，比如不能说"堆了两张单人床"和"倒了两个酒盅"，动词带上结果补语"满"后，终点处所才能做直接宾语。例㊺中这些做直接宾语的名词成分与其看作动作所涉及的处所，不如将其看作受动作作用的空间物体。因为它们的处所性为事物性所抑制，成为带有空间性或者空间性比较突出的事物。（任鹰 2000:234）这些宾语名词的事物性或者说受事性可以从三方面体现出来：一是询问的方式既可以用"V了哪儿"，也可以用"V了什么"。比如"铺了河堤"既可以用于回答"铺了哪里"，也可以用于回答"铺了什么"。再如"堆满了单人床"既可以用于回答"堆满了哪里"，也可以用于回答"堆满了什么"。二是宾语名词前可以有数量词的限定或修饰。能被数量词修饰说明这些宾语名词具有较强的个体性，而宾语名词的个体性是其及物性或受事性高低的因素之一（Hopper & Thompson 1980）。这些具有个体性特征的宾语名词表明它们已从所属的处所类别中分离出来。也就是说，它们的处所性受到抑制，事物性得到突出，动词与这些宾语名词之间就形成了更自然的动受关系，比如"铺了一段河堤"的询问方式一般就用"V了什么"，而不用"V了哪里"。三是宾语名词可以做"被"字句的主语。例如：

㊻ a. 那段河堤被工人们铺了碎石。
　　b. 那五个暖水瓶被杨妈灌了开水。
　　c. 那两张单人床被花花绿绿的衣服堆满了。
　　d. 那两个酒盅被金豹拿酒倒满了。

值得注意的是，做"被"字句主语的处所成分可以是名词语，也可以是方位短语，而做"把"宾语的处所成分则不能是方位短语。例如：

㊼ a. 那张长条桌被她铺了一块又粗又厚的黄布。
　　→那张长条桌上被她铺了一块又粗又厚的黄布。
　　b. 我的枕头被妈妈填了鸭舌草。
　　→我的枕头里被妈妈填了鸭舌草。
　　c. 外头的绳子被他们晾满了被子。
　　→外头的绳子上被他们晾满了被子。
　　d. 墙角的垃圾箱被儿子扔满了大大小小的纸团。
　　→墙角的垃圾箱里被儿子扔满了大大小小的纸团。

㊽ a. 他把整个窗户都蒙了牛皮纸。
　　→*他把整个窗户上都蒙了牛皮纸。
　　b. 我把整个抽屉都装了各式各样的水果糖。
　　→*我把整个抽屉里都装了各式各样的水果糖。
　　c. 他把四周的墙壁都贴满了壁纸。
　　→*他把四周的墙壁上都贴满了壁纸。
　　d. 他把自己的酒盅倒满了酒。
　　→*他把自己的酒盅里倒满了酒。

在例㊼中，名词语和方位短语做"被"字句主语构成的句子都合格；在例㊽中，名词语做"把"宾语构成的句子合格，而方位短语做"把"宾语构成的句子则不合格。方位短语的处所性高，事物性低，而名词语的事物性高，处所性低。"把"的宾语允许处所性低的名词语，不允许处所性高的方位短语；而"被"字句主语既允许处所性低的名词语，也允许处所性高的方位短语。这说明，较之"被"字句主语，"把"的宾语的受动性或受影响性更强，所以处所性高的方位短语因为事物性或受动性低而不能充当"把"的宾语。张伯江（2001）指出"把"的宾语只能是直接受影响者，而"被"字句主语可以是直接受影响者又可以是间接受影响者。"把"的宾语贴近主要动词，而"被"字句主语离动词相对更远，根据认知语言学上"邻近便是影响力的加强"（Lakoff & Johnson 1980）原理，在一个语句中，当一个成分会对另一个成分产生影响，两个成分的距离越近，影响也就越大。句法距离临摹了语义距离，体现了"把"宾语受直接影响和受动性强的语义特点。

总之，处所成分具有［+事物］［+处所］语义特征。处所成分做补语时，处所成分的处所性得到实现，事物性则受到抑制；处所成分直接做宾语时，处所成分的事物性得到实现，处所性则受到抑制。处所成分做宾语时不仅处所性受到抑制、事物性得到实现，而且必然会获得一种受动性和被支配性。（任鹰 2000）处所成分做补语（有介形式）和做宾语（无介形式）的不同同样受"邻近便是影响力的加强"原则的影响：处所成分做宾语时，动词与处所成分邻近，动词对处所成分的影响大；处所成分做补语时，动词与处所成分不相邻近；动词对处所成分的影响小。

四 结语

综上所述，本节的基本结论如下：

（1）典型的置放句式为三价句式，包括施事、受事和处所三个必不可少的论元成分；与置放事件相关的动词主要是置放动词，也包括非置放动词；置放动词句是置放句式的一个实例，某些非置放动词句也是置放句式的一个实例。

（2）置放句式中的施事具有自主性、使动性，处所具有具体性、空间性，受事具有受动性、位移性和自立性；置放句式具有意愿性或自主性特征，句式中的动词都是自主动词。

（3）处所成分做直接宾语和"把"宾语的条件是处所成分具有"整体性"或者完全受影响性特征。

（4）做"被"字句主语的处所成分可以是方位短语，而做"把"宾语的处所成分则不能是方位短语，说明"把"宾语的受动性或受影响性比"被"字句主语更强。

（5）处所成分做补语时，处所性得到实现，事物性受到抑制；做宾语时，事物性得到实现，处所性受到抑制。做宾语的处所成分具有受动性，做补语的处所成分没有受动性，只有处所性。处所成分做补语和宾语的不同受"邻近便是影响力的加强"原则的影响。

第三章

"过来/过去"与"下来/下去"的用法及其认知解释

第一节 "过来/过去"的用法及其认知解释

○ 引言

"过来"、"过去"是汉语中比较有特色的一对趋向动词。对其意义和用法，不少论著从不同的角度做出了不少有益的探索（吕叔湘 1999；刘月华 1998；谢白羽、齐沪扬 2000；吴云 2006），但多数以描写为主，解释明显不足。吴云（2006）从认知角度对"过来"、"过去"的引申用法进行了深入细致的分析，取得了不少可喜的创获。但他对"过来"、"过去"的语义分析缺乏系统性、概括性，有些解释考虑不够周全。本节拟在已有成果的基础上，从认知角度对"过来"、"过去"的意义和用法再做一番考察和探讨。

我们感兴趣的问题是：a."过来"、"过去"物理空间位移的基本图式是怎样的；b."过来"、"过去"向虚拟空间的隐喻主要映射到哪些认知域，各个认知域的"过来"、"过去"的语义特点是怎样的；c."过来"、"过去"的隐喻映射存在哪些对称和不对称；d."V得（不）过来/过去"是否都表示可能义，其语义形成的理据是怎样的。除了引言和结语，本节的主要内容是：一、"过来"、"过去"的基本用法；二、"过来"、

"过去"的引申用法及其认知解释;三、障碍图式与"V 得(不)过来/过去"。

一 "过来/过去"的基本用法

"过来"表示位移体从别处向说话人所在位置移动;"过去"表示位移体离开或经过说话人所在位置向别处移动。例如:

① a. "你过来,你过来。"李冬宝感兴趣地把南希唤过来。
　　b. "爸,您没气儿了?"女儿也笑了,"那您就歇着吧。……我得过去看看那孩子去。"
　　c. 先说清楚,要么别想从我这儿过去。

一个基本的、典型的位移事件一般包括这样一些构件:位移体(trajector, TR)、起点(source, S)、经过点(route, R)、路径(path, P)、终点(goal, G)和方向(direction, D)。有时位移事件还涉及认知活动的主体(conceptualizer, C)和认知参照点(reference point, R)。认知活动的主体通常是说话人,说话人可以是位移事件的参与者,也可以不是;认知参照点是说话人在描述位移事件时所选择的视点。"过来"所表示的位移语义包含起点和终点,起点是位移体移动前的位置,终点是说话人所在的位置。"过去"所表示的位移语义有两种情形:一种是离开说话人位置做远向移动,起点即说话人位置,如例①b;一种是经过说话人位置(经过点)做远向移动,起点为位移体移动前所在的位置,如例①c。"过去"的位移终点或者不出现,如例①c,或者隐含,如例①b终点为"孩子那儿"。

有时"过来"、"过去"表示位移体经过了某一特定处所后再向参照点趋近或离参照点远去,这一处所有时是一个需要位移体付出较大的努力才能通过的障碍(blockage, B)。例如:

② a. 一辆军用吉普车从树丛夹道的路上开过来。("树丛夹道的路"是障碍)
　　b. 桐芳建议从墙头上爬过去。("墙头"是障碍)

人们对位移事件的感知往往有所侧重，有的部分或细节具有较高的显著度，有的显著度则比较低，这与认知主体的视角或注意力有关。比如，"过来"反映的位移事件是以"目标"为导向，在使用"过来"时，通常凸显终点；"过去"反映的位移事件是以"起点"或"经过点"为导向，在使用"过去"时，通常凸显起点或经过点。它们都是位移体空间运动的参照点，必须是已知的、确定的而且不可或缺。我们可以把"过来"的语义描述为：[＋物理空间位移][±自移][＋确定的方向][－凸显起点][＋凸显终点][＋位移义或趋向义]，"过去"的语义描述为：[＋物理空间位移][±自移][＋确定的方向][＋凸显起点或经过点][－凸显终点][＋位移义或趋向义]。我们用图3-1和图3-2分别表示如下：

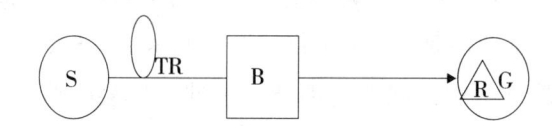

图3-1 "过来"的基本图式

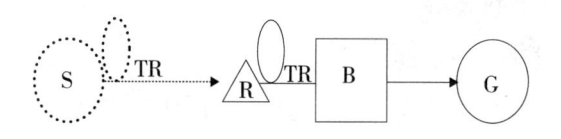

图3-2 "过去"的基本图式

"过来"、"过去"跟在某些动词后表示客体随动作发生方向上的改变。"过来"表示客体朝参照点方向转动，"过去"表示客体背离参照点方向转动。客体的方向发生变化，空间位置并不改变。因此，这里"过来"、"过去"的语义不包含"路径"，仅指示方向。这类动词有"转、扭、回、翻、侧、歪、斜、背"等，客体有"身、头、脸"等。例如：

③ a. 刘志彬把脸侧过来，用颊接受了白丽的一个吻。
　　b. 他很老练地敲出一支，舔了一头儿，倒过来叼着。
　　c. 他看到白巡长；白巡长把头扭过去。
　　d. 她侧过身去，重重地跌在座位上。

二 "过来/过去"的引申用法及其认知解释

物理空间的位移是物体运动最基本的形态,最先为人们所感知、所认识。随着思维的发展和表达的需要,其运动图式不断被抽象化并通过隐喻机制扩展到抽象空间,借以把握诸如时间、心理、状态等的变化和发展。"过来"、"过去"的位移图式也不例外,通过隐喻认知,其位移图式由典型的物理空间扩展到抽象空间。

(一)时间域

"过来"、"过去"所反映的物理空间位移图式映射到时间域,"过来"表示主体度过了某个时期、某个事件或某个难关,"过去"表示某个时段、事件、机会或某种困难、状态的消逝。事件、机会、难关和状态等都占据一定的时间,为时间的存在形式,它们的出现或发生、发展和结束都体现了时间的变化。

1."过来"的时间隐喻

请先看"过来"的情况:

④ a. 大家才从乡场上那些凄凉的日子里过来。
b. 梅子的父母是从战争年代过来的。
c. 在非人的折磨中,老人终于没有挺过来。
d. 他们九死一生地闯过来了,闯到了民族解放和胜利的那一天。

"过来"的这种用法是位移体(人)经过某处所以后向参照点趋近的空间运动映射到时间域的结果。位移体所经过的处所也许是必须跨越的一处障碍(如一座山、一条河),映射到时间域常常是一个需要付出艰辛的努力和接受严峻的考验才能度过的时期或事件。位移体从某个时间出发,穿过该时期,抵达参照时间(说话时间)结束。结束蕴含完成,"过来"具有"完成"义。这是"自我在动"的隐喻,时间被想象为静止不动的事物,位移体从时轴上某一点向参照时间而来。"过来"的这一语义可以描述为：[－物理空间位移][＋自移][＋确定方向][－凸显起点状态][＋凸显终点状态][＋时间域：完成]。

2."过去"的时间隐喻

"过去"的时间隐喻分两种：一种是位移体是时间；一种是位移体是人。"过去"的时间隐喻是位移体经过参照点向别处逐渐远去的空间运动映射到时间域的结果。与"过来"一样，位移体的空间运动也可能遭遇障碍，映射到时间域成为时间道路上某个特定的时期、某个难关或某个特定事件等。

（1）"时间在动"隐喻

"过去"的位移体是时间（时段、时机、事件、状态等）时，这是"时间在动"的隐喻。时间被比拟为河流，位移体（时段、时机、事件、状态等）流经参照时间（通常为说话时间）流向过去。时间运动是单向的，从将来经由现在通向过去，某个时间从参照时间流过即意味着该时间从参照时间消逝。"过去"具有"消逝"义。例如：

⑤ a. 启蒙的时代很快就过去了。（位移体是"启蒙的时代"）
　b. 凄凉的年关，终于也过去了。（位移体是"年关"）
　c. 加薪的机会也过去了两年。（位移体是"加薪的机会"）
　d. 马老先生的醉劲早已过去了。（位移体是"醉劲"）
　e. 尽管有些苦恼，有些感伤，但很快就会过去的。（位移体是"苦恼"和"感伤"）

某个时段、事件或状态消逝或成为过去，是以该时段或事件结束的时间作为参照。比如说"中日甲午战争过去一百多年了"，这里"一百多年"是拿甲午战争结束的时间作为参照，离这一参照时间已经过去一百多年。"过去"的这一语义可以描写为：[－物理空间位移][＋自移/自变][＋确定方向][＋凸显经过点状态][－凸显终点状态][＋时间域：消逝]。

（2）"自我在动"隐喻

"过去"的位移体是人时，这是"自我在动"的隐喻，某个特定时期或事件等被喻为静止不动的障碍或难关。"过去"表示位移体以该时期或事件为参照，经历该时期或事件而逐渐离其远去，经历了该时期或事件即意味着该时期或事件所占据的时间消逝，"过去"仍表示"消逝"义。例如：

⑥ a. 国亡了，你们应当受罪！挺着点，万一能挺过去，你们好知道报仇！
　　b. 他们一口布丁，一口凉水，算是把这场罪忍过去了。
　　c. 二十三岁那一年的确是我的一关，几乎没有闯过去。
　　d. 我已经想好我要变的东西，如果不随我的心，我就想想办法抗过去。

刘月华（1998:310）认为"我们吵过去就完""这些事说过去就算了，不必老放在心上"中的"过去"表示动作的完结。实际上，这里的"过去"并不表示动作的完结，而表示某一事件（吵架、所说的这些事）离参照时间（说话时间）远去，意思大致为"这些事情发生了就从眼前消逝了"。"过去"仍表示"消逝"。

汉语中有些动词，比如"混、度、溜、流逝、耽误、荒废、蹉跎、消磨"等，这些动词所表示的动作，其位移体通常是时间（时段或事件），这时只能后跟"过去"，表示时间的消逝，这是"时间在动"，不能跟"过来"，因为"过来"在时间域表示"自我在动"，其位移体是人。例如：

⑦ a. 他觉得他的一生就得窝窝囊囊的混过去了……空长了那么大的身量！
　　b. 难道这么长的光阴都要像牛马似的，在鞭挞下度过去？
　　c. 在这样的痛苦和彷徨中，大学的第一第二年很快蹉跎过去。
　　d. 我喜欢冬天……没课的时间都是在被窝里消磨过去的。

刘月华（1998:309）认为"过来"、"过去"与说话时间的关系不同。"过来"只用于表示已进行的动作之后，"过去"既用于已进行的动作之后，也可以用于尚未进行的动作之后。举例如下：

⑧ a. 总算熬过来了。（已然）
　　b. 总算熬过去了。（已然）
⑨ a. 咬咬牙，挺过去！（未然）

b. *咬咬牙，挺过来！（未然）

刘月华所指的"说话时间"就是现在时间。"过来"强调位移体（人）度过某个时期或事件，抵达参照时间（现在），运动过程已完成；"过去"以某个时期或事件为参照，强调位移体（人）经历该时期或事件而离其远去。也就是说，"过来"以现在时间作为参照，表示的运动过程已完成，所以不能指向未然，"过去"以某个时期或事件为参照，如果该时期或事件的时间早于说话时间，则"过去"表示的运动过程已完成，所以可以指向已然。如果该时期或事件的时间晚于说话时间，则"过去"表示的运动过程未完成，所以可以指向未然。如果"过来"的参照时间为将来某个时间，则"过来"也可以用于表未然的句子。例如：

⑩ a. 今天去医院检查出来，燕子得了水痘，要面临被隔离，过着孤独的生活了……不过燕子生命力很强，会熬过来的！

b. 因为移植手术必须要提供1000ml的骨髓，但每次只能抽取5ml，这样一来，婉晴就要挨200多针。婉晴说："他是我爸爸，这是我应该做的，我能熬过来。"

总体来看，"过来"适合于表达已然事件的现实句，"过去"适合于表达未然事件的非现实句。

（二）领属域

"过来"、"过去"所表示的物理空间位移图式映射到领属域，"过来"表示某物的领有或占有关系转移到参照体（起参照作用的人或物体）方面，"过去"表示某物的领有或占有关系由参照体方面转移到另一方面。前面的动词主要有"抢、夺、娶、调、买、揽、盘、拨、兼并、争取、接收、吸收"等，位移体可以是具体事物，如"钱款、房产"等，也可以是抽象事物，如"功劳、责任"等。例如：

⑪ a. 我该怎么才能把公司这块产业给抢过来？

b. 这原来是国民党反动派经营的一个大书店的印刷厂，现在是被接收过来了。

c. 我从我父亲手里才接过这间店来。我父亲是从喜多家盘过来的。

d. 她相信她嫁过去，他就会改好的。

e. 你就必须按照他们说的去做，即使错了，责任他们会全部揽过去。

"过来"、"过去"在物理空间反映位移体空间关系的变化，在领属域反映某物领属关系的变化。领属域反映某物的领属变化由源属（possessive source）向终属（possessive goal）方向转移，这和位移体由源点到终点的空间位移是相似的。"过来"以终属为参照体，表示领有或占有关系转到终属；"过去"以源属为参照体，表示领有或占有关系脱离源属转到另一方。与物理空间位移不同的是，领属域发生领属变化的都是客体，致使客体的领属关系发生转移。在语义上，"过来"可以描写为：[－物理空间位移][－自移][＋确定方向][－凸显起点状态][＋凸显终点状态][＋领属域：趋向义]；"过去"可以描写为：[－物理空间位移][－自移][＋确定方向][＋凸显起点状态][－凸显终点状态][＋领属域：趋向义]。

（三）数量域

物理空间位移图式映射到数量域，"过去"表示一方在"数量、高度、实力、势力、技能、程度"等方面"胜过"、"超过"另一方。前面一般是具有[＋较量]、[＋比较]语义特征的动词，以及某些形容词，如"盖、赛、赶、比、撵、压、争、大、厉害"等，只能后跟"过去"，不能跟"过来"。例如：

⑫ a. 这个别离，把过去一切的苦楚都压过去了。

b. 台湾人才只有五年的优势，若没有好好把握，很快就会被赶过去。

c. 如果你在团内发表的歌曲数量最多，你将升任团长。团长如果被比过去，就要退居二线啦。

d. 倒跑回娘家来跟二哥二嫂争！再怎么争，你也争不过我们那口子去，他是她哥！

"过去"在物理空间可以表示位移体越过参照点而去，参照点有一定的高度，比如一堵墙或一座山，映射到数量域表示两方在某一量上的比较：一方以另一方的量为参照反映其在量上"超过"或"胜出"参照方。比较的双方（比较主体和比较客体）可以是具体事物，也可以是抽象事物。如例⑫a 比较双方是"这个别离"和"过去的一切苦楚"，"压过去"是指比较主体"别离"在痛苦程度上超过比较客体"过去的一切苦楚"。"过去"这一语义可以描写为：[－物理空间位移][＋自移][－确定方向][＋凸显经过点状态][－凸显终点状态][＋数量域：胜过或超过]。

（四）心理域

"过来"、"过去"所表示的物理空间位移图式映射到心理域，"过来"表示恢复或转变到正常的、积极的状态，"过去"表示失去正常状态，进入不正常状态。例如：

⑬ a. 凭我多年的经验，芦花很快被救醒过来。
　　b. 现在，他才明白过来，悔悟过来，人是不能独自活着的。
　　c. 他的体质慢慢恢复过来。
　　d. 有一回，大夏天，我发了痧，死过去了。
　　e. 我愤怒得几乎昏厥过去。

"过来"、"过去"前的动词都是表示人的生理、心理或思维活动，从不正常或消极状态恢复到原来状态或转变到正常状态用"过来"，从正常状态转向不正常或消极状态用"过去"。表示状态变化的"过来"、"过去"也有一个参照，那就是正常状态或原来状态。"过来"是不正常状态转向正常状态，不正常状态为变化的起点，正常状态为变化的终点。比如"苏醒过来"，表示由不正常状态"昏死或昏迷"转变到正常状态"苏醒"，"过来"表示正常状态的实现。"过去"是正常状态转向不正常状态，起点为正常状态失去即进入不正常状态，终点不定。比如"昏厥过去"表示正常状态"清醒"的失去即进入"昏厥"状态，"过去"表示失去正常状态，也就是正常状态消失。这里"V过来"表示的状态变化大多是非自主的、不可控的、无意识的自变，如"醒过来、省悟过来"，少数是自主的、可控的、有意识的致使转变，如"抢救过来、修整过来"；而"V过去"表示的状态变化都是是非自主的、不可控的、无意识的自变。因此，"过来"、"过去"的语义可以分别描写为：[-物理空间位移][±自变][-确定方向][-凸显起点状态][+凸显终点状态][+心理域：实现]；[-物理空间位移][+自变][-确定方向][+凸显起点状态][-凸显终点状态][+心理域：消失]。

汉语中有些动词，比如"活、救、醒、暖、歇、回（神）、换、反省、反应、抢救、挽救、恢复、明白、悔悟、醒悟、苏醒、觉悟、省悟、意识、休息、调养、调理、修整₁"等，这些动词具有[+恢复常态]的语义特征，只能后跟"过来"，不能跟"过去"，"V过来"前面可由起点标记"从"引出状态变化的起点。例如：

⑭ a. 直到天快亮的时候，他才从深深的昏迷中醒过来。
b. 戴维听了小丽的这个提议，很久很久没有反应过来。
c. 王一生哭过，滞气调理过来，有了精神，就一起吃饭。
d. 我们三个军团是决战的主力军团，你们安排士兵要尽快休整过来。

这些动词或者因为本身表示某种生理、心理和思维"由不正常或消极状态恢复到原来状态或转变到正常状态"，或者因为能反映人们希望或致使某状态"由不正常或消极状态恢复到原来状态或转变到正常状态"，这与"过来"表示"正常状态的实现"在语义上一致。

而另一些动词，比如"饿、疼、睡、晕、死、昏、昏死、昏厥、昏迷、迷糊、晕死、晕倒、背（气）、休克、窒息"等，这些动词具有[+失去常态]的语义特征，只能后跟"过去"，不能跟"过来"。例如：

⑮ a. 金一趟发作一通之后，果然踏踏实实地睡过去了。
b. 他会怒喊，会狂呼，甚至于会一言不发，昏厥过去。
c. "爹……"随即扑通一声倒地休克了过去。
d. 她使劲、长长地亲了我一下，我差点窒息过去。

因为这些动词本身表示某种生理、心理和思维"失去正常或积极状态，进入不正常或消极状态"，这与"过去"表示"正常状态消失"的语义相吻合。

"过来"、"过去"在心理域的上述用法可以从认知角度做出解释。"过来"表示靠近说话人，"过去"表示背离说话人。由于人们总是希望有好的、正常的、积极的心理状态，排斥不好的、不正常的、消极的心理状态。因此，表示心理变化向人们希望的方向发展，就用"过来"，反之，则用"过去"。这充分反映了人们趋吉避凶的心理倾向。

（五）状态域

物理空间位移图式映射到状态域，"过来"表示某种事物、思想、习惯或生理状态由不良的、不正确的、畸形的状态转变到良好的、正确的、正常的状态。不良的、不正确的、畸形的状态是起点，良好的、正确的、正常的状态是终点和参照点，"过来"表示这种转变的完成或实现。这种转变都是自主的、可控的、有意识的致使转变。"过来"的这一语义可以描写为：[－物理空间位移] [－自变] [－确定方向] [－凸显起点状态] [＋凸显终点状态] [＋状态域：＋完成或实现]。

汉语中有些动词，比如"订正、改（正）、改变、校对、校订、校正、勘正、矫正、纠正、修整₂、转化、改造"等，这些动词具有 [＋改变] 或 [＋校正] 的语义特征，只能后跟"过来"，不能跟"过去"。例如：

⑯ a. 剧团领导曾召开大会反过这种习气，但是到了还是没有改过来。

b. 假性近视可以矫正过来，散光只能配眼镜。

c. 长假别忘了督促孩子把基础训练和口算天天练上的错题订正过来。

d. 几个被他们爱心转化过来的学生，其实早就辍学回家放羊去也。

"过来"、"过去"跟在"变、转换、演化、演变、翻译"等动词后，表示事物从一种状态转为另一种状态，可用"从……"引出状态变化的起点。例如：

⑰ a. 先进的指纹识别技术是从原来的军用技术转换过来的。
b. 漂亮的蝴蝶都是从丑陋的虫子演化过来的。
c. "沉默是金"是中国的说法，还是从英语翻译过来流传的？
d. 泰国的泰拳也是吸收了中国拳法演变过去的。

"过来"、"过去"表示状态的转变也有一个参照，"过来"表示由源点状态转为参照状态，"过去"表示由参照状态转为另一种状态。例如⑰a "先进的指纹识别技术"是参照——状态变化的目标，"原来的军用技术"是状态变化的源点；再如⑰b "漂亮的蝴蝶"是参照——状态变化的目标，"丑陋的虫子"是状态变化的源点。这里"过来"、"过去"的语义可以分别描写为：［－物理空间位移］［－自变］［－确定方向］［－凸显起点状态］［＋凸显终点状态］［＋状态域：＋趋向］；［－物理空间位移］［－自变］［－确定方向］［＋凸显起点状态］［－凸显终点状态］［＋状态域：＋趋向］。

（六）事件域

物理空间位移图式映射到事件域，"V过去"表示某人或某事物在参照体（这里是以人为参照体）未注意、不知晓或未引起重视的情况下通过参照体移向别处。"过去"表示"通过或度过"义。位移体可以是人，也可以是事物。

先看位移体是人的情况，例如：

⑱ a. 当该妇女又一次向他冲来时，他没躲过去，被那妇女顶翻，挑在头上挣扎了片刻高高地甩了出去。（位移体是"他"，参照体是"该妇女"）
b. 原是东北军的王铁汉也被截住了。可他凭借一口流利的东北话，又换了便衣，蒙混过去跑掉了。（位移体是"王铁汉"，参照体是敌方军队）
c. 我见过你所谓一丝不苟工作的情景，那就是聊天、织毛衣和愣神儿，从你眼皮底下溜过去个把人很容易。（位移体是"某人"，参照体是"你"）

再看位移体是事物的情况，例如：

⑲ a. 金枝几乎想把来拉朱信去吃夜宵的原因道将出来，可是她最终还是用一句谎话遮掩过去了。（位移体是"来拉朱信去吃夜宵的原因"，参照体是听话人）

b. 母亲自然用一些似是而非的话搪塞过去了，然而待七舅舅的历史问题大白天下之后，我既已成年。（位移体是"七舅舅的历史问题"，参照体是"我"）

c. 他扯着脸把心中的难过遮掩过去。（位移体是"心中的难过"，参照体是观察者）

上述"V过去"表示某人通过某种行为使得位移体不被参照体知晓、重视或注意。如例⑲a"金枝"通过"一句谎话"使得"来拉朱信去吃夜宵的原因"不被听话人发现。例⑲b"母亲"通过"一些似是而非的话"使得"七舅舅的历史问题"不被"我"知晓。

位移体是人时为自移，位移体是事物时为致移。这样，"过去"的这一语义可以描述为：[－物理空间位移][±自移][－确定方向][＋凸显经过点状态][－凸显终点状态][＋事件域：＋通过或度过]。

汉语中有些动词，比如"躲、瞒、蒙、骗、拖、抹（抹平）、圆（圆场）、蒙混、抵赖、含糊、糊弄、马虎、忽视、忽略、忽悠、平息、掩饰、遮掩、搪塞、推诿、敷衍、支吾"等，这些动词具有[＋蒙混]、[＋掩饰]或[＋忽略]等语义特征，大多表示以言语行为有意掩饰或隐瞒事实真相等消极意义。只能后跟"过去"，不能跟"过来"。例如：

⑳ a. 要把画儿韩都蒙过去了，说明甘子千火候已到家。

b. 年轻人的胆气往往使自己把该留神的地方故意地忽略过去。

c. 坐起来见大夫时，他便忙用话抹了过去。

d. 给老父亲做寿差不多和初二十六祭财神一样，万不能马虎过去。

e. 那女教员有几次还和我讨论到表哥的文才，我只好支吾过去。

三 障碍图式与"V得（不）过来/过去"

请先看例句：

㉑ a. 因为路上受阻，那一头终点站的车开不过来。
　 b. 对面一定就是那王美玉的卧房，相去只四五尺的距离，跳都跳得过去。
　 c. 单是这六十挺家伙的交插火力若是一齐发射出来，恐怕就是一只矫健的小燕也飞不过去！

㉒ a. 一天要是能剩一角的话，一百元就是一千天，一千天！把一千天堆到一块，他几乎算不过来这该有多么远。
　 b. 那种事儿！只要是个人就躲不过去！这是命里该当！
　 c. 可我不是没票，我这不是有票么，您放了我也说得过去。

例㉑"V得（不）过来/过去"描述物理空间的位移，表示可能或不可能到达某处所或通过某处所。这种物理空间的"V得（不）过来/过去"常常以"障碍图式"（blockage schema）为其内在隐喻基础映射到抽象空间："V得（不）过来"表示有无能力周遍完成（简称表能力），如例㉒a；而"V得（不）过去"发生了分化，有的表示某人或某事可能或不可能通过某种"障碍"（简称表可能），如例㉒b，有的表示某物或某种行为事件是否符合一般的标准、情理，是否能为人所接受（简称表评价），如㉒c。

本节拟具体讨论抽象空间的"V得（不）过来/过去"，试图从认知角度解释其意义形成的理据。

（一）表示能力的"V得（不）过来"

例如：

㉓ a. 这种不经过法律程序就"私了"了的纠纷，多得无法统计，恐怕都拿到法院去也审理不过来吧。
　 b. 这地方的忙活是栽秧、车高田水、薅头遍草、再就是割

稻子、打场子。这几茬重活，自己一家是忙不过来的。
c. 旷工一个星期，少拿六天的工资，赚的钱却比两个月的工资还要多，这笔账谁都算得过来。

位移体在向参照目标趋近的过程中可能会遭遇障碍甚至许多障碍，能通过障碍抵达目标表示位移体有能力完成某件事，不能通过障碍抵达目标则表示位移体没有能力完成某件事。比如例㉓a"这种多得无法统计的纠纷"是"法院"需要通过的"障碍"，"法院也审理不过来"表示法院不能通过"障碍"到达目标即表示不能完成"审理那些纠纷"这件事，"过来"具有完成义。《现代汉语词典》第5版对这种"过来"的解释是"用在动词后，表示时间、能力、数量充分"。谢白羽、齐沪扬（2000）、吴云（2006）都认为这里的"过来"表示周遍义。他们所说的周遍义实际上是由结构带来的。句子中动作所涉及的受事都含有一定的量，比如事物量、动作量、时间量、空间量等，如果这个量超出行为主体的应对能力则行为主体不能周遍应对受事，反之则能周遍应对，即"V得（不）过来"表示行为主体有无能力周遍应对，偏重于表能力而不是表可能。"能力"属于动力情态（dynamic modality），与施事存在直接的语义关联，因而被称为施事取向（agent-oriented）或主语取向（subject-oriented）的情态，表达施事做某件事情的能力或意愿。《现代汉语八百词》（1999:250）把"V得（不）过来"解释为"表示能（不能）周遍地完成"，是很恰当的。再如：

㉔ a. 有一阵子我像疯了一样地选课，一学期选了二十门。这么多课听不过来，我请同学带台对讲机去，自己坐在宿舍里，用不同的耳机监听。
b. 赌局到处都是，白抢来的钱，输光了也不折本儿呀！我们不敢去抄，想抄也抄不过来，太多了。

吴云（2006）认为，不能用"过去"代替这里的"过来"是因为表客体向说话人相反方向移动的"V过去"不能通过隐喻的方式来表示主体经历某个事件。事实上，"V过去"也可以通过隐喻的方式来表示主体经历某些事件，如"二十三岁那一年的确是我的一关，几乎没有闯过去"。谢白羽、齐沪扬（2000）认为，这种形式中的"过来"表示周遍义，由于周全、圆满是人们所希望的，所以这里只能使用"过来"，没有相应的"过去"。我们认为，这种形式之所以没有相应的"过去"，是因为"过来"、"过去"图式的凸显不同："过来"凸显终点，强调完成，"过去"凸显起点或经过点，强调通过或度过。这种形式的"过来"强调达到目标即完成，自然不能使用强调通过或度过的"过去"，这与人们希望周全、圆满的心理无关。

值得一提的是，"V得（不）过来"中的动词也可以是表示感情、心理或生理状态的动词、形容词，如"哭、笑、爱、恨、疼、愁、同情、尊敬、高兴"等，例如：

㉕ a. 金秀对一切都出于爱心，似乎就爱不过来了……

b. 今天有酒，你又在这里……人生那许多愁苦，哪里愁得过来？

c. 再说那么多流浪猫流浪狗，你同情得过来吗？

d. 我说：我怎么会……你是我的上司，我尊敬还尊敬不过来呢。

e. 他们的宝贝闺女这样的漂亮，他们高兴还高兴不过来呢，哪有反对之理。

上例中的"V得（不）过来"仍然表示行为主体能不能周遍的应对，或者动作行为所涉及的对象含有一定的量，如例㉕ a、b、c 中的"一切都出于爱心"、"人生那许多愁苦"、"那么多流浪猫流浪狗"，或者行为状态本身在说话人看来为主观大量，以致不能周遍应对，如例㉕ d、e 中的"尊敬（你）"、"（为这样漂亮的宝贝闺女）高兴"。这种"V得（不）过来"具有两个明显的特点：一是都表示否定意义。由于所有用"V得过来"的句子都是反问句，即所表达的意思仍是否定的，如例㉕ b、c。二是常构成反驳格式"V（O）还V不过来"。整个格式表示的意思大致是"即使应对行为状态本身都不能（够）周遍应对，更别说其他了"。刘月华（1998:296）对这种"V得（不）过来"所做的解释是：常用于反驳，表示某种感情、心情尚且无法充分表达,不可能存在相反的感情、心情。由以上分析可知,她的这一解释是准确的。

(二)表示可能的"V得(不)过去"

例如:

㉖ a. 她为再见我父母改口叫"爸爸"、"妈妈"愁了好几天,最后实在躲不过去,涨红了脸,别别扭扭,声音还没蚊子大地叫了一声,搞得我父母比她更难为情。

b. 我还有几个三十年可以用借口用理由来搪塞自己,来搪塞家人,来搪塞自己的公司?当我不能搪塞的时候,搪塞不过去的时候,我会在哪里?

c. 大凡贪官在东窗事发后,对待自己的受贿问题,基本上都是抱着这样的一种态度:能拖则拖,能赖则赖,能瞒则瞒,实在拖不过去了,赖不过去了,瞒不过去了,只好故作委屈状。

这种"V得(不)过去"的行为主体可以是人,也可以是事物,构成"障碍"的也可以是人或事物。"V得(不)过去"表示某人或某事可能或不可能通过某种"障碍","过去"表示"通过或度过"。比如例㉖ a "再见我父母要改口叫'爸爸'、'妈妈'"是"障碍","躲不过去"是指主体"她"不可能以"躲"的方式通过这一"障碍";例㉖ b "自己、家人、公司"的(视听)是"障碍","搪塞不过去"是指主体"各种借口和理由"不可能以"搪塞"的方式通过这一"障碍";例㉖ c "受贿调查人员或党和人民"是"障碍",这一"障碍"在句中隐含,"拖不过去了,赖不过去了,瞒不过去"是指主体"受贿问题"不可能以"拖、赖、瞒"的方式通过这一"障碍"。

(三)表示评价的"V得(不)过去"

《现代汉语八百词》(1999:250—251)只提到"说得(不)过去"和"看得(不)过去",对其解释分别是"说得过去:比较合情理,勉强可以交代；说不过去：不合情理，无法交代；看得过去：比较合意；看不过去：不忍心，不能容忍。"显然，这种形式的"V得（不）过去"并不是表示能力、外在条件所引起的一般可能义，而是表达说话者的某种认识、态度或评价。请看以下实例：

㉗ a. 人家有酒瘾棋瘾大烟瘾，什么瘾都说得过去，没听说像你这样有'侃'瘾的。

b. 李三拿埋葬费用的余数来喝酒，实在也在情在理，没有什么说不过去。

c. 一个陌生的女人来访了，三十多岁，高挑的身材，衣着颇时髦，形象也还看得过去的那一类女人。

d. 金三爷看不过去了："他不会吃，不会耍，干吗糟蹋钱呢？下次别这么着了！"

e. 有些家长的态度实在是让人难以接受。作为一名家长，我都听不过去。

f. 这条路大家都要走的，只希望自己也能像愿坚那样有拼搏，有成绩，对人对己都交代得过去。

上例中的"V得（不）过去"表示某物或某种行为事件是否符合一般的标准、情理，是否能为人所接受。符合情理或达到标准为"V得过去"，不符合情理或没达到标准为"V不过去"。如果把这里的标准或情理看成所要穿越的"障碍"，那么这种"V得（不）过去"仍是以"障碍图式"为其隐喻基础的。不过，这里的标准或情理是从认知主体（说话人）的角度来说的，对行为主体而言则是"障碍"。比如，为大学招生所设定的分数线，站在应试者的立场，这是一个需要通过的障碍，而站在招考者或其他人的立场则是一个检验应试者水平或能力的评判标准。某应试者可能或不可能通过考试（通过或达到分数线）有"考得（不）过去"，招考者或其他人对该应试者的表现可以有"该考生的成绩勉强说得过去""该考生考得这么糟糕，怎么也说不过去"等诸如此类的主观评价。心理学上有个关于"人脸/花瓶"的"图形/背景"倒换实验：如果注意黑的部分，看到的图形是花瓶，白的部分是背景。如果把注意力集中于白的部分，图形和背景就发生转换，看到的图形是两个相对的头像，黑的部分成了背景。这个实验说明，对于同一认知域的事物，如果视点（point of view）不同就会形成不同的心理意象。原则上讲，对于某个位移事件，说话人为了描写它往往会采取不同的立场，既可以用行为主体（位移体）的视点，也可以用认知主体的视点。视点在行为主体一方，注意力往往聚焦于行为主体自身能力的估测——能不能通过障碍上，因而有些"V得（不）过去"表达可能义，如"躲得（不）过去"、"瞒得（不）过去"；视点在认知主体一方，注意力往往聚焦于位移事件的状况（结果或表现），并对其做出评价，因而有些"V得（不）过去"表达主观评价义，如"说得（不）过去"、"看得（不）过去"。"V得（不）过去"分化为表可能和表评价与认知主体的视点转换有关。认知主体视点或注意中心（focus of attention）的转移在认知语法里称之为"主观化"（subjectification）。

"V得（不）过去"表达评价意义体现了语言的"主观性"（subjectivity），这可以从其所在句子的主语明显看出。试比较：

㉘ a. "怎么也不怎么。"刘会元躲不过去，吭吭哧哧地说，"我们就这么活着、写着。"

b. 另一位戴眼镜的知识分子也实在看不过去，激动得有点结巴地批评她说："你你……这是什么态度？你你……怎么能这么工作？"

c. 我们那时候的做法是在党和国家政治生活极不正常的条件下，才勉强说得过去。

例㉘a的"躲不过去"表达可能义，其施动者"刘会元"是句子主语（sentence subject）或语法主语（grammar subject）（李明 2003）；例㉘b的"看不过去"表达评价义，评价主体"戴眼镜的知识分子"是言者主语（speaker subject）或言说主语（utterance subject）（李明 2003），其评价对象是"她的工作态度"；例㉘c的"说得过去"表达评价义，评价对象"我们那时候的做法"是句子主语，但句子还隐含另一高层次的言者主语（评价主体"说话人"）。言者主语即使用言者视点是语言表达中所体现出来的说话人的个人印记，是语言主观性的表现。

能进入"V得（不）过去"表评价义的动词还比较少，使用频率较高的只有言说动词或感知动词"说、看、听"等少数几个。李明（2003）详细论证了言说动词和感知动词向认知动词引申的事实：由于"以身喻心"的隐喻驱动，这些动词由表言说义、感知义引申为表认知义，即表达说话人的某种观点、态度或情感。因此由它们构成的"V得（不）过去"较之其他动词更易产生情态意义。由此我们可以认为"V得（不）过去"，其评价意义的产生是以"障碍隐喻"为基础，"以身喻心"的隐喻驱动和认知视点转换共同作用的结果。

与此相关的另一问题是，为什么"V得（不）过来"只表能力义而没有产生相应的评价义呢？这仍然与"过来"、"过去"图式的凸显不同有关："过来"凸显"终点"，强调"完成"，"完成"在语义上总是指向位移体——位移体抵达终点或达到目标；"过去"凸显的是"起点"或"经过点"，强调"通过"，通过的可以是一个"障碍"，也可以是某个标准或情理，当通过的是后者时，则转向了认知主体的视角，因而产生评价意义。试比较：

㉙ a."过去没得看，现在多得看不过来"是人们对于在北京举行的各种大型演出和电影大片最深的体会。

b."妈！"招弟看不过去了。"妈，桐芳已经死了，何必还忌恨她呢？"

例㉙ a 的"看不过来"表能力，是指不能周遍应对"各种大型演出和电影大片"，说话人（观众）是行为主体；例㉙ b 的"看不过去"表评价，是招弟对她妈忌恨桐芳这一行为的评价，说话人（招弟）是评价主体。

需要说明的是，"V得（不）过去"表示可能和评价都属于情态范畴，是一种"认识情态"（epistemic modality）。Palmer（2001:22—24）认为，认识情态是一种命题情态，表达说话人对命题为真的可能性或必然性的判断或看法。认识情态是说话人阐释他对自己所说的话的坚信程度。

"V得（不）过去"评价义的出现应该比较晚，我们查检了几千万字的北大语料库，查找到的最早用例是"说不过去"和"看得过去"，分别出自《水浒传》和《红楼梦》，除此之外，整个语料库中只出现1例"听不过去"。例如：

㉚ a. 吃那婆子拦住道："押司不要使这科分。……你这般道儿，只好瞒魍魉，老娘手里说不过去。"（《水浒传》百回本第21回）

b. 袭人道："……依我说，从明日起，把别的心全收了起来，天天快临几张字补上。虽不能按日都有，也要大概看得过去。"（《红楼梦》第70回）

c. 陈桂芳朝儿子说："妈和你商量一件事，明天把你在镇上存的两千元给学校送来。"校长听不过去了："陈大娘，何必呢？……"（何登选《"垃圾婆"的情怀》）

由于高频使用和语用推理（pragmatic inference）的反复运用，"说得（不）过去"、"看得（不）过去"、"听得（不）过去"在当代汉语中已经基本凝固，成为表达主观性的固定语法成分。

进入21世纪，由于语言类推的作用，这种形式的"V得（不）过去"从专化逐渐走向泛化，能进入其中的动词明显增加，使用频率也有所提高，显示出比较旺盛的生命力。下面是我们从"百度"网搜索到的部分例句：

㉛ a. 他唱着当初认识时唱的过去的歌，他的泪下来了，她也紧紧抱着他，她哭了。

b. 但翻译完了，再通读一遍中文时，发现自己的中文原来那么差，还好，抛掉英文原文，再进行润色，感觉勉强读得过去。

c. 他可不是我，会随便地认为住得过去就行，而纽约首屈一指的大酒店非华伦道尔莫属。

d. 第二天我特意起得很早，照着昨天买的食谱做了一顿应该还吃得过去的早餐放在桌上。

e. 这时已改喝绿茶了。没什么上好的，炒青而已，然只要新鲜，也还算喝得过去。

f. 她特意在着装上还做了相当功夫的准备，精心挑选了一套典雅有余、休闲又足的职业式服装。"当时，我觉得还穿得过去，心情也是挺合适的。"王虹莉自我感觉非常良好。

g. 总体上说，普通人平常用用卡，正常情况下，大致用得过去就行了，服务嘛，中国的银行，也别指望她把你尊为上帝。

h. 如果这家公司不会扣留你身份证，不会收取你600块押金，工资不算低的话，还是干得过去。

i. 本赛季云南红塔各种因素都有加强，再拿不出一个交得过去的成绩，戚务生必须一"走"了之。

j. 作为一项业余爱好，没事儿拿来玩，还算玩得过去。并通过这一活动结识了许多新的朋友。

k. 甲：想买楼但不知道这个好不好呢。

乙：其实蔚蓝海岸的环境真的挺不错啊，我觉得买得过去。

上例中的"V得（不）过去"，尽管进入其中的动词次类大不相同，但都带有表评价的"V得（不）过去"固有的格式义"某物或某种行为事件是否符合一般标准、情理，是否能为人所接受"。不过，由于动词范围的扩大，这一格式并不限于对他人行为事件的评价，也可用于对认知主体自身行为事件的评价。如果"V得（不）过去"的认知主体同时是动作的行为主体的话，则有的"V得（不）过去"既可以理解为表示可能义，也可以理解为表示评价义，如例㉛a、b、j，也许由"可能义"到"评价义"是一个连续统，中间有个过渡阶段。表评价的"V得（不）过去"的泛化扩张说明任何语言格式都不可能永远不变，语言的类推和语言交际的经济化以及求新求异无疑是语言格式发展的主要推动力。语言研究，尤其是语言格式的研究必须具备动态的、发展的眼光。

四 结语

综上所述，本节的基本结论归纳如下：

（1）"过来"反映的位移事件是以"目标"为导向，在使用"过来"时，通常凸显终点，"过去"反映的位移事件是以"起点"或"经过点"为导向，在使用"过去"时，通常凸显起点或经过点；"过来"、"过去"的运动图式通过隐喻机制映射到时间、领属、数量、心理、状态和事件等抽象认知域；

（2）各个认知域的"过来"、"过去"在语义特征上存在某些不同，其隐喻映射也存在某些对称和不对称；

（3）物理空间表示可能或不可能到达某处所或通过某处所的"V得（不）过来/过去"常常以"障碍图式"为其内在隐喻基础映射到抽象空间："V得（不）过来"表示有无能力周遍完成，而"V得（不）过去"发生了分化，有的表示某人或某事可能或不可能通过某种"障碍"，有的表示某物或某种行为事件是否符合一般的标准、情理，是否能为人所接受。

（4）表评价的"V得（不）过去"，其评价意义的产生是以"障碍隐喻"为基础，"以身喻心"的隐喻驱动和认知视点转换共同作用的结果；由于类推的作用，从专化逐渐走向泛化，不限于对他人的评价，也可用于对认知主体自身的评价。

第二节 "下来/下去"的用法及其认知解释

一 "下来/下去"意义上不对称的认知解释

（一）"下来/下去"在趋向意义上的不对称

"下来"和"下去"，刘月华将它们都归入"下"组趋向词中，认为"下来"和"下去"在趋向义项的分布上，与"下"一致。它们的区别在于立足点"来"和"去"的不同。因为"来"相对"去"为无标记项，"来"和"去"明显不对称分布，"下来"和"下去"应该也和"来/去"一样，有明显的不对称现象。

根据《现代汉语频率词典》统计，"下来"词次 688，频率 0.052 34；

"下去"词次498，频率0.037 89。"下来"的使用频率要高于"下去"的使用频率。

学者们对于频率标准，意见不太一致。有人认为它并不可靠，只能做一项参考标准；也有人认为是最基本的标准。我们的意见是，"下来/下去"有无标记的断定，应该把第一部分里所述的几项标准（语义、频率、形标、分布）结合起来。

沈家煊认为，大多数情形下按这些标准做出的判断是一致的。根据他的考察，从"下来"和"下去"的频率标准初步判断："下来"为无标记项，"下去"为有标记项。

"下来"和"下去"的使用频度相差不大。它们的不对称，表现出的更多的是一种偏向，标记性上也是程度上的强弱差异。由此，把上面的初步判断做相应调整："下来"为弱标记项，"下去"为强标记项。

1. 充当谓语动词的"下来/下去"

单独充当谓语动词的"下来"和"下去"都表示空间领域的位移，表示处在空间某一位置的"客体"（人或物体）离开该位置，做由上而下的位移。

  A. 他们下来了。/他们下去了。

  B. 他们下楼来。/他们下楼去。

A、B两组例句，前句和后句的区别，都在于说话者立足点的不同。说话者是以哪一地点作为参照，以说话者还是听话者角度出发而形成的句式是不同的。这属于语用方面的问题。从语法意义上来看，它们表达的是同一意思，是可以自由互换的。因而，单独充当谓语动词的"下来"和"下去"在义项分布上呈现对称现象。

2. 充当趋向补语的"下来/下去"

趋向词"下来"和"下去"可以加在主要谓语动词后充当补语，也就是我们常说的趋向补语。作为趋向补语的"下来/下去"，基本趋向意义有：（1）表示由高处向低处移动，由上而下的位移。（2）表示退离某处所或目标。即它们不一定是由上而下的垂直位移，也可以是水平位移。在这些趋向意义里，它们的义项分布是对称的，"下来"和"下去"的不同，只是立足点的不同。"下来"立足点在低处、下面，或者说位移终点所在位置；"下去"立足点在高处、上面，或者说位移起点所在位置。

① a. 我看见小李匆匆忙忙走下楼来。（立足点在"楼下"）
　　b. 我看见小李匆匆忙忙走下楼去。（立足点在"楼上"）

如果我们不考虑说话者的认知心理等语用因素，单从意义、形式角度来看，它们是可以自由互换的，句子的意义、形式并没有改变。即从趋向补语"下来/下去"趋向义项的分布来看，分布标记并没有呈现明显的强弱差异而形成不对称现象。它们的义项分布相对对称。

（1）"下来/下去"与位移动词的选择共现

趋向补语跟在主要动词后做补充说明，可它们并非在所有动词后都可以出现，能和哪些动词搭配，不能和哪些动词组合，有一定的选择限制。而汉语语义上的有无对立又"不表现在词形变化上"，我们就此推论："下来/下去"在趋向意义上的强弱标记性，一定程度上会表现为与动词的选择性共现上的不对称。

因此，分析"下来/下去"的不对称现象时，要重点考察与它们搭配共现的动词，考察它们在动词的搭配选择上是否存在不对称现象。

由趋向意义（1）、（2），我们可得到：

动词运用1：表示人或物体运动并有实际位移的动词V（[+动作]、[+位移]）都可和"下来/下去"共现。

客观世界的物体运动，一般都可以有相对的起点和终点。我们可以选择起点作为参照点，也可以选择终点作为参照点。动词V如果具有[+动作]、[+位移]这两项语义特征一般都可以与"下来/下去"自由搭配，立足点可互换。比如：

　　跑下来——跑下去，跳下来——跳下去，
　　流下来——流下去，滚下来——滚下去，
　　落下来——落下去，掉下来——掉下去……

从刘月华的《趋向补语通释》里统计的词频来看，趋向义的补语"下来"与某一动词的组合使用频率略高于"下去"与相应的动词组合的使用频率。我们从近140万字的《王朔文集》语料初步统计得到，趋向义的补语"下来"出现121例,"下去"出现73例;它们与动词的搭配组合能力,以"跳"为例,"下来"出现20例,"下去"出现14例。使用度差异也不是很大。可见,分布频率上并没有显示很明显的强弱标记性。从与动词V([+动作]、[+位移])搭配组合的选择、分布来看,"下来/下去"还是相对对称分布的。

(2)"下来/下去"与"吃"类动词的选择共现

我们发现了一些不对称的例子:

*吃下来/吃下去;*咽下来/咽下去,*喝下来/喝下去,*吞下来/吞下去……

马庆株把这类"吃、咽、喝"等带口旁的与嘴巴动作有关的动词归入内向动词,表示受事客体进入施事主体。他认为"吃"类动词还有"抽、吸、哑、嘬、吞、咽"等。受"下来/下去""由上而下位移"的趋向语义所限,能与"下来/下去"搭配组合的"吃"类内向动词,我们认为主要是"吃、喝、吞、咽"。

这类内向动词与"下来/下去"的搭配组合呈现明显的不对称,其后只能跟"下去",不能跟"下来"。这是不是由于"下来"强标性,"下去"弱标性而形成的不对称?如果是,那么这种分布状态就与我们前面统计的使用频率反映的"下来/下去"的强弱标记性相矛盾了。

前文统计得到的趋向意义的"下来/下去"的使用度及与动词的组合频率,差异尽管不是很大,但一定程度上证明了我们对"下来"和"下去"标记程度上相对强弱的初步推论,即"下来"相对弱标性,"下去"相对强标性。而有无/强弱标记对立在语言所有层次上的一致性原则,使我们暂时排除"因为'下来'强标性,'下去'弱标性而形成不对称现象"这一假设。那么"下来/下去"和"吃"类动词共现时为什么会出现反标记现象呢?

(1)作为强标记的"下去"可以和"吃、咽、喝"等内向动词组合,弱标的"下来"反而不可以。这只是由于涉及两个范畴(趋向补语和内向动词)而发生的个别、例外现象,可以用"关联标记模式"做一定解释。

马庆株把内向动词分为以下几类:"吃"类、"看"类("瞅、瞧、瞄、闻"等)、"抱"类("拔、抱、扯"等)和"插"类("插、扎、灌"等)。"下来/下去"受"下"这一义素影响、限制,和内向动词的搭配组合,本身就具有一定标记性。只有内向动词V有[+向下位移]语义特征的才能和"下来/下去"选择共现。所以内向动词"嗅、咂、嚼"等都不能和"下来/下去"组合。

抱下来/抱下去,扎下来/扎下去,看下来/看下去,灌下来/灌下去……

*嗅下来/*嗅下去,*咂下来/*咂下去,*嚼下来/*嚼下去……

通过对"吃、喝、吞、咽"这几个动词语义特征的深入考察,我们发现,相比其他非"吃"类内向动词,它们在语义上有更具体的语义限制。它们具有受动者[+实物],工具或方式[+用嘴]、[+向下位移],动作结果[+实物消失]的语义特征。显然,与其他非"吃"类内向动词相比,它们相对具有强标记性。如:

吞枣("枣"[+具体实物],工具或方式[+用嘴]、"枣"发生位移[+向下],动作结果:"枣"不可见[+消失])

*吞知识([-具体实物]、[-用嘴]、[-向下]、[-实物消失])

咽白果("白果"[+具体实物],工具或方式[+用嘴]、"白果"发生位移[+向下],动作结果:"白果"不可见[+消失])

*咽学问([-具体实物]、[-用嘴]、[-向下]、[-实物消失])

按照"关联标记模式",两个或多个范畴里,无标记项倾向于跟无标记项组配,有标记项倾向于跟有标记项组配,自然构成无标记的"配对";而有标记项与无标记项构成的则是有标记的"配对"。语言学界把这种关联模式又叫作"标记颠倒"。把"标记颠倒"理论衍推得到,两个范畴的弱标记项可以形成一个自然、无标记的组配,同样两个强标记项也能构成无标记组配。强标记项和弱标记项的组配则是有标记的。

根据"标记颠倒"理论,"吃、喝、吞、咽"这几个"吃"类内向动词只适用于"下去",不适用于"下来",并不是因为"下来"强标性,"下去"弱标性而形成的不对称现象,而是因为"下去"的强标记性和"吃、喝、吞、咽"这几个内向动词强标性构成了无标记组配。这些例外现象并没有违背标记理论，反而证明"下来"相对"下去"的弱标记性，"下去"的强标记性。

（2）上文根据"标记颠倒"理论得到，弱标记项的"下来"和强标记项的"吃"类内向动词的组配是有标记的，不合语法的。所以，我们一般不说"吃/喝/吞下来"。可是进一步考察语料，发现"吃下来"也是可以说的，比如：

② a. 一顿饭吃下来，七八个同学得到了一致的认识：这种丈夫真是要不得！

b. 他心里一阵气，觉得这几个月吃下来快吃空了。

c. 这么多补药吃下来也不见什么效果。

"喝、吞"也有类似用例：

③ a. 这杯喜酒喝下来心情舒畅。

b. 等我把那块地皮吞下来再说。

上述例句里的"下来"已经不表示物体的位移，而是"下来"的引申义，表示[＋完成]。我们推论，"下来"相对的弱标记性，高使用率促使它的意义、用法虚化，有了"完成"的引申义，而且与"吃"等结合时，凸现的是"完成"义。而"下去"的强标记性使其意义虚化程度相对较慢。这只是我们根据标记理论及研究成果做出的推论。其虚化衍推过程能否成立，我们掌握的语料还不能论证，有待更详尽的语料来分析、验证。

不过，表完成义的"下来"和"吃"类动词的组配还是有一定限制的。

（A）"吃下来"、"喝下来"等这类用法不能用在祈使句里，也不能独立成句。

*把这些牛奶喝下来！/*喝下来！

*这顿饭吃下来。/这顿饭吃下来，吃得我满头大汗。

"这顿饭吃下来"，句义表达不完整、明确，一定要加上分句"吃得我满头大汗"，才能表示完整的意义。这表明"下来"的完成义和"吃"等结合，表"吃"等动作完成时，并不稳固，部分依靠句式义及句中其他成分补充说明。

(B)"下来"和"吃"类动词选择共现,对"吃"类动词也有要求。"这顿饭吃下来,吃得我满头大汗"这句里的"吃"凸显的不是"受事客体进入施事主体",也不是受事客体的向下位移,只是表明"吃饭"这一动作而已。从这点看,我们认为这里的"吃"已经不是典型、合格的内向动词了。

动词处在一个不断虚化的连续统中。较虚意义的出现并不意味着较实意义的消失。更多时候是较实、较虚意义同时并存在一个词中。当它与不同的词搭配共现时,会凸显相应的合语法的语义,否则就会出现歧义现象。"吃"类动词也是这样。和表完成义的"下来"共现时,凸显的不能是具体位移[－向下位移],动作结果也不是"实物不可见"[－消失]。"吃、喝、吞、咽"等词非内向动词用法的存在,使它们与"下来"的选择共现成为可能。"吃"的虚化程度要比"喝、吞、咽"高,[－向下位移]、[－实物消失]的凸显度也比它们高。因此,从我们统计的语料可得,"吃下来"的用法要比"喝、吞、咽"与"下来"的组合多。

以上分析得到,弱标记项的"下来"和强标记项的"吃"类内向动词也可以组配,这可能与"下来"弱标记项历时上虚化相对较快有关。它们的搭配组合,由于是两个范畴里弱标与强标构成的有标记配对,虽然合语法,但有诸多限制,具有强标记性,组配没有"下去"和"吃/喝/吞/咽"组配来得自然、频繁。因此"吃下来"等用例的存在,同样没有违反"标记颠倒"理论,反而证明标记理论的普遍适用性。

(3)"下来/下去"位移主体的选择限制

对动词做进一步考察后,我们发现,只考察动词是不够的。比如:"流下来"和"流下去"可以互换,对称分布。但加上发生位移的主体(人或物)时,出现了不对称。如:

④ a. 河水缓缓地流下来了/河水缓缓地流下去了
　　b. 眼泪慢慢地流下来/＊眼泪慢慢地流下去
　　c. 口水慢慢地流下来/＊口水慢慢地流下去

进一步推论:作为趋向意义的"下来/下去"的强弱标记现象不仅仅与动词搭配有关,该趋向补语能否成立,还与其位移主体相关。

对能与"下来/下去"搭配的动词及其位移主体的考察,发现它们的移动分以下几种:

A. 他跑下来(=下去)。

白丽霍地从床上滚下来(=下去),发出一声沉闷的钝响。

一只苍蝇从高高的天花板嗡嗡地俯冲下来(=下去)。

这类动词有:走、跳、飞、爬、冲、滚、游、扑、溜、奔、奔跑、骑、赶、俯冲……

语义特点:V:[+自主][+自移];位移主体:施动者,一般为人或动物([+有生][+移动意识])

B. 鲜花从四周看台纷纷扬扬地扔下来(=下去)……

于北蓓笑着对我说,把我从栏杆上推下来(=下去)。

她笑笑,丢下来(=下去)一大束花。

这类动词有:洒、撒、踢、扔、投、抛、丢、抽、射、扫、泼、塞、捅、推……

语义特点:V:[+自主][+他移];位移主体:受动者([±有生][-移动意识])

C. 那人把嘴上燃着的烟拿下来(=下去)……

学生们把我从车上弄下来(=下去),几人架着……

方枪枪从楼上搬下来(=下去)一张桌子。

这类动词有:带、搬、抬、拉、扛、抢、弄、拿、取、提、拖、抱、捧、捎……

语义特点:V:[+自主][+伴随移];位移主体:受动者+施动者

以上几类动词与位移主体的组合,"下来/下去"可互换。它们的分布对称。也就是说,当 V:[+动作][+自主][+位移]时,它们的分布是对称的。位移主体可以是有生的,也可以是无生的([±有生][±移动意识])。

当动词 V:[+动作][-自主][+位移]时,它们的搭配组合一般也是对称的。

⑤ a. 她充其量也只能做到勉强趴在马背上不被摔下来（=下去）。

b.（我）刚欲闭上眼睛放松一下，便掉了下来（=下去）。

它们的位移主体：[−移动意识][+固有][+已存在的]

可是，正如这一节刚开始列的例句一样，我们发现不对称的例子：

⑥ a. 眼泪流下来了/*眼泪流下去了

b. 口水流下来了/*口水流下去了

c. 大雨浇下来/*大雨浇下去

"眼泪、口水"等词只能和"下来"组合共现成句，却不能和"下去"共现。这固然与人们对立足点的把握有关。除去这一认知因素，我们考察与"下来"组合的合语法句的各语义成分，发现"下去"与"下来"相比，相对强标性。

当动词 V:[−自主][+位移]时，与"下来"共现的位移主体可以是[−移动意识][+固有][+已存在的]（她、我），也可以是[−移动意识][+生成性]（眼泪、口水）；而"下去"要求共现的位移主体只能是[−移动意识][+固有][+已存在的]。也就是说，"浇下去/流下去/沉下去"在句子层面上也是可以成立的。但它与位移主体共现时，相比"下来"有强标记限制，要求位移主体必须是固有的、已经存在的，已经形成的人或物。如例所示：

⑦ a. 我拎着满满一壶水朝她兜头浇下去……（位移主体：水[+固有][+已存在的]）

b. ……积聚的水从漏雨铁皮筒中流下去哗哗倾泻在路面上。

另外，现实句中，它们组合共现时往往要凸显位移起点，在句中表现形式一般为以介构形式置于主要动词前作为形式标记，如上例的"朝她"、"从漏雨铁皮筒中"。

上述一系列分析，我们认为"下来"、"下去"在与动词搭配时，对动词和位移主体都有一定标记限制。"下去"的标记强制性要强于"下来"，从而形成了它们在词语搭配组合上的不对称现象。

（4）"下来/下去"与躯体动作动词的选择共现

从趋向意义（1）、（2）得到，"下来/下去"的位移可以不是由高到低的明显位移，而是人体由高到低的变化，位移相对较小。立足点可相对确定。我们得出：

动词运用2：表示躯体动作无明显位移，但发生变化的动词都可和"下来/下去"共现。

由于立足点相对来说没有大变化，也可以说立足点不甚明显。所以往往都可互换。如蹲下来/蹲下去；弯下腰来/弯下腰去。它们的搭配组合基本上是对称的。

不过，用否定式修饰时，我们发现了不对称。

否定词"没、别"等修饰时，"他没蹲下来/他没蹲下去；他没弯下腰来/他没弯下腰去"，这里是对"蹲、弯"动作的否定，立足点可互换，也是对称分布的。而"坐不下来/坐不下去"、"低不下来/低不下去"，这里显示出一种不对称，所含义项的不对称。

"坐不下来"有两种含义：A."坐下来"的可能式；B.比喻用法：比喻一个人不能专心致志地工作，心浮气躁。"坐不下去"只有一种含义："坐下去"的可能式。

"头低不下来"有两种含义：A."头低下来"的可能式；B.比喻用法：比喻人不肯示弱，不服输。"头低不下去"只有一种含义："低下去"的可能式。

因此，孤立句："他坐不下来"、"头低不下来"等等都有歧义。

"下来/下去"与躯体动作动词搭配时，下来：[＋高到低的位移]/[－高到低的位移]，[＋立足点]/[－立足点]，而下去：[＋高到低的位移]，[＋立足点]。"下去"语义标记上的相对具体性、强制性，使它与"下来"相比，义项、用法相对简单。用"不"修饰时，显示出义项分布上的不对称。

（5）"下来/下去"与抽象位移动词的选择共现

从动词运用2，我们推出，由高到低的心理抽象位移，也可用"下来/下去"表示，得出：

动词运用3：表示命令、任务等由上级到下级，较高职位到较低职位的心理位移的动词都可以和"下来/下去"共现。

比如"降下来一级/降下去一级"、"分下来几个苹果/分下去几个苹果"等等。

心理立足点相对来说容易把握，用"下来"还是"下去"主要缘自说话者的自身感受和相对出发点。因此基本上是对称的。

这部分的考察分析得到："下来"和"下去"在趋向意义上看似对称，可当它们作为趋向补语，与各类动词、位移主体搭配组合时，还是呈现出一定的不对称性。我们认为，这种与动词、位移主体选择共现的不对称，与"下来"、"下去"的强弱标记性有关。"下来"相对"下去"的弱标记性，形成了"下来/下去"的种种不对称现象。

（二）"下来"和"下去"引申意义上的不对称

单独充当谓语动词的"下来"和"下去"意义比较具体、单一，只表示空间领域的具体位移，没有引申用法。我们主要讨论作为趋向补语的"下来/下去"的引申用法。

作为趋向补语的"下来/下去"在引申意义上的不对称现象，杉村博文和徐静茜已经在他们的论文里大致描写出来了。

杉村博文首先把"下"分为与"上"相对的"下$_1$"，以及与"起"相对的"下$_2$"。以这两个"下"为突破口，对"下来/下去"纷繁复杂的引申意义做了分类与描述。徐静茜在杉村博文研究的基础上，考虑"来/去"在表达时着眼点不同这一因素，来描写"下来/下去"引申意义的发展脉络。徐静茜最后还描绘出"下来/下去"的引申脉络图：

下来（空间运动）→（时段延续，暗含"现在"为终点）→（状态变化）→（状态变化已然态）→（完成动态）

下去（空间运动）→（时段延续，不含终点）→（状态变化，强调继续发展）

显然,"下来/下去"在引申义项分布上也是不对称的。杉村博文和徐静茜并没有从对称/不对称角度加以描写解释,而是从它们各自的虚化历程入手来描写、解释。而"下来/下去"意义的引申、虚化历程在现有语料上的无法验证性使他们的很多断定来自于假设,凭主观推断,缺乏语言事实依据,部分引申脉络的断定只能是暂定。

这里,我们尝试用标记理论来解释"下来/下去"引申意义上的不对称,力图找到形成不对称现象的较确凿的依据。

1. "下来/下去"的"脱离"义

趋向补语"下来/下去"基本趋向意义(1)、(2)表明空间领域里的位移,都是移动客体相对另一客体或目标的位移。如果位移客体和参照物的关系是物体整体与部分或主要物体与次要物体的关系,位移不强调由上而下的实际移动或者与客体在空间位置的移动无关时,它们的趋向意义得到了引申、虚化,表示动作的某种结果或达到了某种目的。这样我们得到:

引申意义1:表示物体的一部分(或次要物体)从整体(或主要物体)脱离。

"下来/下去"都有这一结果意义。区别在于着眼点不同,"下来"着眼于物体的一部分(或次要物体),"下去"着眼于整体(或主要物体)。表示使物体分离的动作行为动词,或者表示"裁减、去除"义的动词都可与"下来/下去"组合。如:"摘下来/摘下去,脱下来/脱下去,刷下来/刷下去,拔下来/拔下去……"。

⑧ a. 她摘下来(=下去)两朵花。
  b. 把零零碎碎的玩意拆下来(=下去)吧!

(1)"下来/下去""脱离"义使用频率上的不对称

从义项分布及与动词搭配组合的选择关系来看,"下来/下去"是对称分布的。而根据我们对王朔小说里表"脱离"义的"下来/下去"统计,"下来"出现30例,"下去"出现仅6例,使用度上呈现较明显的偏向。这一统计表明在现实句中,"下来/下去"在[+脱离]运用上的不对称,我们倾向使用"下来"。这应该也是"下来/下去"强弱标记性造成的不对称。

下列例句：

⑨ a. ……鼻涕一把眼泪一把全蹭在我脸上，那嘎巴我打了三遍香皂才搓下去（＝下来），真该给你留着。

b. 那条腿已经不在这儿，切下去（＝下来）了。

c. 你又写错了，把这张纸撕下去（＝下来）吧！

d. 我在沙上坐下，涨满一湾的潮水一批批退下去（＝下来），留下波纹状的一道道水印。

上述原句使用的都是"下去"，不过用"下来"也是可以成立的，原句的意思并没有改变。而下面几句例句只能用"下来"。

⑩ a. 李东宝把声明剪了下来（*下去），装入信封号寄给了《大众生活》的那位女同志。

b. 冯师死后，哪儿都可以烧，唯独这张嘴一定要割下来（*下去），永久保存，供人瞻仰。

c. 他松开肖科平，把上衣袋里的一支金笔取下来（*下去），放进裤兜，继而再次好好正式地拥抱肖科平。

d. 收破烂的男人蹲下，用力把那些俄文书的硬壳封面撕下来（*下去）。

e. 把湿衣服换下来（*下去），要不该感冒了。

"下来/下去"的引申意义比较概括，与同一个动词组合可以表示不同的引申义。要看"下来/下去"[＋脱离]使用上的不对称，只分析动词是无法解释的，还要分析句中其他共现成分。

例⑨表明，"下来/下去"表示[＋脱离]，其脱离结果：分离物是要遗弃的，不要保留的（[－保留]/[＋遗弃]）。句中一般有小句或其他成分来补充、凸现这一结果。如例⑨a，就用小句"真该给你留着"来凸显脱离物结果。

而例⑩里的"下来"表[＋脱离]，其脱离结果：分离物是要保留的，不要丢弃的（[＋保留]/[－遗弃]）。句中一般也有小句或其他成分来凸显这一结果。如例⑩b，用"永久保存"等补充、强调。

上述分析得到,"下来/下去"表示[+脱离],它们脱离结果:"下来"的分离物可以是要保留的,也可以是不要保留的([+/-保留]/[-/+遗弃]),而"下去"则有强限制性,分离物只能是要遗弃的,不保留的([-保留]/[+遗弃])。"下去"相对"下来"有强标记限制,因而形成使用、选择成句上的偏向,局部不对称。

当句中分离物脱离结果表述不清晰,没有明确或者说凸显分离结果时,如例⑩d、e所示,我们一般也用"下来"而不用"下去"。按照标记理论的"中和标准",即在对立消失的中和位置上出现的总是无标记项。当"下来/下去"的着眼点不明确,脱离结果没有明确显示[+保留]和[+遗弃]对立时,"下来"由于它的相对弱标记性,往往会占据这个位置。

(2)"下来"的"获得"义

"下来"的脱离结果——分离物可保留,也可不保留。如果对保留情况加以凸显,进一步淡化对移动动作的表达,我们就得到更虚化的引申义:表示人或事物的获得、获取。

由于从"脱离"义引申而来,这里的"获得"义,我们认为是相对来说的。相对一方,另一方获得(某事或某人)。如"攻下来,买下来,画下来"等等,动作直陈度得到加强,动向性相对减弱。

而"下去"对脱离结果表达上的强标记性,要求分离物是要遗弃的,不保留的([-保留]/[+遗弃]),使它不可能有这一引申义。在义项分布上,"下来/下去"形成了有无对立,不对称分布。

⑪ a. 杨重边说边凑过去,"我就当生下来(*下去)就是残废吧。"

b. 咱们成立组织,申领营业执照能批下来(*下去)吗?

c. 这是我们的情报人员在巴黎卢浮宫翻拍下来(*下去)的。

d. 林一洲冒出了一个怪念头,走回桌旁在纸上记下来(*下去),免得忘了。

(3)相关动词的凸显作用

趋向补语"下来/下去""脱离"意义的表达,一定程度上依靠与它们搭配组合的动词。与它们选择同现的动词[＋脱离]语义特征的存在，赋予、支持了"下来/下去"[＋脱离]义的合理表达。"下来""获得"义表述相对不明显，比如"拍下来"这一结构离开一定语境就会有歧义。

⑫ a. 等她刚一探头，这张像就拍下来了。（[＋获得]）
　　b. 她的兴致真高，一直在拍照，再这么拍下来，恐怕我们又得买胶卷了。（[＋持续]）

可见，在语义结构上，"下来"表"获得"义是属于整个事件的。它的表述，需要句中其他成分的支持、凸显。所以很多学者并不承认"下来"这一引申义。

我们认为，"下来"相对"下去"的弱标记性，使其虚化、引申都要比"下去"快，引申义"获得"处在虚化的中间阶段，意义的表述还部分依靠同现成分的赋予、吸收。

人们对要遗弃的东西关注度一般都不会很高，更不会对其加以凸显。因此表"脱离"义的"下去"由于它强制要求分离物[＋遗弃]而相对较难引申、虚化。

2. "下来/下去"的"时间持续"义

借助空间词语表示时间概念是自然语言的普遍特征之一。杉村博文指出，在汉语中"上"是上方，以前；"下"是"下方"，以后。"下来/下去"承袭"下"在时间概念上的表达。同时，由于表示空间运动的"下来/下去"相比"下"更强调动向性，当它们失去空间方向意义，转喻表时间意义时，它们都可以用来表示时间概念"继续"。因此我们总结得到"下来/下去"的共同意义：

引申意义2：表示时间延续。

（1）"下来/下去""延续"义的时段表达

徐静茜认为，"下来/下去"表示时间延续时，真正点明时段的是"来"和"去"而不是"下"。"来/去"着眼点的不同使"下来/下去"在表示时间延续义时，具体时段不同，或者可以说是对立的。"下来"着眼于从"开始"到"现在"的延续，"下去"着眼于从"现在"到"将来"的延续。

张国宪、卢英顺等对"下来"、"下去"延续义也持相同观点。

依据他们的解释,"下来/下去"延续义图示如下:

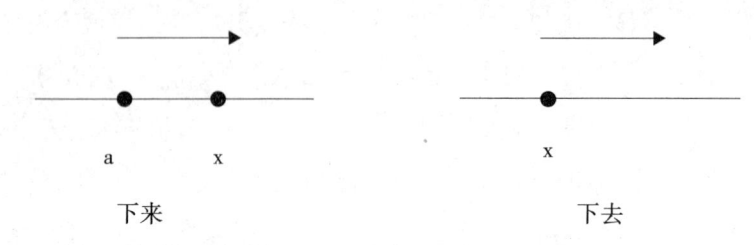

```
      ————▶                    ————▶
    •    •                       •
    a    x                       x

   下来                         下去
```

(x:说话者所述时间 a:过去某一时点)

图 3-3 "下来/下去"延续义

徐静茜认为,由于"来/去"表示的具体时段的不同,"下来/下去"附在相同的动词后也不能互换。为证明这一观点,举了如下例子:

⑬ a. 我总算活下来活到了今天。(*我总算活下去活到了今天。)

b. 今后,我要坚强地活下去。(*今后,我要坚强地活下来。)

上述例句,之所以不能互换,我们认为主要是句中有了明确的时间标记"总算"、"今后",限定了它们延续的时间段。前者只能是从过去某一时点到现在的时间延续,后者只能是从现在到将来的时间延续。如果不凸显具体时段、时点的延续,只是表明某一动作或状态的延续,部分"下去"可以用"下来"替换:

⑭ a. 想活下去(=下来),办法只有一个,咱就是赶紧发动群众起来斗争……

b. 这件事坚持下去(=下来)就好。

c. 干校给我做结论的事拖下去(=下来)了。

例⑭a的"活下去"表示现在到将来生命的延续,"活下来"表达的也是这一意思。可见,"下来/下去"在这一义项的概括表述上,存在全偏对立。"下来"在不凸显"现在"这一说话者所述时间点时,表达的时间延续可以是全幅的,从"过去"到"现在"再到"将来"。而"下去"则有一定标记性,它要凸显"现在"这一时点,只能表述半幅的时间延续,从"现在"到"将来"。我们把图 3-3 依据这一解释做如下修改:

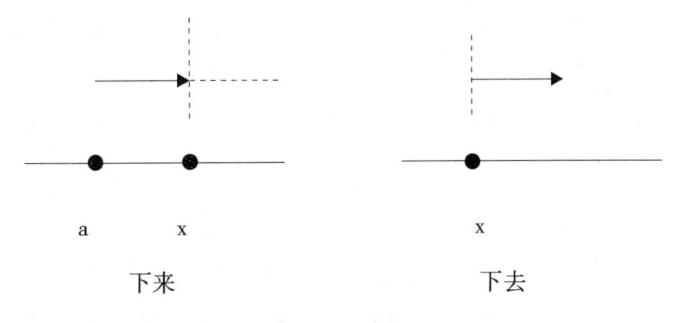

第三章 "过来/过去"与"下来/下去"的用法及其认知解释　133

```
        ───────►┆           ───────►┆
    ●────●                    ●
    a    x                    x
    下来                      下去
```

图 3-4

（2）"下来/下去""持续"义使用频率上的不对称

"下去"相对"下来"在延续义时段表述上的强标记性，使"下来/下去"在使用频率、词语搭配组合分布上呈现不对称。

王朔小说里表持续义的"下去"占了很大比例，共 136 例，而"下来"很少，仅 7 例。使用上的这种倾向，固然与作者的叙述时体、个人喜好有一定关系。不过，通过对共现动词的考察，我们发现，能带"下来[继续]"的动词也比能带"下去[继续]"的要少。显然，这种不对称还是与"下来/下去"的强弱标记性有一定相关性。

它们反标记现象的解释，我们先考虑选择同现的动词因素。

马庆株曾利用 [+/- 持续] [+/- 完成] [+/- 状态] 这三对语义特征，将有关动词分为 Va、Vb1、Vb21 和 Vb22 四类。

	持续	完成	状态
Va（死）	−	+	
Vb1（等）	+	−	
Vb21（看）	+	+	−
Vb22（挂）	+	+	+

可以进入"下来/下去[继续]"句的是 Vb1、Vb21 和 Vb22 三类。而这三类动词，我们认为也是存在有无标记对立的。根据沈家煊的有界无界理论，动作在时间上有"有界"和"无界"之分。有界动作在时间轴上有一个起始点和一个终止点，无界动作则没有起始点和终止点，或只有起始点没有终止点。而世界上任何一个客观存在的物体，总是处在绝对运动的状态下的，所谓的起点和终点只是相对而言的，人为设定的。

因此,"有界动作"相对"无界动作"是有标记的,形式上经常用"了(V了),完(V完),好(V好)"等标记成分表示。

事件活动的"有界"相对"无界"的有标记性,使它们与"下来/下去"搭配组合时,按照"标记颠倒"理论,有标的表有界动作的动词和强标的"下去"容易构成一个自然的、无标记的组配。

马庆株总结的Vb1、Vb21和Vb22三类可进入"下来/下去[继续]"句的动词,Vb21和Vb22[+完成]的语义特征的存在,表明它们蕴涵[+有尽期],偏向形成有界动作。它们更容易和"下去"组合,构成无标记组配,表持续义。而Vb1虽然具有[-完成]语义特征,但它可以人为给予相对终点,比如"等",我们往往替它设定期限、总结点。比如说"等了三年",相对终点为"三年后"。Vb1还是可以表示有标的有界动作,Vb1因而也多选择和"下去"同现。因此相对来说,"下去"的"持续"义与动词的搭配组合远多于"下来""持续"义。

有界动作和"下来"也可以组配,但有标记组配的性质,使"下来"远没有"下去"与有界动词组合频繁。而"下来"和无界动词的搭配组合如下例所示:

⑮ a. 这本几千年念下来的经,一放高大泉这样人的身上就是不灵。

b. 他问过她凭着那点收入怎么把日子过下来的吗?

c. 这段佳话就这么流传下来。

例⑮里的"下来"表"持续"义,表述从过去延续到某一点并将要继续进行下去。前跟动词表达的动作有着共同语义特征就是"无尽期"(atelic),词义里不包含有始有终(telic)的意义。也就是说,从认知上讲,这类动词表述的是无界动作时,它们就容易和"下来"组成自然的无标记组配。可是表示无界动作的动词数量有限,使"下来"表"时间持续"义的使用频率还是比"下去"低得多。

(3)"下来"的"完成"义

由于"下来"在表示时间延续时可以有终点("现在"),而"下去"没有时间终点。它们之间的强弱标记差异,导致它们从表时间延续义向动态义"完成"引申时,"下来"经引申得到该意义,而"下去"的强标记性使其丧失了引申为完成动态的可能。因而形成了"下来/下去"在"完成"义项上的有无对立。

前文说过,"下来"在不凸显"现在"时,表达的时间延续可以是全幅的,也就是说,暗含的时间终点不突出时,可表示时间从过去到现在再到将来的延续。当"下来"凸显所含时间终点时,就引申为表示完成动态。

⑯ a. 客源你不用操心,只希望你们帮我把中国银行担保办下来(*下去)。

b. 你可知你闯下来(*下去)多大的祸吗?

c. 经过激烈的争论、哭泣、恳求、权衡、盘算,各演出队的人员和分成比例终于确定下来(*下去)。

"下来"的"完成"义还可以与状语配合突出暗含时间终点,如例⑯a用"终于"来进一步强化为表动作的"完成"。

"下来/下去"都有众多引申义。它在现实句中究竟表达哪个引申意义,这固然与句中其他同现成分的凸显、冲淡有关。不过我们认为,这与"下来/下去"本身的凸显度等级序列有关。每个词的不同意义向外凸显都有个等级序列。"下去"引申义凸显度最高的应该是"继续"义,而"下来"因为时间终点的存在,"完成"义凸显度相对比"延续"义高。这也是人们更多运用"下去"表持续,能带"下去[继续]"的动词也比能带"下来[继续]"的要多的诱因之一。

3. "下来/下去"的"状态变化"义

（1）"下来"的"状态变化"义

当趋向补语"下来/下去"附着在形容词后面,由时间关系投射到状态变化时,我们有了新的引申意义:

引申意义3:表示状态的变化和发展。

"下来/下去"跟在形容词后,一般表示状态由动态转向静态,或者由正向向负向变化。由于它们从时间延续义引申而来,所以一般强调状态持续发展。又由于表示状态负方向发展,因此,与它们搭配组合的形容词只能是表消极意义的、负向的。

⑰ a. 天气热起来(*下来/*下去)了。

b. 小朱擦胭脂抹粉，美起来（*下来/*下去）了。

表状态变化义的"下来/下去"，语法意义相似，搭配词语范围基本重叠，可以互换。它们分布对称。

⑱ a. 你们多陪陪她，等她情绪平稳下来（=下去）再撒手。
　　b. 我喝口茶润润嗓子，等哄声平息下来（=下去）。
　　c. 他一头扎进火海，浑身冒着火苗冲出来……暗淡下来（=下去），化为一片灰烬。

（2）"下来"的"状态变化已然"义

表状态变化义的"下来/下去"，基本对称分布。但也有不可以互换、不对称的例子：

⑲ a. 肖科平已经镇定下来（*下去），自己也觉没趣儿，睁着哭红的眼睛对李缅宁说些冠冕堂皇的话。
　　b. 刘小芳飞快地消逝在已经黑下来（*下去）的楼道中。
　　c. 他俩同时进了屋，脸一下都阴了下来（*下去）。

这还是由于"下来"相对"下去"的弱标记性，可以暗含时间终止点，在时间概念上的凸显表示为动作"完成"义的引申、形成，在状态上则引申为状态变化的完成态、已然态。例⑲里副词"已经"，完成体标记"了"都强化了这一义项。"下去"[－时间终点]的强标记性，使它在这一义项上空缺，从而形成不对称。

4. 小结

以上对"下来/下去"语法意义的分析，我们得到它们大致的引申、发展脉络如下：

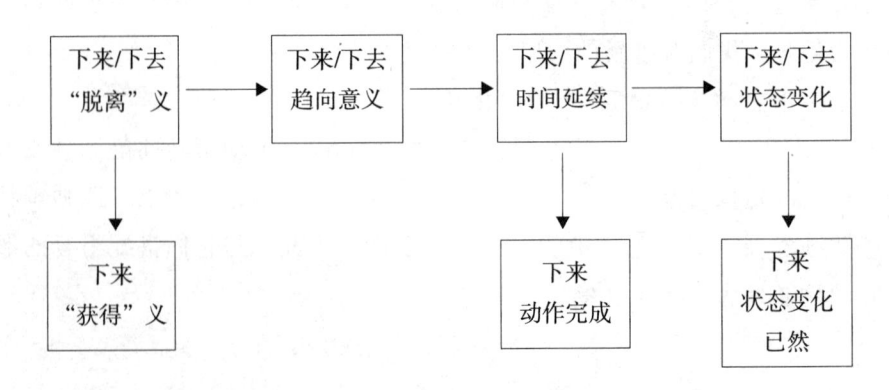

```
下来/下去         下来/下去         下来/下去         下来/下去
"脱离"义    →    趋向意义    →    时间延续    →    状态变化
   ↓                                  ↓                ↓
  下来                              下来              下来
 "获得"义                          动作完成          状态变化
                                                       已然
```

意义的延伸并没有改变"来/去"从立足点/着眼点引发来的制约作用,"下来/下去"的不对称现象在趋向、引申意义中都存在。我们得出结论:"下来"和"下去"的不对称分布,一定程度上受到"来/去"的制约,表现为"下来"是相对弱标记项,"下去"为相对强标记项。

二 "下来"和"下去"句法位置上不对称的认知解释

(一)"下来"和"下去"在句法位置上的不对称

1. 充当谓语动词的"下来/下去"

"下来/下去"充当主要谓语动词,表示空间领域的位移,意义比较单一,句法功能相对简单。

(1)独立充当谓语动词,受其他成分修饰。

⑳ a. 小明看到王老师,赶紧下来(＝下去)。

b. 坡上有一颗败的多宝塔,顺塔前小路下去(＝下来),便到了两个海流的交汇处。

(2)充当连动式或兼语式的一部分。

㉑ a. 她笑着推开车门下去(＝下来)。

b. 我也不能不陪她下去(＝下来)。

单独充当谓语动词的"下来/下去"在句法位置上对称分布,与语义层面上义项的分布保持一致。它们和 N(施事者)、N(处所名词)共现时,位置语序分布对称。

(1)$N_{施}$+下来/下去(了)。

㉒ a. 她下来/下去了。

b. 吴迪就下来/下去。

(2)$N_{施}$+下+$N_{处}$+来/去(了)。

㉓ a. 她下山来/去。

b. 我明明看见她下楼来/去。

(3)$N_{处}$+下来/去+$N_{施}$。

㉔ a. 山上下来/去两只猪。

b. 楼上下来/去两个人。

受充当谓语动词"下来/下去"的语义限制,它们对 N 处、N 施都有一定语义要求。由于和"下来/下去"充作趋向补语时对 N 处、N 施的语义制约有一定相关性,这里不做赘述。

2. 做趋向补语的"下来/下去"

这部分和下一部分重点讨论用在谓语动词后做趋向补语的"下来/下去"的句法位置分布,它们与宾语共现时位置语序上的对称与不对称。

作为趋向补语的"下来/下去"句法功能发生变化,从动词的空间意义用法开始,意义越来越虚。相应的,能与它们搭配,出现在它们前面的词语,也由[+位移]动词扩大到其他动词、形容词、名词、数量词、指示代词等等。

㉕ a. 这可太不像梦了,我蹲不住从二楼掉下去(=下来),摔在水泥地上脚跟针扎似的疼。

b. 临到头,因为成分不好,他被刷下来(=下去)了。

c. 啊,你要照这样练习下去(=下来),练成澳大利亚那个袋鼠,你可没法儿出去了。

d. 老太太捅了一下女儿,前妻看了一眼儿子,声音低下去(=下来)。

e. 如此下去(=下来),我等实难再降低标准,应裁撤一些胃口过于好的,烟瘾过于大的,我们毕竟不是招人来暴吃的。

f. 要是几年下去(=下来),这行手艺不是断了根?

近年来,不少学者致力于讨论动词后趋向补语和宾语的位置问题,其中趋向补语和宾语共现的语序及其规律是探讨、研究的焦点。总结前人研究,宾语和趋向补语在动词后共现时,趋向补语和宾语的位置一般有三种可能格式:

A. 动+趋+宾;B. 动+宾+趋;C. 动+趋$_1$+宾+趋$_2$。

动后所带宾语主要有三类:处所宾语、施事宾语和受事宾语。本文从上述三种基本语序出发,研究"下来/下去"与宾语 N 共现时,语序上的不对称现象。

3. "下来/下去"与处所宾语的位置语序问题

趋向补语表示空间移动,句中一般可附带处所名词。"在句子里趋向复合动词(由趋向补语组成的动补结构)可以带的名词比原单纯动词多一个"。趋向补语和动词结合后改变原单纯动词在选用名词时的语法特性这一语法功能,本文暂不讨论。我们主要讨论"下来/下去"和处所名词的位置关系问题。

当宾语 N 为处所名词时,"下来"和"下去"与它们的搭配共现,都只有一种语序:动+上/下+N$_处$+来/去。

	A	B	C
㉖ a.	*走下来山	*走山下来	走下山来
b.	*丢下去楼	*丢楼下去	丢下楼去
c.	*跑出去学校	*跑学校出去	跑出学校去
d.	*拿进去房间	*拿房间进去	拿进房间去
e.	*送上去讲台	*送讲台上去	送上讲台去

例㉖表明,动后复合趋向词包括"上来、下来、出来"等与宾语的组合能力虽然有强弱,不过与处所宾语共现时都只有 C 式一种语序,不存在 A 式、B 式,这也是一种不对称。

我们从标记性角度对动后复合趋向词和处所名词的语序问题做初步研究。为行文方便,我们把它们的语序码化:V+Vq+N$_处$+来/去。

(1)与处所名词相关的问题

"V+Vq+N$_处$+来/去"句式与"V+Vq+N$_受事宾$+来/去"格式的差别在于宾语的语义角色不同。"V+Vq+N$_受事宾$+来/去"有两到三种语序,"V+Vq+N$_处$+来/去"却只有一种语序,明显不对称。因此有必要对处所宾语做考察,找出造成不对称分布的规律或原因。

陆俭明、沈阳等人从严格的句法形式出发,把处所词分两大类:广义的处所词和狭义的处所词。"广义处所词"在语义上并不专门表处所,只是在特定动词后才具有处所的意义。比如:

来中国/下基层/逛商店/吃馆子/走进教室/拉下水……

上述充当宾语的名词都不是正规意义上的处所词,它们还有别的意义、用法，有人把它们叫作"机构名称词"、"地点名称词"等。

"狭义的处所词"在构成形式上，它们一般不能缺少方位词，并且语义上只能表示处所。如：

> 房屋里/门旁/河边/地板上/天桥下……

我们认为这类名词是真正意义上的处所词，也叫"方位处所词"。

"V+Vq+N$_处$+来/去"中的"N$_处$"，严格意义上，它们都不是方位处所词。

㉗ a. 他跳下河去。
   b. 我气喘吁吁地跑上楼来，为我姐姐开门。
   c. 他走出教室去，非常平静。

例㉗里的N$_处$都是广义的处所名词，它们都可以充作一般名词。如果我们做一些处理，使N$_处$成为真正意义上表示处所、方位的方位处所词。那么上面几句例句没有一句是合语法的。

㉗ a.*他跳下河里去。/*他跳下去河里。/*他跳河里下去。
   b.*我气喘吁吁地跑下楼下来（*跑下来楼下/*跑楼下下来），为我姐姐开门。
   c.*他走出教室里去（*走出去教室里/*走教室里出去），非常平静。

看来，"V+Vq+N$_处$+来/去"里的处所宾语有一定标记性。它要求出现的是广义处所名词，排斥方位处所词。

而"V+Vq+N$_处$+来/去"格式里，表趋向的Vq的存在标示了动词V的动向，作为陆标的N$_处$的引进，使动向进一步细化、具体化。因此"V+Vq+N$_处$+来/去"格式，作为表示某一事物、动作具体空间移动的表述形式，陆标N$_处$在句中应该呈现明显的"事物趋向处所"义。这一点上，广义处所词N本身是有所欠缺的。它们处所意义的凸显，我们认为部分需依靠"V+Vq+N$_处$+来/去"里的Vq赋予。

"V+Vq+N$_处$+来/去"里的Vq包括"上、下、进、出、回、过、到、起"，这几个表趋向的词都带有一定的空间方位性。它们与"河、楼、教室"

等一般名词结合，建立空间坐标，使"河、楼、教室"等名称词凸显或专门表示一定的处所性，使它们的意义特征类型化：表示终点、起点或途径。而"来/去"与"上、下、进、出、回、过、到、起"等趋向词组合成词时，表示的空间坐标与Vq不同，也和单独使用的"来/去"不同。它们弱化了动向，强调表示与说话者的关系，即立足点的问题。"来"表示趋近说话者着眼点，"去"表示远离说话者着眼点。至于对名词"河、楼、教室"等一般名词处所性含义的赋予、专门化，不是"来/去"所能提供的，也不是它们的空间坐标所能标示的。所以我们不可以说：

㉘ a.＊他跑来教室。

　　b.＊我走上去舞台。

动后复合趋向动词与处所名词共现，不出现"V+Vq+来/去+N处"这样的格局，我们认为是因为表示说话人立足点的"来/去"无法赋予"V+Vq+N处+来/去"句式里广义处所词N处的强处所性含义而形成的不对称现象。

（2）谓语动词的移动性问题

赵元任指出，动词后连接表示趋向的结尾词，使这个动词带有朝某个空间坐标移动的含义。若一个句子，动后趋向复合词与处所名词共现，就使空间坐标具体化，这个句子必是"位移句"，带有一定的空间移动性，表示某一事物、动作的具体空间移动。

含有动后复合趋向词和处所名词的句子，主要动词V一般是位移动词。当主要动词为非位移动词时，一般不能进入"V+Vq+N处+来/去"句式里。如：

㉙ a.＊她锁下门来。

　　b.＊我主动停下地方去。

下面我们按照前节对位移动词的分类——他移动词、伴随移动词和自移动词，分别讨论"V+Vq+N处+来/去"句式里动词V与趋向动词Vq、N处的关系。

当V为他移动词（如"扔、洒、踢、投、抛、丢"等）表空间关系时，要说明移动对象、位移方向和位移轨迹时，多用"把"字句、"被"字句，大多数动词后面只能带一个宾语。当动后出现处所宾语，表示终点概念时，表示客体移动的对象宾语往往会用介词"把"或"被"提到动词前。

㉚ a. 足球被爸爸踢进大门去。（*足球被爸爸踢大门去。）
　　b. 妈妈把钥匙抛下楼来。（*妈妈把钥匙抛楼来。）
　　c. 我把香蕉皮丢进垃圾箱。（*我把香蕉皮丢垃圾箱。）

"V+Vq+N$_处$+来/去"句式里处所宾语的弱处所性，使其具有作为一般名词的用法。直接置于位移动词V后，有可能形成动宾结构。这种结构就使动词V有同时联系两个名词的可能。一个是前置的移动对象，一个是直接跟在动词后的处所名词。如例㉚a里的动词"踢"，如果直接和处所词"大门"组合，那么"踢"在语义关系上既可以指向"足球"，又可以指向"大门"。而从句式义看，作为表示客体一种具体的空间移动，他移动词的支配对象应该是提到动词前的客体移动对象，而且动词的语义指向只能是前置的移动对象，动词和处所词并没有支配关系。即例㉚a的"踢"只能和"足球"有语义上的相关关系。例㉚b、c也是同样情况。只是由于"抛楼"和"丢垃圾箱"这些动作逻辑上不太可能实现，而被语义误指的可能性又相对小一些。

基于动名之间支配性语义指向关系，动词V和N$_处$一般不可以直接组合，它们之间要加趋向词"上、下、进"等或介词"在、于"等来瓦解动宾结构，并借助这些词补足与处所词相关的语义指向。

当V为伴随移动词（如"带、搬、抬、拉、扛、推、送"等）时，动词支配的移动对象也前移，V和N处同样不可以直接组合，它们之间一般也要加趋向词"上、下、进"等或介词"在、于"等。

㉛ a. 箱子已经搬进房间去了。（*箱子已经搬房间去了。）
　　b. 他把孩子拉上岸来。（*他把孩子拉岸来。）
　　c. 刘四老板就下这种毒手，把人抓到劳动队里来。（*刘四老板就下这种毒手，把人抓劳动队里来。）

当V为自移动词（如"跑、走、跳、飞、爬、冲、滚、游、扑"等）时，V和N$_处$之间也要加趋向词"上、下、进"等或介词"在、于"等。

㉜ a. 他跑进食堂。(＊他跑食堂。)
　　b. 我爬下山去。(＊我爬山去。)
　　c. 小明飞快地跳下水去。(＊小明飞快地跳水去。)

V 和 N$_{处}$ 之间没有"上、下、进"等，它们组成的动宾结构并不表示朝某一个空间坐标具体的移动，并没有凸显"事物趋向处所"义，而往往是表示某事件、活动的发生，凸显"事物发生处所"义。如例㉜b的"爬下山去"，如果"爬"和"山"直接组合，只是表明"爬山"这一活动，"山"是活动发生处所，至于活动趋向，以哪个处所为终点、起点，这一结构没能提供。

通过对各类位移动词的考察，我们得出：动后复合趋向词和处所词共现时，主要动词 V 与 N$_{处}$ 之间一般是不能直接组合的。它们之间要加上趋向词"上、回、进"等。也就是说，"V+N$_{处}$+Vq$_{处}$+来/去"这样的用法证明是不成立的，在现实语言中是不存在的。

上文提到，当 V 为自移动词、他移动词和伴随移动词时，要瓦解 V 和 N$_{处}$ 的动宾结构关系，一般是在它们中间加介词"在、于"等或趋向词"上、回、进"等。而我们发现很多可以用介词"在、于"等充作处所词相关语义成分时，它们在这个位置上往往缺省。

㉝ 这个东西落在地上了。——这个东西落地上了。
㉞ 他跑到院子里来了。——他跑院子里来了。

这里的缺省、脱落，可能是因为介词"在、于、到"等已经虚化，具有"附着""动作一致性"的语义特点，与"在……V"的关系不明确。而且它们的脱落，一般都能找回。因此一定条件下，它们可以缺省。

不过，这并不表明存在"V+N$_{处}$+Vq+来/去"这样的语序了。有介词"在、于"的句子里，它们已经建立了一个空间坐标，表示静态处所位置的空间坐标轴。为避免冲突，句子里一般不再出现另一个空间坐标，即该句句子不能再出现复合趋向动词"下来、下去"等和"在、于"的空间坐标不一致的词语了。比如例㉝，已经有空间坐标"在XX"，它就不会再出现"下来、下去"等表趋向的空间坐标。

㉝ 这个东西落在地上了。/＊这个东西落在地上下来(下去)了。
㉟ 我跳在甲板上了。/＊我跳下在甲板上去了。/＊我跳下去

在甲板上了。

介词"到"后的确可以加"来/去",但是它没有"到来、到去"这样的复合趋向词组合。"到"和"来/去"的组合只能依靠处所名词做媒介。《现代汉语八百词》里指出,只有"到"后跟有处所名词时,才能附加"来"和"去"。如例㉞"到来/到去"这样的用法缺省:

㉞ 他跑到院子里来了。/*他跑院子里到来了。/*我跑到来院子里。

㊱ 我走到舞台上去。/*我走到去舞台上。/*我走舞台上到去。

(3)优先语势序列的影响

处所词在有复合趋向词的句子里,无论在句首、句中还是句末,它表示的意义特征都已经类型化:终点、起点和途径。

处所词进入句子结构后,它们的无形式标记句法位置是在句首。在句首,它们一般可以省略介词等成分,以光杆形式直接充作主语。如"悬崖上跳下去几个人""岸边扔下来几只桃子"等等。不过,放在句首的处所词有一定限制:1.出现的处所词一般是附有方位标记的狭义处所词;2.由于汉语语序受事件或动作时空顺序的影响,句首的处所词一般只表示起点。

处所词不在句首,后移至其他句法位置时,为弥补优先语势序列,要在处所词前加上后移标记。

处所词置于谓语动词前,又不在句首时,往往要用介词"从、到、朝、往"等作为标记引进处所词。

㊲ a. 马青嘻嘻笑着,从办公桌上跳下来……

b. 真有一大姑娘朝那个指定点扔下去几束花。

例㊲里的处所词都是以介词结构出现在谓语动词前,表达事件活动的起点、终点和途径。

除了介词"在、于",其他方所类前置词基本上都只限于动词前的位置。前文说过,动后有复合趋向词时,不能出现"在、于"等介词。因此动后出现处所词时,为弥补优先语势序列附加标记性成分时,一般由趋向词"上、下、进"等来充当。因为动词和方所成分之间的趋向词,如"进、出、上、下"等，在普通话中具有类似前置词的作用。这可以作为不出现"V+Vq+来/去+N$_处$"语序的辅证。

（4）小结

综上所述，我们认为，受谓语动词 V 的强移动性、广义处所词的弱处所性及优先语势序列的标记制约，"下来/下去"类与处所宾语共现时，只能存在"V+Vq+N$_处$+来/去"一种语序。

4."下来/下去"与施、受事宾语的位置语序问题

当宾语 N 为施事宾语和受事宾语，"下来/下去"与它们共现时，位置语序分布上存在不对称。

当 N= 受事宾语，下来：A）V+下来+N；B）V+N+下来；
　　　　　　　　　　　C）V+下+N+来

下去：A）V+下去+N；B）V+N+下去。

	A	B	C
㊳ a.	扔下来一个酒瓶	扔一个酒瓶下来	扔下一个酒瓶来
b.	撕下来一张纸	撕一张纸下来	撕下一张纸来
c.	取下来几张照片	取几张照片下来	取下几张照片来
d.	扔下去一个酒瓶	扔一个酒瓶下去	*扔下一个酒瓶去
e.	撕下去一张纸	撕一张纸下去	*撕下一张纸去
f.	取下去几张照片	取几张照片下去	*取下几张照片去

当 N= 施事宾语，下来：A）V+下来+N；C）V+下+N+来

下去：A）V+下去+N。

	A	B	C
㊴ a.	走下来几个人	*走几个人下来	走下几个人来
b.	跑下来一条狗	*跑一条狗下来	跑下一条狗来
c.	飞下来一大群蜜蜂	*飞一大群蜜蜂下来	飞下一大群蜜蜂来
d.	走下去几个人	*走几个人下去	*走下几个人去
e.	跑下去一条狗	*跑一条狗下去	*跑下一条狗去
f.	飞下去一大群蜜蜂	*飞一大群蜜蜂下去	*飞下一大群蜜蜂去

"下来/下去"从趋向意义到结果意义再到状态意义，是一个从实到虚的过程。现代汉语里意义越虚，语序越固定，具体说，"下来/下去"表趋向义时可以有 A、B 几种格式，"下来"还有 C 式。表示结果义的可以进入 B 格式已很困难，而状态义时则只限于 C 式了。

比如：表示状态变化的"下来"：

     A   B   C

㊵ a. *他阴下来脸 *他阴脸下来 他阴下脸来

 b. *她停下来车 *她停车下来 她停下车来

因此，这里讨论"下来/下去"与宾语共现的位置语序，不特别指出的情况下，它们的谓语动词一般为位移动词，表示实际具体的空间移动意义。说它们在句法位置上的不对称，也是指谓语动词后的"下来/下去"与宾语共现，在 A、B、C 三种格式互换成立的情况下，"下来"或"下去"在某一格式上不成立，或者说在某一位置上空缺。

例㊳、㊴"下来/下去"句法位置分布表明，它们与施事宾语、受事宾语共现的位置语序存在不同层次上的不对称。

1. "下去"与施事宾语、受事宾语共现时，相对于"下来"，在 C 格式上存在不对称。"下去"在这一格式、语序上空缺。

2. "下来/下去"与施事宾语的共现，相比与受事宾语的共现，它们在 B 格式上存在不对称。"下来/下去"与施事宾语共现时，没有相对应的 B 格式。

（二）"下来"和"下去"句法位置不对称的认知解释

对于"下来"和"下去"在句法层面上的不对称现象，我们也可以用标记理论做一定解释。

1. "下去"离散形式与宾语共现时的强标记性

"下去"的离散形式在孤立句里只能和处所宾语共现，当宾语是施事、受事时相对"下来"，这一形式空缺。这一不对称可以从历时上寻找原因。

表趋向的"下来"，早在先秦时期已经存在这样用例：

㊶ 鸡栖于埘，日之夕矣，羊牛下来。(《诗经·王风·君子于役》)

这里的"下来"还不能算真正意义上的动后趋向补语，只能算动词"下"后带开始虚化的趋向补语"来"。这里的"来"已经没有多少实际意义。而同一时期，类似"下来"这一结构的"下去"也不存在。先秦后期及至汉初，出现更多的是"去"独立用在动词后作为补语。

㊷ a. 楼缓闻之，逃去。(《战国策·赵策二》)

b. 于是吴王乃与其麾下将士数千人夜亡去。(《史记·吴王濞列传》)

c. 今上祷祠备谨，而有此恶神，当除去，而善神可至。(《史记·秦始皇本纪》)

d.《诗经》旧时亦数千篇，孔子删去复重，正而存三百篇。(《论衡·正说》)

上述例句里的"去"还带有一定的实义，含有"去除"、"离去"的意思。这就决定"去"前的动词也有一定限制，它们一般也要含有"去除"、"逃亡"类意义。据我们掌握的古汉语语料，秦汉时期用作补语的"去"多跟在"逃、除、删"等表示"消减"、"去除"、"脱离"意义的动词后。

㊸ a. 夏后使求，惧而迁去。(《史记·夏本纪》)

b. 顷公乃与其右易位，下取饮，以得脱去。(《史记·晋世家》)

c. 夫吉凶同占，迁免一验，俱象空亡，精气消去也。(《论衡·遭虎》)

可见，秦汉时期"去"用法的强标记性使它很难与"下"结合，组合成词"下去"并虚化为趋向补语。表趋向的"下去"出现的年代远远晚于"下来"，直至唐代才有类似用法。趋向结构"下去"发展缓慢。

㊹ 师便下去。(《筠州洞山悟本禅师语录》唐·良价)

至于"下来/下去"的离散形式"下……来""下……去"，从现有古汉语语料看来，它们出现于唐宋时期，是动趋结构产生之初，还没有完全融合的一种组合形式。它们的产生、发展同样受到"来/去"标记性制约，"下……来""下……去"发展不平衡，可插入宾语语义成分不对称。

（1）"动+宾+趋"结构形成初期，"来/去"标记制约对"趋"的限制

先秦两汉时期，动词与趋向补语、宾语共现时有两种表达形式："动+趋+宾"和"动+宾+趋"。"动+趋+宾"出现年代应该略早于"动+宾+趋"。做出这一推论，不仅仅因为早在《战国策·齐策》里就有"燕将攻下聊城"这样的用例，还因为汉代语料里新出现的非兼语式结构"动+宾+趋"对其中的"趋"还有一定限制。当时的"趋"仅限于"来"。

由于秦汉时期"去"用法的强标记性，"来"相比"去"虚化程度要高，开始表示先行动词的趋向；而趋向词"上、下、进、出、回、过、起"等，即使在现代汉语里，跟在宾语后还带有很强的动作性或空间方位性。因此汉时新出现的非兼语式"动+宾+趋"里的"趋"仅限于"来"。

㊺ a. 司马夜引袁盎起。(《史记·袁盎晁错列传》)

　　b. 於是太师、少师乃劝微子去，遂行。(《史记·宋微子世家》)

　　c. 以信故，遂罢兵去。(《史记·宋微子世家》)

　　d. 王使人持其头来。(《史记·范雎蔡泽列传》)

　　e. 毛遂谓楚王之左右曰："取鸡狗马之血来！"(《史记·平原君虞卿列传》)

例㊺ a、b 里的"起"、"去"凸显的不是动作趋向，而是一种动作行为，由宾语发出的动作行为。所以例㊺ a、b 不是"动+宾+趋"结构，而是"动+宾+动"的兼语结构。例㊺ c 则带有强烈的连谓痕迹，有"罢兵而去"的形式在其中。只有例㊺ d、e 是典型的"动+宾+趋"结构，趋向词"来"仅仅是先行动词的补充，用以表示方向，意义上也不是宾语发出的动作行为。

"动+宾+趋"对"趋"的强限制性及两汉时期"去"用法的强标记性，使当时运用"动+宾+趋"格式的频率低于"动+趋+宾"格式。

（2）唐宋时期，"动+宾+趋"运用范围的扩大及"去"对宾语的限制

南北朝后，"动+宾+趋"结构得到相当广泛的发展。唐后期，受

当时大量出现的佛经、禅宗语录里白话文格式"处所+来/去"(山下来，何处去)的影响，"动+宾+趋"结构中的宾语，由秦汉时期一般为受事宾语，发展到处所词也可以充作宾语进入其中；"趋"也不局限于"来"，"去"也可以进入该结构中。运用范围有所扩大，形成了"动+处所宾语+来/去"格式。

㊻ a. 还侬扬州去。(《南朝乐府·襄阳乐》)
　　b. 蛮奴领得战残兵士，便入城来。(《敦煌变文集》)
　　c. 沩山问："是什么处去来？"师曰："看病来。"(《景德传灯录》十四)
　　d. 兴尽下山去，知我是谁人。(《白居易诗全集》)
　　e. 望殿而觑，见一白羊身长一丈二尺，张牙利口，便下殿来，哮吼如雷，拟吞合朝大臣。(《祖堂集》)

不过，"去"用在受事宾语后，还是带有强烈的"离去"义素，独立性较强，带有连谓痕迹。它更像一个跟在宾语后的独立动词，而不是仅作为先行动词补充的趋向补语。而"处所+去"格式借鉴当时的"动宾补"语序形成的"动+处所宾语+去"格式，由于动作重心的前移，"去"的动作性减弱，开始作为先行动词的补语，补充说明动作的趋向。

因此，唐宋时，"动+宾+趋"格式里"去"充作"趋"时，由于它的强动作性、独立性使其对宾语有所限制。从现成语料看来，它一般只和处所宾语共现，如例㊻a。当前面的宾语为受事宾语时，趋向成分只能是"来"，如例㊻c。例㊻d、e里的"下……来""下……去"，我们把它们视作"下来""下去"离散形式的雏形。

(3) 宋后"动+趋$_1$+宾+趋$_2$"的形成、定型及"去"的强标记制约

我们认为，"动+趋$_1$+处所宾+趋$_2$"和"动+趋$_1$+受事宾+趋$_2$"不是由同一格式、脉络发展演变而来的。

"动+趋$_1$+处所宾+趋$_2$"格式来自唐后期的"动+处所宾语+来/去"格式。宋时话本小说的大量涌现，动补结构的大量产生等语法大环境的影响，出现了大规模的双音化趋势。顺应这一大语法环境，处所宾语前的动词也开始尝试双音化。而由"处所+来/去"借鉴"动宾补"语

序演化而来的"动+处所宾语+来/去"格式,受"动+处所宾语+来/去"演变过程影响,动词承接了"来/去"的部分语义,表一定的动作趋向性,一般由"上、下、进、入"等词来担任。它们和处所宾语语义融合较紧密。因此动词的双音化多是在"上、下"类词前加修饰性动词,补充说明"上、下"类动作,它们和处所宾语并没有语义上的联系。如下面例句所示:

㊼ a. 撞下水去。(《老乞大新释》)

b. 放箭射下马来。(《老乞大谚解》)

c. 三巧儿真个把四碗茶,两壶酒,分付丫环拿下楼去。(《蒋兴哥重会珍珠衫》)

d. 卖了神福,正要开船,岸上又有一个汉子跳下船来,道:"我也相帮你们去。"(《苏知县罗衫再合》)

e. 智深赶下桥去,把崔道成后身一禅杖。(《水浒传》第三回)

f. 关公奋然上马,倒提青龙刀,跑下山来,凤目圆睁,蚕眉直竖,直冲彼阵。(《三国演义》第二十五回)

例句㊼里处所宾语前的动词,和处所宾语有语义上联系的是我们现在看作趋向补语的"下",而"下"前的动词"撞、射、拿"等只是"下"方式的加细,与宾语没有语义联系,与"下"类词融合度也不高。因为这个原因,有学者对宋后期形成并沿用至今的"动+趋$_1$+处所宾+趋$_2$"格式的分析持反对意见,认为把它们视作"状+动+处所宾+来/去"更为妥当。

"动+趋$_1$+受事宾+趋$_2$"格式的来源与"动+趋$_1$+处所宾+趋$_2$"格式不同。从语料看来,它应该来自两汉时期就出现的"动+受事宾+趋(来)"格式。

近现代汉语和古代汉语谓语动词的较大区别在于现代汉语很多句法结构,语法上要求通过一定的语法手段使谓语动词有界化。宋末元初,汉语谓语结构发生变化。当时用白话形式写就的小说,句子层面上的谓语动词开始要求有一个量性成分,要求用"动词+量性成分"来表示。

比如上古汉语里的"登车",在宋末话本小说里往往用"登上车"来表达。在单纯动词("登")后加上结果补语("上")是最常见的动词有界化手段,也就是说,宋末元初,谓语动词开始有界化。

随着宋末谓语动词普遍有界化进程,"动+受事宾+趋(来)"格式里的动词也借助一定的语法手段逐步有界化。我们推测,先秦时期就存在的"动+趋+宾"格式给"动+受事宾+趋(来)"格式里动词的有界化提供了现有的语法手段。"动+受事宾+趋(来)"格式借助"动+趋"模式完成了谓语动词的有界化,形成"动+趋$_1$+受事宾+趋$_2$(来)"结构,并在明清时期得到广泛发展,沿用至今。

㊽ a. 先去取下小青来。(《碾玉观音》)
　　b. 且先引下一个故事来,权做个得胜头回。(《错斩崔宁》)
　　c. 言未已,只听得喊声大震,山上一齐丢下火把来,烧断谷口。(《三国演义》第一百零三回)

明清时期,得到广泛运用的"动+趋$_1$+受事宾+趋$_2$(来)"结构,运用范围有所扩大,施事宾语也可进入该句法结构中,形成"动+趋$_1$+施事宾+趋$_2$(来)"结构。

㊾ a. 侧首屋下走出一个大汉来。(《水浒传》第三十六回)
　　b. 把面前的两个和尚打倒,紧接着就从半空中飞下一个人来,松了绑绳,救了孩儿的性命。(《儿女英雄传》第十二回)

而从秦汉以来,"去"表现出的强标记性,使其只能独立跟在处所宾语后表示先行谓语动词的趋向。当宾语为受事成分时,"动+受事宾+趋(去)"这一格式空缺,或者我们可以说,这一格式不存在。既然不存在相对应的来源模式,它也就很难在此基础上进行动词有界化,格式语法化为新的语法结构。这也是现在看来"动+趋$_1$+受事宾/施事宾+去"位置语序不合语法的重要原因。

当然,现有语料里存在例外:

㊿ a. 蹲下身去,且不拾箸,便去他绣花鞋头上只一捏。(《金瓶梅》第四回)

b. 来保见了，忙磕下头去。(《金瓶梅》第三十回)

c. 然后送神，焚化钱纸，收下福礼去。(《金瓶梅》第一回)

例㊿a、b里的宾语“身、头”，不能说是施事，也不能说是受事，语义角色并不明显，不能据此认为存在“动＋趋$_1$＋受事宾/施事宾＋去”格式；而例㊿c里的“去”类似用法，现代汉语里也存在，诸如“刷牙洗脸去”、“被人骗了眼泪去”等等。此处的“去”似乎不是先行动词的补语，而是更虚化的句尾语助词。它的语法化途径可能和做趋向补语的“去”是两条途径。以上的“例外”还有待进一步研究、验证。它们的存在并不影响我们前文对“动＋趋$_1$＋受事宾/施事宾＋趋$_2$”格式语法化的推论。

（4）**“动＋宾＋下来/下去”和“动＋下来/下去＋宾”的形成**

元代形成的“动＋趋$_1$＋受事宾＋趋$_2$(来)”结构,“趋$_1$”、“趋$_2$(来)”都指向受事宾语，意义虚化，且对谓语动词有一定依附性。它们的同等地位性，加上先秦以来就有“下来”、“出来”等较虚化的“趋$_1$趋$_2$”结合用法，使“动＋趋$_1$＋受事宾＋趋$_2$(来)”结构顺应当时较流行的“动宾补”语序，形成了“动＋受事宾＋趋$_1$趋$_2$(来)”结构。

(51) a. 仰面向梁上看时，脱些个屋尘下来，宋四公打两个喷涕。(《宋四公大闹禁魂张》)

b. 又走出来，叫瞒着老太太，背地里揭了这个帖儿下来。(《红楼梦》第二十二回)

而从宋代开始的大规模的动词有界化、动补结构的大融合，在这一语法环境下，“趋$_1$趋$_2$(来)”遵循动词有界化原则前移，产生了“动＋趋$_1$趋$_2$(来)＋受事宾”结构。它们的形成年代几乎同时，不过受“动＋趋$_1$趋$_2$(来)”这一动补结构后带宾语的语义限制，“动＋趋$_1$趋$_2$(来)＋受事宾”结构从现有语料统计看来，出现频率并不高。

(52) a. 吃我先在屋上学一和老鼠，脱下来屋尘，便是我的作怪药撒在你眼里、鼻里，教你打几个喷涕。(《宋四公大闹禁魂张》)

b. 奉御官将剜下来血滴滴一目，盛贮盘内，同黄妃上辇来

回纣王。(《封神演义》第七回)

c. 老圣人传下来我们姓孔的人，虽然各省都有，然而小的实实在在不是河南人。(《官场现形记》第十二回)

现代汉语里存在"动+宾+趋₁趋₂(去)"和"动+趋₁趋₂(去)+宾"结构，诸如"动+宾+下去"和"动+下去+宾"结构。

这并不表明现代汉语里"去"跟在宾语后，不再受强标记制约了。恰恰相反，它进一步表明"去"独立跟在宾语后的强标记性，它只能跟在处所宾语后。当宾语为受事、施事宾语时，就需要在"去"前加上标记成分"趋₁"。

唐代出现"下去"等词，"去"紧附"下"后，作为谓语动词的补语，受紧邻句法环境制约，"去"的强独立性、动作性有所削弱，动作趋向性得以表达。"动+宾+下去"和"动+下去+宾"这类结构的出现，很有可能是参照了"下来"类趋向补语与宾语共现的"动+宾+趋₁趋₂(来)"和"动+趋₁趋₂(来)+宾"模式。这里的"趋₁""下、出"等一定意义上充当标记成分的角色。

㊳ a. 宗把朴刀一点，跳过墙去，接这万秀娘下去，一背背了。(《万秀娘仇报山亭儿》)

b. 宝钗道："也不觉甚怎么着，只不过喘嗽些，吃一丸下去也就好些了。"(《红楼梦》第七回)

c. 虎妞服下去神符，陈二奶奶与"童儿"吃过了东西，虎妞还是翻滚的闹。(《骆驼祥子》)

上述对复合趋向补语和宾语共现时的三种位置语序的历时分析，我们发现"去"在格式语法化各环节上的强标记制约作用。"去"在"动+施事/受事宾+趋"格式的缺省，致使"下来/下去"的离散形式长期以来发展不平衡，用法不对称，"下去"的离散形式不存在"动+下+施事/受事宾+去"格式。

而处所宾语和施事/受事宾语与趋向补语的共现来源于不同的格式，演变、虚化途径也不尽相同。这可以作为处所宾语与趋向补语共现只有一种表达形式的历时解释。

（5）共时解释

“下来/下去”离散形式与施事宾语、受事宾语共现时，存在的不对称，从共时平面做出的解释如下：

前文讨论“下来”、“下去”引申意义时提到，“下来”有相对终结点，可以表示“已然态”；“下去”受强标记制约，没有终结点，不能表示“已然态”而缺乏终结点是动趋结构融合迟缓的原因。当它们被宾语分离时，“下来”句义相对完整，放在宾语后的“来”比较容易找回，与前面的谓语动词和“下”相结合。而“下去”因为融合程度相对要差，若放在宾语后，很难作为前面动词的补充成分，独立性较强。“去”的语义里又不包含“终结”这类结果义，当其在宾语后做句尾时，句义表达从有界化角度看来也不完整，很难独立成句，从而使“下去”离散形式在这一位置上空缺。这可以作为一辅证。

(54) a. 扔下一个酒瓶来（已然）

b. * 扔下一个酒瓶去（？已然/？未然）

c. 扔下一个酒瓶去看看（这里的“去”更像独立的连词）

2. 施事做宾语与“下来/下去”共现时的强标记组配性

（1）“下来/下去”与施事宾语的共现，B格式即“动＋宾＋下来/下去”不是绝对不合语法的。如果借助一些语法手段，它们还是可以成立的。如：

(55) a. * 走几个人下来　　走了几个人下来

b. * 跑一条狗下来　　跑了一条狗下来

c. * 飞一大群蜜蜂下来　飞了一大群蜜蜂下来

d. * 走几个人下去　　走了几个人下去

e. * 跑一条狗下去　　跑了一条狗下去

f. * 飞一大群蜜蜂下去　飞了一大群蜜蜂下去

（2）上述不合语法的B格式例句，在动词后加“了”后都是合语法句了。这就要从“施事”和“受事”、主语和宾语的对立来考虑。

对一个典型的事件或活动来说，总是由一个有意志的（volitive）动作发起者通过动作作用于某个对象，或通过动作产生某种结果。“施事＋动作＋受事/结果”是人认识事件或活动的理想化模型（Croft）。典型的主语是施事，典型的宾语是受事。从标记理论上讲，主语和施事、宾语和受事有一种自然的关联，构成两个无标记组配。

  无标记组配   无标记组配
  主语   宾语
  施事   受事

  主语和受事、宾语和施事都缺乏自然关联性，都是有标记组配。所以当"下来/下去"与施事宾语共现时，在语法上就要有种种标记。"动+下来/下去+施事宾"和"动+下+施事宾+来/去"结构，相比"动+受事宾"无标记结构，它们都是有标记的。"下来/下去"和"下"充当了其中的标记角色。而"动+施事宾"结构，由于有标记组配的关系，是不允许存在的。要使这一结构合语法，就要加上一定的标记。我们可以选择体标记"了"使动词有界化，与施事宾语有一定关联性。

  （3）上述分析得到，主宾语的不对称，施事做宾语的有标记组配性，使施事宾语与"下来/下去"共现时，在"动+宾+下来/下去"格式上有一定标记性，不存在无标记的自然的"动+宾+下来/下去"结构。

第四章

介词短语的功能与相关问题

第一节 介词"往"的功能与相关问题

○ 引言

"往"字短语（以下用"往+O"表示）在句中的位置有两种：一是位于动词之前，构成"往+O+VP"格式；一是位于动词之后，构成"V+往+O"格式。O代表"往"的宾语，V代表动词，P代表动词的附加成分。为行文方便，我们把前一种格式称为A式，把后一种格式称为B式。由于"往+O"的位置不同，两式在句法、语义和位移事件的表达等方面都存在着差异。本节首先考察A、B两式在句法、语义和事件表达方面的差异，在此基础上比较介词"往"、"向"的功能并做出一定的解释。

一 A、B两式的句法、语义差异

（一）A、B两式的句法差异

1. 宾语O

经考察，充当宾语O的主要是方所词语。普通的人物、事物名词或代词不能直接跟"往"组合，其后必须加上方位词或处所代词才可以。具体说来，大致可以分成这么几类：

（1）方位词，如"往上冲"、"往里瞟了一眼"、"往东偏斜"。

（2）处所名词或短语，如"往里面装东西"、"往胡同口走去"、"掠往欧洲"。

（3）方位短语（名词语+方位词），如"往茶几上"、"往内衣店里"。

（4）处所代词及由其构成的复指短语，如"往那里看了一眼"、"往我这儿推"、"往女同志那儿靠靠"。

（5）具有方所意义的数量短语，如"往一起撞了几下"、"往一块坐"、"往一处集拢"。

A式的O可以是以上1—5类。对于B式的O，王小溪（2004）、储泽祥（2005）都认为必须是双音节或多音节的处所词语。实际上，B式的O也有少数方位短语，一般为双音节。例如：

① a. 长江流域无地农民纷纷迁往川、鄂、陕边区山中。

　　b. 清澈的自来水正流往盼了几个世纪的竹林居民的家中。

A式的O除了具体的方所词语，也可以是表示非实际意义的方所词语和具有比喻意义的处所词语。例如：

② a. 他觉得这样的话似乎能往他心里去，使他没法不留下子弹，另有用途。

　　b. 这样我可以尽情把你往理想化去想，敞开盛赞你的天生丽质，不致使你误会我有所图。

　　c. 凡事只往我身上推，不就什么都干净了么？

　　d. 再下决心闭着眼往你这火坑里跳，也不迟。

例②a"他心里"为表示抽象意义的方所词语，②b"理想化"为抽象名词，但这里的抽象名词实际上表示处所义，指理想化的境地、方面或方向。②c"我身上"并非表示实际方所，"推"是推诿、推托，"凡事只往我身上推"意思是把事情（通常是不如意的事情）或责任推给我。例②d"火坑里"为比喻义，比喻极端困苦悲惨的境地。

此外，A式的O还可以是趋向动词、"动词/形容词+了/里/处"形式的短语，如"往回跑"、"往死里打"、"往重了说"、"往深处想"。其中的"了/里/处"可以省略，如"往死打"、"往重说"、"往深想"。动词、形容词加上"了/里/处"后就变成了名词性结构，表示动作行为的方向或事物发展变化的趋势，经常在口语中使用。

B 式的 O 除了具体的方所词语，也有极少数的时间词语和隐喻用法的名词语。例如：

③ a. 通往未来的幽径上，更有许多美丽的梦幻悄然开放。

b. 只有这条路才是通往富裕和繁荣之路。

2. V 和 VP

A、B 两式的谓语 VP 也存在差异。B 式的 V 只能是单音节动词，VP 只有一种结构形式，即动"往"式；A 式的 V 可以是单音节动词也可以是双音节动词，动词前后可以带多种成分，VP 的结构类型多样，主要有"一"动式、动宾式、动结式、动趋式、重叠式、动量式、动"着"式、动"了"式、状中式等。

④ a. 满脸愁云的玲玲心不在焉地将纽扣往上一扔……

b. 她往脸上抹奥琪增白粉蜜。

c. 两人忙把驳壳枪往皮带上插紧……

d. 她又往炕上蹭了蹭，坐端正……

e. 和尚稍微往旁边挪过一点，给他腾出地方。

3. "往"的性质和 A、B 两式的结构关系

在 A 式里，"往"是介词，与 O 构成介词短语做状语。对于 B 式的"往"，储泽祥（2005）认为在现代汉语中具有虚实两重性：在位移性动词后是介词（如"飞往长沙"），在非位移性动词后仍是动词性成分（如"派往北京"）。他的理由是，近代汉语里，动词"往"表示"向某处去"，其宾语通常都是处所词语，既表目的地又表方向。动宾短语"往+O"出现在动词后，构成连动结构"V+（往+O）"，"往"语法化为介词后，形成"（V+往）+O"格式，语义上仍要求 O 为表方向和目的地的处所词语，这时表达位移意义的是 V，"往"只起标引作用，而当 V 是非位移动词时，表达位移意义的是"往"，"往"仍是动词性的，V 表示位移的伴随动作或使因。储泽祥的解释很有说服力，"往"的这种虚实两重性影响到 B 式的结构关系："往"为介词时，"往+O"

做 V 的补语;"往"为动词性成分时,附在 V 后做补语,组成述补短语后再带宾语 O。当然,"往"的虚实界限不是截然分明的,动词的位移性强弱与"往"的虚实程度大体上一致。为直观清楚起见,我们把能进入 B 式的 V 分成三组,将其与"往"的虚实关系用表格说明如下:

表 4-1　B 式中"往"的性质及其对结构关系的影响

	V 的特征		"往"的性质		"V+往+O"的结构关系		例词
	位移	介词	动词素	述补关系	述宾关系	
Ⅰ类	+	+	−	+	−	飞、赶、运、流
Ⅱ类	±	±	±	±	±	带、背、抱、领
Ⅲ类	−	−	+	−	+	派、邀、骗、差

说明:"+"表示具有该特征;"−"表示不具有该特征;"±"表示该特征不明显。

在 B 式里,"往"为介词时,"往+O"一般可以移到动词前做状语,即可以变换为 A 式,如"飞往南方→往南方飞"、"运往医院→往医院运";而且由于 V 对 O 的支配功能强化,导致部分"往"的标引功能弱化甚至出现音节脱落现象,如"飞往上海→飞上海"、"寄往河南→寄河南"。"往"为动词性成分时,"往+O"不能移到动词前,即不能变换为 A 式,如"邀往白宫→*往白宫邀","往"对 O 起着支配作用,不能省去,如"邀往白宫→*邀白宫"。

需要说明的是,尽管我们认为"往"为介词时 B 式的结构关系是述补关系,但受汉语双音化趋势的影响,"往"由前附于 O 而逐渐演变成后附于 V,"V 往"成为一个韵律单位。或者说,由于词汇双音化的类推作用,"V+往+O"有从述补向述宾转化的趋势。如果着眼于结构关系的发展趋势,把它处理为述宾结构似乎更为合理。

部分经常搭配使用的"V 往"已经凝固成词,如"赶往"、"去往"、"通往","往"成为词内成分,其后可以出现非处所词语,甚至可以不再出现任何名词语。例如:

⑤ a. 我是随一个参观团去往一处著名的摩崖石刻的。

b. 只要海上有险情,就迅速赶往救援。

（二）A、B 两式的语义差异

1. 动词的语义特征和动词的类

（1）B 式中的动词

B 式的动词限制比较严格，数量是有限的。吕叔湘主编（1999）提到"往"的介词用法时指出："往"跟处所词语组成介词短语用在动词后，动词限于"开、通、迁、送、寄、运、派、飞、逃"等少数几个。王小溪（2004）增加到 15 个、侯学超（1998）列举了 19 个、储泽祥（2005）增加到 28 个。我们对北大现代汉语语料库做了不完全调查，检索到能出现在"往"前的动词有以下 61 个：飞、逃、去、走、跑、奔、迈、追、挤、退、游、赶、撤、开、迁、挪、驰、驶、发、输、调、汇、打、捆、寄、邮、报、转、掠、贩、销、售、卖、推、派、遣、押、带、解、邀、骗、诱、传、涌、通、拉、流、引、折、搬、抱、移、塞、抬、送、扒、吹、探、领、背、摇。可见，能放在"往+O"前的动词有逐渐增加的趋势，不过大多数使用频率都不高，而且多见于书面语中。使用频率比较高的 10 个是：飞、开、逃、赶、带、驶、通、寄、送、迁。

从语义上看，这些动词绝大多数具有[＋位移]、[＋持续]的语义特征，有的表示人体或物体自移的，如"飞、逃、追、赶"等，有的表示使人或事物的处所发生转移的，如"寄、送、汇、带、搬、卖、贩"等。也有极少数动词具有[－位移]的语义特征，如"派、邀、骗、诱"等。侯学超（1998）把能出现在 B 式中的动词分成了以下四类：

表示出行的动词：开、飞、驶、赶。

表示运、销的动词：贩、发、销、运、卖。

表示转移的动词：送、寄、转、调、逃、迁。

表示支使的动词：派、遣、押。

（2）A 式中的动词

A 式的动词限制较少，能进入格式中的动词很多，主要分为以下几类：

"走"类动作动词，如"走、扑、追、跑、寄、搬、拖、加、添、拨、撒、洒、拉、甩、端、飞、送、推、爬、滴、流淌、靠拢"等。这类动词具有［＋位移］、［＋持续］的语义特征，表示位移体通过"走"类动作发生处所转移。

"放"类动作动词，如"放、撂、丢、倒、塌、投、搭、掀、扣、搁、扔、劈、掉、坠落"等，这类动词具有［＋位移］、［－持续］的语义特征，表示位移体通过"放"类动作在瞬间发生位置移动并处在某处所。

"写"类动作动词，如"写、捂、烫、钉、插、夹、坐、躺、站、抹、贴、粘、揉、摆（放）、擦（粉）、打（洞）、晾（衣服）、按（手印）、系（鞋带）"。这类动词具有［－位移］、［＋动作］、［＋持续］的语义特征，进入A式后整个格式具有位移特征，即"写"类动作一旦发生也就隐含位移体移到了某处所。

还有些表示身体动作、器官活动的动词，具有［－位移］、［±动作］、［＋持续］语义特征，这些动词又可分为四类：

a."指"类动词，如"指、笑、招（手）、摆（手）、摇（头）、探（头）、努（嘴）"等。

b."说"类动词，如"说、讲、谈、聊、唱、劝、请、追问"等。

c."看"类动词，如"看、瞧、望、瞄、瞅、瞟、扫（一眼）、张望"等。

d."想"类动词，如"想、猜、算、估计"等。

"发展"类动词，如"发展、生长、扩大、巴结、引诱"等，这类动词具有［－动作］、［＋持续］语义特征。"发展"类动词是抽象的动态动词，不表示具体的动作行为，"往+O"位于这类动词前，表示事物发展的趋势或目标。

2."往"的标引功能

关于介词"往"的功能，一般认为在A、B式中都表示动作的方向（吕叔湘主编 1999:547；侯学超 1998:565；张斌主编 2001:539）。这一观点就"往"本身来说，毫无疑问是准确的，引起我们思考的问题是，能表示动作的方向的介词除了"往"，还有"向"、"朝"等，这些不同的介词在不同的位移事件中应该存在着功能差异，同一介词"往"在A、B式所表达的位移事件中也应该存在功能差异，"表示动作的方向"既不能把介词"往"和其他方向介词区别开来,也不能体现"往"在 A、B 式中的不同作用。为此,已有不少学者开始自觉或不自觉地从位移事件的角度探讨"往"的功能问题,并取得了不少有益的成果。比如,方绪军(2004)认为,"往+O"用于动词后,"往"的功能是"引出 V 的方向的同时也引出 V(转移或使转移)的终点"。王小溪(2004)认为,"往+O"在动词后,O 表示目的地,在动词前表示方向,当动词是瞬间动词时也可以表示终点。至于方向、终点和目的地之间到底有什么不同,她没有做出解释。储泽祥(2005)讨论"V 往+O"的语义约束时也认为 O 是目的地。崔希亮(2006)认为,"往"在前位句(即 A 式)既可以标引位移的方向,也可以标引位移的目标或终点,而在后位句(即 B 式)只能标引位移的终点,不能标引位移的方向。方向是由单纯方位词指涉的,目标是由处所词语指涉的。崔希亮(2006)指出了"往"在 A、B 式中的不同功能,但没有具体区别目标和终点。总体上说,这些研究对我们有很大启发:一、"往"的功能问题需要联系其所在的位移事件进行探讨;二、A、B 式中"往"的功能应该存在着某些差异;三、方向、目标和终点等概念很有必要做出区分和解释。

介词在位移事件中的功能主要是标引事件语义角色,如标引位移的起点、经过点、路径、方向、目标、终点等。经崔希亮(2006)考察,介词"往"在位移事件中既能标引位移的方向,也能标引位移的目标、终点,但在 A、B 式中存在着差异:A 式里"往"既能标引位移的目标、终点,也能标引位移的方向;B 式里"往"只能标引位移的目标、终点,不能标引位移的方向。方向、目标和终点,这三个概念既有联系又有区别:方向是指位移体移动时所面对的那一面(崔希亮 2004:100),有时体现为一条由起点到目标或终点的有向线段,方向不一定预示目标,但目标、终点蕴涵方向;目标是位移体想要到达的某个处所,在位移事件发生前就可预定的、计划中的,终点是"抵达"的目标,前者意在位移事件的未完成或未实现,后者意在位移事件的完成或实现(崔希亮 2004:112)。这三个概念的区分不仅与充当 O 的成分、动词的语义,而且与句子所表达的位移事件的性质都有一定关系。

（1）"往"标引位移的方向

A."往"标引位移的方向时，O 可以是单纯方位词（如"上、前、里、外"等），也可以是复合方位词（如"东南、西南"等）和以单纯方位词加"面、边、头、方"构成的处所名词（如"上面、里边、外头、前方"等），还可以是趋向动词（如"回、出、起、开"等）。单纯方位词由于定位性和指称性差一般只指示方向，但在特定空间范围内也可能兼指目标[①]。例如：

⑥ 胖子拿起一只巨大的烟斗，一边往里塞着烟丝一边威严地说……

上例中的"里"在特定语境中是确指的，指"烟斗里"。这里的方位词并非单纯表示方向。

复合方位词和"上面"类处所名词也能兼指位移的目标。例如：

⑦ a. 北大、清华都设在北平，战争爆发后迁往西南。
　　b. 那些兵看了这些字就往上面吐唾沫。

例⑦a 中的"西南"显然指我国西南地区；例⑦b 中的"上面"也有确定所指，指"这些字上面"。

B."往"既可以标引物理性移动方向，也可以标引抽象性移动方向，如例⑧、例⑨。

⑧ a. 其实你们就是不往后缩，挺身担了这责任，也不会让你们顶这雷。
　　b. 他的话只能圈在肚子里，无从往外说。
　　c. 找不着主角，咱这台戏也没法往下唱。

⑨ a. 你把我往死里打呀。
　　b. 他为什么不往饱里吃呢。
　　c. 往重了说，我得是严打的漏网分子吧。

例⑧a 中，不仅方位词"后"表示抽象方向义，而且动词"缩"也不表示

---

① 崔希亮（2004:103）指出方位词（包括"上面"类处所名词）并不都是标引方向的，有时候也能单独表达位移的目标，这取决于它们在语境中的指称性（reference）或者定位性（localizability）和确指性（certainty）。

实际位移义，而表示态度的后退；例⑧b中"往外说"是指对外人讲；例⑧c中"往下"表示动作的继续。例⑨中的"往"处在"'往'+动词/形容词+（里/了/处）+动词"格式中。吕叔湘主编（1999:360、547）已经注意到这种口语格式，认为这种格式表示方向、方面，其中动词、形容词必须是单音节的。我们注意到格式中的动词、形容词往往可以后移构成述补结构，如例⑨a、b、c中可分别构成"打死"、"吃饱"、"说重"，但表义上明显不同："'往'+动词/形容词+（里/了/处）+动词"表示动作行为的方向或趋势，这种方向或趋势一般是动作者所希冀的、有意致使的；而由这种格式变换得来的述补结构则表示动作行为的程度或结果，这种程度或结果常常是非预期的、无意造成的。

（2）"往"标引位移的目标或终点

"往"标引位移的目标或终点时，充当O的有处所名词或短语（如"上海、仁德胡同"）、方位短语（如"手掌里、大腿上"）、处所代词及短语（如"这儿、张寡妇那里"）。目标、终点可以是具体意义的，也可以是抽象意义的。目标和终点的区别有时是清楚的，有时不容易确定。为讨论方便，下文不讨论目标和终点两可的情况。

A."往"标引位移的目标

"往"标引位移的目标时，句子谓语部分一般具有以下特点[①]：

VP或句末带有"来/去"；

VP前有时间副词"在、正、正在"或频率副词"直、一直、不断、不停、继续"等；

A式整体作为连动结构（记作V_1V_2）的后位分句V_2，V_1是V_2的伴随动作，而且为"V着"式。

句子谓语部分具有上述特点一般都表明位移事件没有完成或实现，还处在过程阶段。例如：

⑩ a.他们坐着局里的小汽艇往案发地点驶去。

[①] 崔希亮（2004, 2006）注意到前位句（即本文的A式）中的VP可以有"来/去"，可以出现表示正在进行的"在"、"（在）~着"或者"（在）~呢"，并指出前位句是过程取景，即把取景窗口设在位移的过程中。

b. 马威领着父亲出了戈登胡同，……一直往牛津街走。
　　　c. 人们正推着车往过滤室去。

从界性特征来看，上述句子带有"来/去"或者句末可以加上"来/去"，在体貌方面基本上表示无界的（unbounded）动作，位移体还没有到达目标，还在向目标移动。（柯理思 2005:60）

　B."往"标引位移的终点

VP 为以下几种形式，"往"标引的应该是位移的终点：

VP 为"-V"式；

VP 为"V 了 V"式；

VP 为"V 了+O′"式（O′为 V 的宾语，前面有数量成分修饰）；

VP 为"V 了+DQ"式（DQ 表示动量）；

VP 为"Vq+O′"式（"q"表示趋向补语）；

VP 为"V 得 C"式（"C"表示结果补语）。

例如：

　　⑪ a. 他抓起锅盖往缸口上一扣，自己腾地一下坐到锅盖上。
　　　b. 他悄悄地往边上站了站。
　　　c. 她又往辫子上结了两个红蝴蝶结。
　　　d. 金枝捏起粉饼，往额头上颧骨上按了几下。
　　　e. 她往笔记本上按下一个个指印或掌印。
　　　f. 瘦子把脸往墙上贴得更紧了。

例⑪a 中"往缸口上一扣"表示位移体在瞬时间即移到终点，即句子暗含"锅盖扣在了缸口上"；例⑪b 中"往边上站了站"暗示"他"已经站到了"边上"；例⑪c 中"往辫子上结了两个红蝴蝶结"表明"手"（位移体，隐含）已经移到"辫子上"并通过其动作产生结果"两个红蝴蝶结"。其余各例可做类似理解。

从界性特征来看，例⑪中带有"往+O+VP"的句子（VP 为上述 A—F 六种形式）在体貌方面基本上都表示有界的（bounded）动作，位移过程已经完成，位移体已经到达目标，"往"标引的 O 应是位移的终点。

值得注意的是，例⑪中的"往"，有的和介词"在"的功能相通，或者可以直接替换为"在",如"往额头上颧骨上按了几下→在额头上颧骨上按了几下"、"往辫子上结了两个红蝴蝶→在辫子上结了两个红蝴蝶";或者"往+O+VP"可以变换成"V 在 O 了",如"往缸口上一扣→扣在缸口上了"。有的和"到"的功能相通,"往+O+VP"可以变换成"V 到 O 了",如"往边上站了站→站到边上了"。"到"是终点标记,"在"是所在标记或终点标记,"往"与其功能相通,也说明"往"所标引的成分为位移的终点。

C. "往"标引视线移动的目标或终点和动作指向的目标或终点

"往"还可以标引视线移动的目标或终点和动作指向的目标或终点,充当 VP 的是"看、瞧、望、瞄、瞅、瞟、扫（一眼）、张望"类动词和"指、笑、招（手）、摆（手）、摇（头）、探（头）、努（嘴）"类动词[①],这两类动词表示身体动作或器官活动,但身体和器官本身并不位移。严格说,动作的指向离不开视线的移动,所以动作指向的目标或终点也可看作视线移动的目标或终点。例如:

⑫ a. 于观回头往身后川流的人群张望。

b. 于观掉头抬手往后墙一指。

c. 那个小姐往我们这边笑呢。

d. 金枝往里屋努努嘴。

由于这两类动词都是非位移动词,动作主体不位移,所以"往"标引的成分有时也可出现非方所性成分,如例⑫ a、b 中的"身后川流的人群"、"后墙",这两个都是处所性比较低的名词性词语,本来必须加上方位词才能充当"往"的宾语。

上面讨论的是 A 式中的情况。关于 B 式中"往"的功能,有人认为标引位移的终点（方绪军 2004;崔希亮 2006）、有人认为标引位移的目的地（王小溪 2004;储泽祥 2005;刘光明等 2006）。我们认为 B 式

---

① 刘培玉（2007）认为"往"字短语（该文只讨论了 A 式）不能与非位移性方向动词搭配（包括我们这里说的两类动词）,不能表示动作的指向方向（包括这里的视线移动和动作指向的目标或终点,该文没有区分方向、目标和终点）。事实上,A 式中的"往"字短语可以和多类动词搭配,所受到的限制比较少。可见,刘文的这一观点是不完全符合语言事实的。

中"往"一般标引位移的目标,处在连动结构的前位分句中也可以标引位移的终点。"往"标引目标时跟"到"差别明显:"往"标引"意想"或"计划"的目标,"到"标引"抵达"的目标(邓守信 1983:181)。试比较:

⑬ a. 女知青在送往(*到)农场医院途中停止呼吸。
　　b. 飞机飞往(*到)瑞典,于今天下午抵达斯德哥尔摩奥兰大机场。

例⑬"V 往"句子或小句描述的都是位移体尚未抵达目标,如例⑬a中有"在……途中"、例⑬b中有表位移事件完成的后续句"抵达……",这都说明"往"标引的是尚未抵达的目标,所以不能替换为"到"。如果 B 式充当连动结构的前位分句,则可以跟"到"替换,例如:

⑭ a. 张德崇急忙把她抱往(到)湖北医科大学附属二医院急救。
　　b. 1958 年被错划为右派,送往(到)北大荒劳动。

上文我们分别讨论了"往"标引位移的方向、目标、终点等不同事件角色的功能,但这些事件角色之间有时又难以截然分开。"往"与所在标记"在"、终点标记"在、到"有时在功能上相通,但又以其"位移的方向性"区别于后者:"往"不仅可以标引单纯的位移方向,而且标引目标、终点时也体现方向。然而,这并不意味着"标引位移的方向"是"往"的主要功能,它与同样能"表示动作的方向"的介词"向"存在着较大的差异。

二　事件的性质和表达的差异

A、B 两式在句法语义方面存在着许多差异,在事件的性质和表达方面也表现出一些明显的差异或倾向。

(一)现实位移和虚拟位移

根据位移体是否发生物理性位移把位移事件分成两类:现实位移和

虚拟位移。现实位移（factive motion）是指位移体在物理空间的位置发生了现实的移动，虚拟位移（fictive motion）是指位移体并没有发生任何现实的移动却用位移动词表达的主观的、想象的移动。虚拟位移包括视觉上的位移和抽象位移两类，视觉上的位移是由于视线移动而产生的一种非真实移动；抽象位移是借助隐喻机制所造成的一种抽象移动。例如：

⑮ a. 她看见他一脸憔悴的皱纹由眉间往四周爬开来。
　　b. 凡你脸面上过不去的事情尽可以往我身上推……
　　c. 他要引导别人往他的妙计里钻。

例⑮a 是视觉上的位移，位移体"一脸憔悴的皱纹"由于观察者"她"的视线移动而产生虚幻移动；例⑮b、c 是抽象位移，如例⑮b 中位移体"脸面上过不去的事情"是抽象物通过隐喻机制想象成具体物，而且使之可以向"我身上"转移；例⑮c 中"妙计"通过隐喻机制想象成可容物，成为一个可往里钻的容器性目标。

A、B 两式在位移事件的现实性和虚拟性方面表现出明显的差异：A 式既有现实位移，也存在大量虚拟位移的用例，如例②、⑮。B 式基本上都是现实位移，只有"通往+O"可以表达虚拟位移，如例③。

（二）自主位移与非自主位移

自主位移与自移既有区别也有联系：前者是针对位移体的意志性和控制力来说的，后者是针对位移体的动力来源（从动力来源看，有自移和致移）来说的；自主位移都是自移，但自移不全是自主位移。比如"清澈的自来水正流往竹林居民的家中"是自移，但位移体"清澈的自来水"是没有意志力和控制力的无生命实体，属于非自主位移。少数自移和所有的致移都属于非自主位移。位移的自主性和非自主性与位移体的生命度密切相关。在"人＞有生物＞无生物＞抽象物"生命度等级上，位移体是人称代词、亲属称谓名词和表人的专有名词时，意志性和控制力最强，为高自主位移；位移体为有生物时，其生命度和意识性低于人，但它所具有的内在控制力表现出与人的象似性，为低自主位移；位移体为无生物时，由于其没有意识性，为非自主位移。A、B 两式在位移的自主性和非自主性上表现出较为明显的倾向：A 式倾向于自主位移，B 式倾向于非自主位移。例如：

⑯ a. 几个戴眼镜的年轻人要往院里进，被唐大妈伸手拦住。
　b. 葡萄窖里很暖和，老鼠爱往这里面钻。
　c. 他看小鱼秧子抢着往水上窜。
⑰ a. 该厨师以向她请教一道中国菜的烧法为名，把她骗往厨房。
　b. 沈加曾立即被检察官带往市检察院进行讯问。
　c. 据说最好的精品已移往博物馆了。

例⑯是 A 式，都是自主位移句，例⑰是 B 式，都是非自主位移句，A、B 两式的倾向性比较明显。自主位移句都是自移，位移动力来自位移体自身，非自主位移句大多数为致移，位移的动力来自位移体之外。表现在句法上，自移的位移体不能用"把（将）"引介，也不能用作"被"字句的受动者；致移的位移体可以用"把（将）"标引，也可以用作"被"字句的受动者。例⑰中有些是"把（将）"字句和"被"字句，不是"把（将）"字句、"被"字句的都可以变换为"把（将）"字句、"被"字句。A 式一般反映位移体主观的具有意图性的位移行为，所以句中可以出现表现位移体意图性或强意志性的词语，如例⑯ a 的"要"、例⑯ b 的"爱"、例⑯ c 的"抢着"，O 是位移体在动作之前自主选择的、预期的方向或目标；而 B 式反映的大都是致使位移行为，位移体是受使者，所以句中一般没有表现位移体意图性的词语，O 为致移的目标或终点。

上文所列举的 61 个能进入 B 式的动词中，只有"飞、逃、去、走、跑、奔、迈、追、挤、退、游、赶、开、迁、挪、撤"等 16 个动词能表达自主位移，占全部动词的 26%，其他的都表达非自主位移。其中"赶、开、迁、撤"既能表达自主位移也能表达非自主位移。如例⑱、⑲中，a 句表达自主位移，b 句表达非自主位移。

⑱ a. 郑州铁路局及有关部门的领导迅速赶往现场，组织抢救。
　b. 农民把大大小小的牛从周围的乡镇赶往某视察点，以装

点门面。

⑲ a. 周围百余村庄十多万父老丢下美丽富饶的良田，迁往高岗旱岭上重建家园。

b. 春兰正在准备把总部迁往上海。

（三）过程凸显与目标凸显

前面提到，A 式中的"往"既可以标引方位成分，也可以标引处所性成分，所以 A 式既可以单纯地描述位移体向某方向移动，也可以描述位移体向某目标移动。B 式中的"往"不能标引单纯方位成分，标引的都是处所性成分，所以 B 式只能描述位移体向某目标移动。同时由于 A、B 两式中"往+O"的位置不同，A 式中处于谓词前做状语，B 式中处于谓词后做补语。根据时间顺序原则（PTS），"两个句法单位的相对次序决定于它们所表示的概念领域里的状态的时间顺序"（马贝加 1999），A 式中的"往+O"所表示的方向或目标在动作发生前就已经确定，B 式中的"往+O"所表示的目标是动作发生后所抵达的一个处所。从信息传递的角度看，A 式中的方向或目标应属于旧信息或背景信息，B 式中的目标应属于新信息或前景信息。换言之，在 A 式中，VP 处于前景位置，在 B 式中，O 处于前景位置。崔希亮（2006）指出，现代汉语中很多介词结构既能置于谓词前做状语也能置于谓词后做补语，做状语时是背景信息，做补语时是前景信息。A、B 两式在位移事件表达上的这种差异可分别图示如下（S 表示位移的起点 source，D 表示位移的目标 destination，P 表示位移的路径 path）：

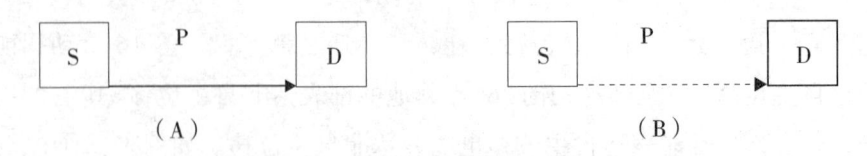

```
    P                    P
┌─┐ ──→ ┌─┐        ┌─┐ ----→ ┌─┐
│S│     │D│        │S│       │D│
└─┘     └─┘        └─┘       └─┘
   （A）              （B）
```

图 4-1　A、B 两式在事件表达上的不同凸显

A 图强调从起点到目标的位移运动，凸显位移过程，B 图位移目标成为注意的焦点，位移过程处于背景位置。这是一种开视窗（window of attention）的处理方式，截取位移事件的不同阶段加以凸显。A、B 两式在上述图式中的不同表现，在语言形式上也有不同的表现或者体现出某些不同的倾向性。

1. A 式后可以出现移动的时间成分和距离成分，B 式后排斥这些成分

例如：

⑳ a. 他往衣兜里摸索了好一会儿，总算摸出了一盒火柴。
　　b. 他飞快地又往树上爬了足有两米。

A 式后可以出现时间和距离成分，B 式排斥这些成分，正说明 A、B 两式有不同的凸显或侧面（profile）：A 式采取顺序扫描（sequential scanning）的方式，依次感知位移体向目标移动的过程，移动的全过程得到凸显，所以可以有体现持续过程的时间和距离成分；B 式采取总体扫描（summary scanning）的方式，移动的全过程作为一个整体来感知，而把注意力焦点放在位移的目标上，所以没有这类时间和距离成分。

2. A 式中的 VP 或句末带有或者可以加上"来/去"，B 式基本不能带"来/去"[①]

"来/去"表示向着/背离说话人移动，A 式的 VP 或句末能带有或者可加上"来/去"正说明该类位移事件体现过程性的特点，B 式基本不能带"来/去"正说明该类位移事件不体现过程性或者过程性不明显。例如：

㉑ a. 敌人拼命地往河对岸逃去。
　　b. 洪水翻卷着往中间涌来。

3. A 式的 VP 可以是"V 着/呢"式，前面可以出现时间副词"在、正、正在"；B 式的 VP 不可以是"V 着/呢"式，也极少与这类副词共现

A 式的 VP 可以是"V 着/呢"式，前面可以出现时间副词"在、正、正在"，B 式的 VP 不可以是"V 着/呢"式，也极少与这类副词共现。A 式的这些特点说明该类位移事件可体现位移动作的进行状态。具体说，这种进行状态，有的表现为正在位移过程中，如例㉒ a，有的表现为正在重复位移中，如例㉒ c。

---

① B 式中没发现带"来"的实例，少数带有"去"。

㉒ a. 我知道毒汁正在往她的舌头和双唇里渗透。

b. 他这才明白自己落在井口下，正往水深处坠呢。

c. 女孩赤裸以后躺在床上时还往嘴里送着奶糖。

4. A 式前面可以出现"一量一量、一量量、一量接一量"等语言成分，也可以出现频率副词，而 B 式中没有这些词语

A 式前面可以出现"一量一量、一量量、一量接一量"等语言成分，也可以出现频率副词"直、一直、不断、不停、继续"等，B 式中没有这些词语。这些词语正是位移事件过程性的显性标识。例如：

㉓ a. 他低着头一步一步地往前拽。

b. 他独个儿一块接一块地往顶板上扔小石头。

c. 他十分寂静地走着，一直往深处走去。

5. A 式可以出现在并列式复句"一边 P，一边 Q"中，B 式不能出现在这类复句中

A 式可以出现在并列式复句"一边 P，一边 Q"中，P、Q 分句中的谓语可以都是"V 着"式，可以一个是"V 着"式，另一个不是，也可以都不是"V 着"式，无论哪种形式都表示两个动作正在同时进行。B 式不能出现在这类复句中。例如：

㉔ a. 老爷子们则聚在一起，一边往烟锅子里摁着关东烟儿，一边老远地点着她那窈窕的背影……

b. 我一边往伤口涂着红药水一边想……

c. 那个叫号练拳的小伙子一边踩踏板，一边往机器里续草。

6. A 式可以整体作为连动结构的后位分句 V_2，B 式可以整体作为连动结构的前位分句 V_1

A 式可以整体作为连动结构的后位分句 V_2，V_1 是一个正在进行状态的伴随动作，谓语常为"V 着"式；B 式可以整体作为连动结构的前位分句 V_1，V_2 是 V_1 的目的，V_2 所表示的目的事件须在 V_1 所表示的位移事件完成或实现后才能发生。A、B 式可以出现在上述各具特点的连动结构中，也说明 A 式关注位移事件的过程，B 式关注位移事件的目标或终点。例如：

㉕ a. 众人拥着往棋场走去。

　　b. 他被邀往白宫做特别顾问。

三　介词"往"、"向"的功能比较

很多论著在讨论介词"往"、"向"的功能差异时都指出，"往"、"向"在动词前、后可以表示动作的方向，"向"在动词前还可以表示动作的对象。（吕叔湘主编 1999:578；侯学超 1998:597—598；张斌主编 2001:574）如果撇开"向"表示动作的对象不论，那么"往"、"向"在位移事件中的功能差异到底是怎样的？方绪军（2004）讨论了"V 往"和"V 向"的差异，取得了不少可喜的创获，但由于该文仅考察了动词后的"往"、"向"，而且主要不是在位移事件中进行考察，因此并没有完全揭示两者的功能差异。崔希亮（2004:122—127）从位移事件角度对"往"、"向"的功能差异做了比较全面的考察，但有些差异没有观察到，有些解释考虑得还不够周全。根据我们从位移事件角度进行的考察，即使撇开"向"用在动词前表示动作的对象不论，"向"用在动词前、后也存在着差异："向"用在动词前（下文亦简称 A 式）可以标引位移的方向、目标、终点；用在动词后（下文亦简称 B 式）可以标引位移的目标、方向[1]，不能标引终点[2]。"往"、"向"在 A、B 式中的标引功能既有区别也有联系：在 A 式中，两者都可以标引位移的方向、目标、终点；在 B 式中，"往"可以标引位移的目标、终点，不能标引位移的方向，"向"可以标引位移的目标、方向，不能标引位移的终点。此外，两者在具体标引位移的方向、目标和终点方面也存在某些差异。

---

[1]　"向"在 B 式中绝大多数是标引位移的目标，只有极少数标引方向。柯润兰（2006）调查了 248 个 B 式的用例，只有 6 例"向"的宾语 O 是单纯方位词，仅占 2.5%。例如：往日的甩甩袖子不惹半点尘土，踏足脚步便线儿奔向前去的豪爽，是随了世故而侵蚀了。

[2]　崔希亮（2004:107）认为 B 式里的"向"可以标引位移的终点，举例如下：小行星不偏不倚地撞向月球。该文认为例中"向"标引的是实现了的目标，即位移的终点。我们觉得例中"向"标引的应做未实现的目标理解，其后的处所词主要起方向参照作用。

介词的功能比较是一个非常复杂的问题,涉及很多因素。本节打算主要从 A、B 式中介词"往"、"向"能否相互替换的角度比较两者的功能。具体考察哪些情况下可以换用,哪些情况下不宜换用,哪些情况下倾向于使用"往"或"向"。

(一) A 式里"往"与"向"的比较

A 式的"往"既能标引位移的方向,也能标引位移的目标、终点。"往"在标引这些事件角色时,一般可以替换为"向",但并非总如此,还受到其他因素的影响。

1. "往"标引方向时的替换情况

(1)"往"标引方向(有时标引方向兼目标)

下列例句中的"往"标引方向(有时标引方向兼目标),都可替换为"向"[①]。例如:

㉖ a. 她也照着样儿把马鞭子往(向)上提。

b. 只要能往(向)坏的方向发展,就一定往(向)那个方向发展。

c. 队伍立刻散开,各人往(向)四下里奔跑了。

(2)"往"标引方向,且"往"的宾语 O 是趋向动词、"动词/形容词+(里/了/处)"

"往"标引方向时,也有不能替换为"向"的。"往"的宾语 O 是趋向动词、"动词/形容词+(里/了/处)"时,"往"不能替换为"向"。(崔希亮 2004:124)

例如:

㉗ a. 白度找了一圈失望地往(*向)回走。

b. 这个秘密不能泄露,要不别人就会盯着我往(*向)死里打。

c. 往(*向)轻了说,也是发展中的严打对象。

[①] "往"的宾语可以是方位词"旁"、"上下","向"的宾语没有发现"旁"、"上下";"向"的宾语可以是方位词"内","往"的宾语没有发现"内"。

（3）"往"后的方位词表示抽象方向义

"往"后的方位词如果表示抽象方向义也不能替换为"向"。例如：

㉘ a. 这种事，致秋从来不往（*向）里掺和。

b. 今儿我这事，谁也别往（*向）外说啊。

2. "往"标引目标或终点时的替换情况

（1）"往"标引位移的目标或终点

下列例句中的"往"标引位移的目标或终点，都可以替换为"向"[①]。例如：

㉙ a. 露珠将那一小瓶液体全部往（向）东山脸上泼去。

b. 他沿着几条穷巷按户往（向）信箱里投金镑票。

c. 马林生把拍子往（向）地上一摔，气哼哼捂着眼睛回家了。[②]

但是，如果 O 为表示方所意义的数量短语，如"一面、一起、一处、一块、一堆"等，"往"不宜替换为"向"。例如：

㉚ a. 好枪好马都往（*向）一起抱团儿，谁要他！

b. 他看到他们的脑袋往（*向）一处凑过去。

（2）位于对目标或终点的认知显著度高的动词前

"往"标引位移的目标或终点时，有些动词对目标或终点的认知显著度高，这类动词前宜用"往"不宜用"向"。按动词的语义特征可分为两小类：

A. 具有[＋运送/转移]语义特征的动词

具有[＋运送/转移]语义特征的动词，如"寄、送、调、搬、运、拉（运

[①] 虽然可以替换，但意义有别："往"后的 O 一般是位移体最终抵达的终点；"向"后的 O 不一定是位移体最终抵达的终点，可能只是位移动作的方向参照。"往"在实现类位移事件中标引的一般就是终点，替换为"向"则不一定，为方便表述，也看作终点，下文提到"向"标引终点时均如此。崔希亮（2004:124）指出"向"可以用参照目标来标引方向，但没有进一步指明"向"、"往"的不同之处在于"向"后的目标主要起方向参照作用。

[②] 从我们搜集的用例来看，VP 为"-V"式时，大多数用例都是用"往"，但也见部分用例为"向"，不过用"向"时句中动词要求是方向凸显的。例如：陈玉英把手里的筷子向肩后一抛，没等身后传来筷子落地的声音，双臂已经勾住了张全义的脖颈。

输义）、打（电话）"等，这类动词所表示的动作完成后位移体必定抵达O位置。例如：

㉛ a. 我还得经常往（*向）家里寄点儿钱啊！

　b. 醒来时，小小正搅着我，手抱瓜瓢往（*向）我嘴里送。

　c. 他常看到街上一大车一大车的往（*向）日本使馆和兵营拉旧布的军服。

　d. 他决定第二天往（*向）小瑛子单位里打电话。

B. 具有［+附着/置放/充塞］语义特征的动词

具有［+附着/置放/充塞］语义特征的动词，如"放、搭、扣、挂、搁、塞、装、钻、写、捂、烫、钉、插、夹、坐、躺、站、涂、揣、藏、铺、盖、背、敲、抹、贴、粘、揉、缠、拴、摆（放）、擦（粉）、打（洞）、栽（树）、记（录）、结（编结）、晾（衣服）、按（手印）、系（鞋带）"等，这些动词有的表示动作完成后位移体附着于O或进入O，或者动作行为一发生也就意味着位移体附着于O或进入O，有的出现在"-V式"中表示位移体随动作瞬间位移后附着于O。例如：

㉜ a. 我赶紧撩起衣服，让她们往（*向）我背心上写字。

　b. 他很兴奋，能够"带"这位红角儿来会多位朋友，不啻往（*向）自己脸上擦粉、贴金。

　c. 子弹好像长了眼睛一样往（*向）人身上钻，打得人抬不起头。

　d. 女孩躺在床上往（*向）嘴里塞着花生米。

　e. 我心里很沉重，烦闷，往（*向）床上懒懒一躺。

A、B两类动词对目标或终点的认知显著度高，使得位移过程不凸显甚至隐含、位移方向也不凸显，因而都不宜用"向"。如果VP带有"来/去"，则能突出位移过程和位移方向，上述动词前的"往"也就可以替换为"向"。例如：

㉝ a. 他有些恶心，便往（向）床上躺了下去。

　b. 他猛地抓起来往（向）脸上贴去，于是一股白烟从脸上升腾出来。

例㉞是用"向"的实例：

㉞ a. 到这里我才放开了两手，向（往）她边上的一张椅子里坐了下去。

b. 白云似乎在飘坠，向（往）金黄的熟稻怀里面躺了下来。

如果VP为"V了V"式、"V了+DQ"式、"V了+O′"式、"Vq+O′"式等，一般表示位移事件已经实现，因为实现类位移事件不凸显位移的过程性和方向性，所以这类位移事件中一般宜用"往"不宜用"向"，如例㉟；如果其中V是对方向的认知显著度比较高的动词，动词前的"往"也可替换为"向"，但表意上有别：用"往"时表示位移体已抵达目标，用"向"时，位移体不一定到达目标，即前者的宾语一般是终点，后者的宾语不一定是终点，可能只是方向参照。如例㊱。

㉟ a. 孙喜扛了一袋米出来……往（*向）肩上试了试，又放下。

b. 他飞快地又往（*向）树上爬了足有两米。

c. 他把工厂神社上供的年糕偷来吃了，而且往（*向）空盘里拉了一泡屎。

d. 女孩子往（*向）漂亮的提包里放进了化妆品，还放进了琼瑶小说。

㊱ a. 她往（向）爸身边靠了靠，求他保护。

b. 我又往（向）自己身上喷了几下。

c. 她往（向）布丁上倒了一匙子白兰地酒。

例㊲是用"向"的实例，其中动词都是凸显方向的：

㊲ a. 敌人向（往）渡口发了几排炮，炮一出口，谭明超就听得出，是哪一种炮，和要往哪里打。

b. 我挥手赶散烟，又向（往）她脸上吐了口烟。

VP为上述结构形式时，如果用"向"，一般要求V是方向凸显的，如果V不是方向凸显的，则用"往"，不宜替换为"向"。即使V凸显方向，也经常用"往"，如例㊱，因此，当VP为上述形式时，"往"的使用频率要远远高于"向"。如果把"向"所标引的也看作终点，那么可以认为"向"很少用于标引终点，很少出现在实现类位移事件中，而"往"经常用于标引终点，经常出现在实现类位移事件中。换言之，"往"、"向"在标引位移的终点上是不对称的，即在实现类位移事件中不对称。

（3）"往"标引视线移动的目标或终点和动作指向的目标或终点

"往"标引视线移动的目标或终点和动作指向的目标或终点时，"往"都可以替换为"向"。例如：

㊳ a. 山峰往（向）摇篮里看了一眼，儿子舒展四肢的形象有些张牙舞爪。

b. 我昏沉沉地往（向）街上一摆头。

c. 大蝎往（向）高架上一指，兵们把棍举起，大概是向我致敬。

（4）"往"标引的目标或终点表示抽象意义或者位移体为抽象事物

"往"标引的目标或终点表示抽象意义或者位移体为抽象事物时，一般宜用"往"不宜用"向"；"往"标引的目标或终点不表示实际的方所意义时，不能替换为"向"或者替换后意思发生改变。例如：

㊴ a. 王喜是个酒鬼，喝多了胡扯，你别往（*向）心里去。

b. 章华勋将全部"过错"往（*向）李长柏和保卫科长身上推。

c. 徐焕章近日也往（*向）九爷处钻营，可这人小气，不怎肯在管家戈什身上送门包。

d. 那五说："我明白了。您叫我跟他比着往（*向）令妹身上扔钱！"

例㊴ a 中"往"标引的成分为抽象处所，㊴ b 中位移体为抽象事物，两句中的"往"都不能替换为"向"。例㊴ c、d 中的"往"标引的成分都不表实际方所，其中例㊴ c 中的动词"钻营"为抽象行为动词，"往"不能替换为"向"；例㊴ d 中的动词"扔"为位移动词，"往"虽然可以替换为"向"，但替换后意思与原意不同："往令妹身上扔钱"的意思是把大量的钱花在"令妹"身上，而用"向"替换后的意思则变为把钱扔到"令妹"身上。

3. "向"标引位移的起点或动作行为发生的处所

值得一提的是，"向"可以标引位移的起点（例㊵）、动作行为发生的处所（例㊶）。

㊵ a. 大姐拿缝纫用的尺和粉线袋给我在先生交给我的大纸上弹了大方格子，然后向（*往、从）镜箱中取出她画眉毛用的柳条枝来。

b. 他从流水的波纹里，采取曲线来做这新模型的体态，从朝霞的嫩光里，挑选出绮红来做它的脸色，向（*往、从）晴空里提炼了蔚蓝，缩如它的眼睛……

㊶ a. 点了灯笼，用银针向（往/在）黑泥松处掘了一个圆穴，把这美丽的尸身埋葬完时，天风加紧了起来，似乎要下大雨的样子。

b. 母亲含着泪抱我上床，轻轻把被窝盖上，向（往/在）我额上吻了几吻。

"向"标引位移的起点时，不能替换为"往"，却可以跟起点标记"从"替换；标引动作行为发生的处所时，既可以替换为"往"，也可以替换为所在介词"在"。"向"标引起点和所在的功能大约始于唐五代，后沿用之（马贝加 1999）。例如：

㊷ a. 一声似向天上来，月下美人望乡哭。（李贺《龙夜吟》）

b. 刘乃登，遂向怀内出绯衣，令服之。（《玉峪编事·刘檀》）

㊸ a. 叟入到宅门里，直到自家房后妻向床上卧地不起。（《敦煌变文集·舜子变》）

b. 向下土有一人姓陈名良。（《幽明录·陈良》）

"向"标引位移的起点、动作行为发生的处所，在上世纪三四十年代的现代汉语中还有少量用例，如例㊵、㊶，当代汉语中已基本消失。前面提到"往"标引位移的终点时，有些可以跟所在介词"在"替换，与"在"功能上相通，但所表达的位移事件仍带有一定的过程性和方向性，而"向"标引动作行为发生的处所时，其所表达的位移事件已经丧失了位移的过程性，与"在"不同的是还具有指示方向的作用。虽然"往"、"向"都与

"在"功能上相通，但"往"标引的是位移的终点，而不是动作行为发生的处所，"向"标引的则基本可看作动作行为发生的处所，更何况"往"在当代汉语中还没有完全丧失动词性，"向"已经成为地道的介词。实际上，"向"标引动作行为发生的处所也是标引位移终点的进一步语法化[①]，标引前者时丧失位移的过程性成为无界的、均质的状态或活动，标引后者时体现位移的过程性则为有界的、异质的位移事件。

4."向"标引模糊的、不确定的目标或终点

"向"标引位移的目标或终点时，如果目标或终点表示的空间范围是模糊的、不确定的，那么"向"一般不宜替换为"往"。例如：

㊹ a. 他点一枝烟，向（？往）蓝天吹了一口，看看我，看看坟，笑了。

b. 你向（？往）空中弹了两滴清泪便急急忙忙解开她带来的提包。

从 A 式中介词"往"、"向"的替换情况可以看出："往"不仅可以标引位移的方向、目标、终点，而且凸显目标或终点，所以"往"所表达的位移事件过程性和方向性的认知显著低，可以出现在实现类位移事件中；"向"不仅可以标引位移的方向、目标、终点，而且凸显位移的过程或方向，所以"向"所表达的位移事件具有明显的过程性和方向性，很少出现在实现类位移事件中，即使出现一般也要求动词是方向凸显的。正是由于"往"凸显位移的目标或终点，"向"凸显位移的过程或方向，所以两者在实现类位移事件中或者在标引位移的终点上表现出明显的不对称。

（二）B 式里"往"与"向"的比较

B 式中能带"往"的动词和能带"向"的动词存在着较大差异，下面是我们对 B 式中的动词调查的结果：

[①] 具体过程为：由"向……前进"引申出"前往"义，由"前往"义引申出"到"义，继而引申出"在"义。（马贝加 1999）

甲：可以带"往"，不宜带"向"的动词

这类动词如"派、送、押、解、遣、调、撤、寄、汇、发、运、带、拉、搬、抬、售、卖、销、贩、迁、挪、掠、领、背、捆"等。

乙：可以带"向"，不宜带"往"的动词

这类动词如"伸、凑、踢、指、努、扭、擎、扑、撒、洒、抽、刺、射、投、扔、踏、舞、砸、坠、抛、盯、瞄、冲、划、排、逼、踱、滑、砍、看、靠、扶、滚、跛、撞、坠、飘、泼、绕、杀、烧、望、袭、泄、压、迎、甩、插、摔、牵、舞、扎、撑、摆、拨、渡、浮、拖、垂、歪、斜、偏、倒、倾、侧、趋"等。

丙：可以带"往"，也可以带"向"的动词

这类动词如"飞、逃、走、跑、奔、迈、挤、开、游、赶、驰、驶、转、移、输、涌、通、流、引、折、吹、打"等。

1. 甲类动词

甲类动词在语义上对目标的认知显著度高[①]，都表示使位移体发生位置转移，位移行为结束后位移体到达 O 位置，所以该类动词宜带"往"不宜带"向"。例如：

㊺ a. 执法老幺，被派往（*向）六百里外杀人，随时动员，如期带回证据。

b. 我曾经写了几行题记，寄往（*向）北京去。

c. 湘潭湘乡注水猪肉大量销往（*向）外地。

2. 乙类动词

乙类动词在语义上对方向的认知显著度高，所表示的动作或状态都带有方向性（方绪军 2004），动作主体或者不位移，或者虽然位移但凸显移动的方向，位移体不一定抵达 O 位置，所以该类动词后宜用"向"不宜用"往"。例如：

㊻ a. 玉英把脸颊歪向（*往）全义的肩头。

[①] 刘光明等（2006）指出对目的地的认知显著度较高的动词后一般带"往"，如"派、押、寄、带"等。

b. 所有的猎手们把枪口都指向（*往）了天空。

c. 他拾起一块石头，使劲地把它投向（*往）河中心。

3. 丙类动词

丙类动词的情况比较复杂，下面分别具体讨论。

（1）"往"标引位移的目标

"往"标引位移的目标时，一般可以替换为"向"。下列例句中"往"标引目标，都可以跟"向"替换：

㊼ a. 一个中国留学生被押解上了飞往（向）中国的民航班机。

b. "阿夫拉吉亚"号客轮目前正向西北驶往（向）萨姆松港。

c. 他想带着金银细软，与女儿，逃往（向）上海或天津。

（2）"往"标引位移的终点

B式整体作为连动结构的前位分句 V_1，V_2 是 V_1 的目的，V_2 所表示的目的事件须在 V_1 所表示的位移事件完成或实现后才能发生，这类位移事件中的"往"可以标引位移的终点，如果标引终点，则"往"不宜替换为"向"。我们考察的语料中也没有发现"向"所在的B式充当上述前位分句的用例，说明B式中的"向"一般不标引位移的终点。

㊽ a. 他们专程从印度飞往（*向）缅甸瑞冒接应史迪威脱险。

b. 七舅舅吃完晚饭便赶往（*向）戏园子看戏。

c. 3000艘商船被引往（*向）意大利接受进一步的检查。

（3）"往"的宾语为具体、确定的处所

有些动词带"往"时可以替换为"向"，但带"向"时不可替换为"往"。例如：

㊾ a. "独立号"航空母舰驶往（向）台湾海峡。

b. 书将带领他们驶向（*往）生活的海洋。

例㊾a"驶往"的宾语"台湾海峡"是具体的处所，"往"可替换为"向"，例㊾b"驶向"的宾语"生活的海洋"是具有隐喻用法的抽象处所，"向"不可替换为"往"。"往"的宾语一般要求是具体的处所词语，"向"的宾语可以是具体的处所词语，也可以是抽象的处所词语。

㊿ a. 他要求给飞机加油后飞往（向）阿富汗喀布尔。

b. 鹰鹫拍打着翅膀，一直飞向（*往）那蓝如火焰的苍穹。

例㊿a"飞往"的宾语"阿富汗喀布尔"为确定的处所，"往"可替换为"向"，例㊿b"飞向"的宾语"那蓝如火焰的苍穹"则为不确定的、比较模糊的空间范围，"向"不可替换为"往"。"往"的宾语是位移体所要抵达的目标，所以表示的空间范围要求相对确定，"向"的宾语可能只是指示位移体运动的方向，不一定是位移体所要抵达的目标，所以表示的空间范围可以是模糊的、不确定的。（方绪军 2004）

（4）"往"标引位移目标

有些动词有几个义项，某一个义项带"往"可以跟"向"替换，另一个义项带"向"则不可以跟"往"替换。例如：

㊶ a. 开往（向）北京的216次列车正在轨道上奔驰。

b. 他希望能再写一些能"开向（*往）广大寰宇的一扇门"的作品，也好以此慰藉自己的良知与灵魂。

例㊶a的"开"表示发动或操纵车船等，"往"标引位移的目标；例㊶b的"开"表示开启（门窗），"向"标引静态的朝向目标，"往"不能标引静态的目标（见下文），所以不能跟"往"替换。

四 从历时角度看介词"往"、"向"的功能

介词"往"、"向"都是由动词"往"、"向"虚化而来。动词"往"的本义是"到……去"，本身是位移动词，先秦两汉时期可以单独做谓语，也可以和另一个动词组成连动结构。例如：

㊷ a. 公山弗扰以费畔，召，子欲往。（《论语·阳货》）

b. 公子往数请之，朱亥故不复谢，公子怪之。（《史记·魏公子列传》）

例㊷中"往"没带宾语，但其处所是明确的：例㊷a是"公山处"，例㊷b是"朱亥处"。

魏晋南北朝时期，"往"后开始出现方所词语。例如：

㊸ a. 乃发使往朝歌迎丧，并具表闻奏於魏帝，陈其流浪之

由，并述五人孝状。（《搜神记》卷4）

b. 王恭随父在会稽，王大自都来拜墓，恭暂往墓下看之。（《世说新语·识鉴》）

大约在唐五代，"往"成为介词。下例中的"往"为介词：

㊴ 何不往彼中礼拜去？（《祖堂集》卷16）

大约在明代，"往"后开始出现单纯方位词，动词后的"往"也语法化为介词。例如：

㊵ a. 正拿着往外走，遇见玳安，问道："你来家做甚么？"（《金瓶梅》第46回）

b. 知道西门庆不来家，把两个丫头打发睡了，推往花园中游玩，将琴童叫进房与他酒吃。（《金瓶梅》第12回）

先秦时期，动词"向"有两个义项：其一为"面对……"义，其二为"向……进军、前进"义。（马贝加1999）例如：

㊶ a. 秦伯素服郊次，向师而哭。（《左传·僖公三十三年》）

b. 秦、韩并兵南向。（《战国策·韩策》）

例㊶a"向"为表示面对的静态动词，后带对象宾语"师"；例㊶b中"向"表示"向……进军、前进"的动态动词，其后不带处所词语，其前一般有方位词。其实，这两个意义之间有着紧密联系：表"面对"义描述的是静态的朝向，表"向……进军、前进"义描述的是动态的、运动中的朝向。

在晋、南北朝时期，表"面对"义的"向"在"向+N+V"格式中语法化为介词。（马贝加 2002:70—72）例如：

㊷ a. 别有追游夜，秋窗向月开。（张正见《刘生》）

b. 无因从朔雁，一向黄河飞。（王环《代西封侯美人诗》）

例㊷a中"向"后宾语"月"为事物名词，"秋窗"为无生物，"开"为状态动词，"向"是表状态方向的介词，"月"是"秋窗"的静态朝向目标；例㊷b中的"向"后宾语"黄河"为处所名词，"飞"为位移动词，"向"是表动态方向的介词，"黄河"是"朔雁"的动态朝向目标。

同一时期，表"向……进军、前进"义的"向"用在位移动词后也语法化为介词。例如：

㊳ a. 夕鸟飞向月，余蚊聚逐光。(鲍泉《秋日诗》)
　　b. 今来向漳浦，素盖转悲风。(祖狄《挽歌》)

唐以后，这一用法扩展到其他非位移动词。例如：

㊴ a. 谪向江陵府，三年作判司。(白居易《自叹拙升因有怀》)
　　b. 恒持沛艾影，解向平陵东。(刘删《赋得马诗》)

上述"往"、"向"的语法化表明，动词"往"的基本意义是"移动"，后面如果带有宾语，只能是方所词语，语法化为介词后，也只能带方所词语，"往"后出现单纯方位词比较晚近。可见，介词"往"的主要功能不是标引位移的方向，而是标引位移的目标或终点。动词"向"的基本意义是"朝向"，后面一般带人物或事物名词，语法化为介词后，也可以带方所词语，表示静态或动态的朝向，其后的宾语名词为朝向的目标。上文提到"向"用在动词前、后可以标引位移的目标，准确说，标引的应该是朝向的目标，即它主要作为动作的方向参照，不一定是位移的实际终点。比如例㊳a中"夕鸟飞向月"，"月"只是"飞"的方向参照，不可能是"夕鸟"最终到达的处所。也就是说，"向"的主要功能是标引动作(包括位移动作)或状态的方向，即使它在位移事件中标引目标角色，也是作为方向参照的目标，不一定是最终抵达的目标。这是"向"不同于"往"的地方。

五　结语

综上所述，本节的基本结论归纳如下：

（1）"往"字短语在动词前、后分别构成A、B两种格式，两式在动词的类、"往"的宾语和"往"的功能方面都存在明显差异。

（2）A、B两式在表义功能方面也体现出某些差异或倾向：A式既可用于现实位移，也可用于虚拟位移，B式基本上用于现实位移；A式倾向于自主性位移，B式倾向于非自主性位移；A式凸显位移过程，B式凸显位移目标。

（3）"往"、"向"在位移事件中的功能表现为："往"、"向"在A式中都可以标引位移的方向、目标、终点；"往"在 B 式中可以标引位移的目标、终点，不能标引位移的方向，"向"在 B 式中可以标引位移的目标、方向，不能标引位移的终点。

（4）"往"凸显位移的目标或终点，所表达的位移事件过程性和方向性不明显，可以出现在实现类位移事件中；"向"凸显位移的过程或方向，所表达的位移事件具有明显的过程性和方向性，很少出现在实现类位移事件中，即使出现一般也要求动词是方向凸显的。

（5）动词在语义上的认知显著度对"往"、"向"的使用是有影响的：对目标认知显著度高的动词宜用"往"不宜用"向"；对方向认知显著度高的动词宜用"向"不宜用"往"。

（6）介词"往"的主要功能是标引位移的目标或终点；"向"的主要功能是标引动作（包括位移动作）或状态的方向。

第二节 "从 + X"的语义语用考察

○ 引言

"从"是现代汉语中使用频率较高的一个介词，其语法功能是与其他词语组成介词结构（以下简称"从 + X"，加上所修饰的谓词性成分可描写为"从 + X + VP"），表示时间、空间的起点或经过点，也表示事物的来源或发展变化的起点，以及说话的着眼点、推断的依据等。有关"从 + X"结构的研究已取得较多的成果，如吕叔湘（1999）、侯学超（1998）、张斌（2001）、张爱民（1982）、刘培玉（2004）、李卫中（2005）等，但这些成果大多比较分散、考察也不够全面，而且某些语义语用问题也没有得到合理的解释。本节拟在上述研究成果的基础上，从语义语用角度对这一结构再做一些探讨，主要讨论以下五个问题：一、"从"介引的事件角色；二、"从 + X"对 V 的选择；三、"从 + X"与动作参与者的语义关系；四、"从 + X"的语用功能；五、连动句、"把"字句和隐现句中的"从 + X"。

一 "从"介引的事件角色

(一)"从"介引的主要角色

"从"在位移事件(motion event)中起介引事件角色的作用,其介引的事件角色主要有:

1. 空间起点

"从+X"表示位移体空间位移的起点,"X"一般为表示实在意义的方所词语,也可以是具有隐喻义的方所词语,通常带有方位词"里、中、上"等。例如:

① a. 白度从她的包里拿出一身警服。
b. 那两匹大黑骡子是从宋侉子手里买下来的。
c. 金枝显然还没有从刚才的激动里走出来。
d. 解净窘得连头也不敢抬,红晕从脸上爬到了耳朵根。

例①的四个句子的事件结构是不一样的:a 句是物理空间的位移,"警服"是位移体,"她的包里"是移动的起点;b 句虽然也有物理空间的位移,但表达的主要是一种所有权的转移,"那两匹大黑骡子"是位移体,其所有权由卖方宋侉子转到买方;c、d 句表示的是抽象性位移,c 中的"刚才的激动里"是情绪变化的起点,位移体不是"金枝",而是情绪活动,d 句的位移体"红晕"本为无生事物,由于观察者的视觉感知而赋予生命体移动的能力,"脸上"是其位移的起点。

2. 时间起点

"从+X"表示时间推移的起点或者事件发生或进行的起点,"X"一般为时间词语,也可以是其他具有时间标志作用的名词语和小句等,无论何种形式,表示的都是时点,位移体都是时间,"X"中常有"起、以来、以后"等助词。例如:

② a. 从<u>1919年9月起</u>,以冰心为笔名写了许多问题小说。(时间词语)
b. 从<u>顾恺之</u>到吴道子,又是一个飞跃。(人物名称)

c. 从汉朝以来就众说纷纭，谁也闹不清楚。（朝代名称）

d. 从那伙土匪将她放在驮子上那一刻起，她便明白土匪留她活命是因为另有用场。（小句）

3. 发展变化的起点

"从+X"表示事物、事件、人物和状态等发展变化的起点。"X"可以是体词性成分也可以是谓词性成分，"从"跟"到、变、转"等连用，概括全过程。例如：

③ a. 从<u>无声片</u>到有声片，从<u>黑白片</u>到彩色片。

b. 从<u>不敢受案</u>到走出去巡回办案。

c. 从<u>建立特区</u>到构想"一国两制"。

d. 从<u>一个不记事儿的孤儿</u>长成了主治医师。

e. 从<u>伙计</u>变成了股东。

f. 树上的叶子忽然从<u>金黄</u>变成火红。

g. 银幕上的画面陡然从<u>模糊</u>变为了清晰。

例③ a、b、c 句中"从+X"表示事物、事件发展变化的起点；d、e 句中"从+X"表示人物身份、地位变化的起点；f、g 句中"从+X"表示色彩、性质或状态等变化的起点。

4. 范围变化的起点

"从+X"表示事物或事件所涉范围的起点。

④ a. 从<u>娃娃</u>抓起。

b. 一去银行，就从<u>打算盘</u>学起。

c. 他解放前当学徒，是从<u>给老板倒夜壶</u>开始的。

d. 我们只能从<u>她认识的人</u>查起。

例④ a 句中"娃娃"是孩子教育培养活动的起点；b 句中"打算盘"是掌握银行工作基本技能的起点；c 句中"给老板倒夜壶"是当学徒这一学艺生活的起点；d 句中"她认识的人"是调查工作所及范围的起点。

5. 来源或由来

⑤ a. 巧云从<u>十一子口</u>里知道他家里的事。

b. 从<u>法国报刊</u>上学会西餐烹调。

c. 陈主编那日又刚从一个年少气盛的名人那里讨了没趣儿回来。

d. 老伴见他从多年的苦闷里找到一种精神的寄托，心中深感慰安。

例⑤ a、b、c 句中的"X"字面上都是具体的方所词语，实际表达的都是抽象的内容：巧云是从"十一子的话语"中得知他家里的事的；西餐烹调的厨艺是读"法国报刊上相关内容的介绍文章"而学会的；陈主编讨了没趣儿是缘于和一个年少气盛的名人接触或交流。⑤d 句中的"X"（多年的苦闷里）是抽象物，位移体"一种精神的寄托"也是抽象物，"多年的苦闷里"是"一种精神的寄托"的来源。"从+X"表示事物的来源或由来，与空间起点具有相似性，通过相似性联想，用空间起点的词语表达事物的来源或由来，由一个具体的概念域类推到一个抽象的概念域，这是隐喻认知方式的结果。

6. 经过点或者经过的路径

"从+X"表示位移体经过的处所或路线，位移体可以是具体的人或事物，也可以是抽象的视线。"从+X"常跟动作动词连用，动词后带有趋向补语"过"。

⑥ a. 一粒子弹呼啸着从我们头顶上飞过消失在远方那片淡蓝色的氤氲里。

b. 举人公从上下眼皮的小缝里放出点黑光来。

c. 他从厕所后面的围墙翻出去。

d. 马锅头押着马帮，从这条斜阳古道上走过。

例⑥ a 句中"我们头顶上"表示的经过点是一个空间；b 句中"上下眼皮的小缝里"表示的经过点是一个出入口；c 句中"厕所后面的围墙"表示的经过点是一个障碍；d 句中的"这条斜阳古道上"是位移体经过的路径。

在有些位移事件中，位移体经过的路径是其位移运动的载体或媒介，位移体为抽象物，必须借助某种媒介物才能完成运动，如例⑦ a 中的"喇叭里"是作为不可视的位移体"声音"（唱对台戏）位移运动的载体或媒介物。

⑦ a. 他们再也不会从喇叭里用语录同我们唱对台戏……
  b. 从微风中传来一阵阵悦耳的电车铃声。

7. 数量的起点

"从+X"表示数目、长度、重量、面积、价格等物理量的变化起点。数量的变化也可看作一种位移运动，表现为量的增减或级次的差异，这是"从+X"从空间范畴向数量范畴的隐喻扩展。

⑧ a. 上市公司的数目也从1992年的16家增加到22家。（数目变化的起点）
  b. 钢产量从29.8万吨上升到85.3万吨。（重量变化的起点）
  c. 城镇居民人均居住面积从7.5平方米提高到7.7平方米。（面积变化的起点）
  d. 大米价格从每500克1.03元涨到1.35元。（价格变化的起点）

8. 依据或凭借

"从+X"表示说话或观察问题的角度、推断的依据或凭借等。"X"可以是名词性的词语，也可以是谓词性的词语，常跟表认知的"说/看"等动词连用，构成"从……（来）看/说"这样的框式结构。

⑨ a. 从穿戴上看，金枝是一位蛮有现代感的姑娘。
  b. 从扬州人的衰萎的体态看起来，我疑心他是不是有时也抽口把鸦片烟。
  c. 外乡人来自一个长满青草的地方，这是我从他身上静脉的形状来判断的。
  d. 从演奏技巧来说，克莱德曼并没有什么特别高明之处。

例⑨的"从+X"表达的都是说写者说话或观察问题的角度、推断的依据或凭借。这些角度或依据对于观察得到的结果或推理得到的结论来说，无疑也可视作一种起点，因为这些结果或结论来源于这些依据或凭借等。或者说，"起点—来源—依据"这三个概念是相通的，"从+X"由表示客观的物理空间的位移起点隐喻扩展到表示主观的推理判断的依据，在"来源"这个概念上找到了联系的桥梁或纽带。

"从+X"的基本用法是表示物理空间位移的起点，其语义范畴通过隐喻认知机制扩展到时间、数量、状态、来源、依据等概念域，从具体的原型范畴向外扩展到边缘范畴一直到虚拟的抽象的事物和概念，体现了人们对外界事物进行范畴化认知的重要作用；含"从+X"的句式，其原型是描述物体的空间位移，表达客观意义，随着句式的扩散引申，也可用于说写者依据某一事实进行推理判断，表达主观意义，体现了语言的主观性。

（二）"从"介引角色的重合

"从"既可以介引空间起点，也可以介引经过点或经过的路径，一般情况下，其介引角色的区分是清楚的，但有时"从"介引的角色不容易判断，在理解上有歧义。例如：

⑩ a. 一只野兔从我脚边飞窜而去。
b. 寿明和乌世保费了好大劲才从人流中钻出来。
c. 我从一张床走到另一张床。
d. 夜风带着腥咸的味道从海面上袭来。

例⑩中 a 句"我脚边"既可能是飞窜而去的起点，也可能是飞窜而去的经过点。如果野兔原来就在我脚边，那么我脚边就是位移的起点；如果野兔原来不是在我脚边，那么我脚边就是经过点。b 句"人流中"既可能是钻出来的起点，也可能是钻过人群出来，那么就是经过的处所。c 句如果所表达的是一次起讫的位移运动，"一张床"是位移的起点；如果所表达的是反复的位移运动，那么"一张床"既是位移的起点也是位移的经过点。d 句如果夜风就产生于"海面上"，那么"海面上"是既可以是起点也可以是经过的路径；如果夜风不是产生于"海面上"，那么"海面上"是经过的路径。

二 "从+X"对 V 的选择[①]

词语的组合不是随意的，而是具有一定的选择性。含"从+X"的句

---

① 为使讨论内容相对集中，本节和下节仅讨论表示空间起点或经过点的"从+X"。这里的空间起点或经过点主要在物理空间，不包括抽象空间的起点或经过点，如"愉快的微笑从心底漾上来"，但视线或目光的位移在我们讨论之列，如"那时我就常常把眼睛从书本上移到她脸上"。

子作为一种位移句式，其句式语义为"某位移体随动作从 X 处向某方向或某目标发生位置移动"。这一语义要求句中 VP 必须体现位移运动的方向性或过程性，因此"从+X"对句中动词必然具有选择性。根据我们的考察，能够与"从+X"组配的动词都具有一定的位移性特征。确定动词是否具有位移性，我们依据了陆俭明（2002）的标准："有的动词含有向着说话者或离开说话者位移的语义特征，我们称之为'位移动词'。有的动词则或者根本不含有位移的语义特征，或者虽也能使受动者发生位移，但不会发生向着说话者或离开说话者位移的情况，我们都称之为'非位移动词'"。根据动词的位移性强弱和位移体的不同，位移动词可分为以下几类：

（甲）a. 走、跑、爬、飞、游……
　　　b. 站、坐、蹲、趴……
　　　c. 滚、飘、漂、升、传、流……
（乙）a. 送、运、扔、搬、寄、拉、拖、拽、带、抬、牵、交、还、借、抢、偷、买……
　　　b. 拿、端、找、抱、写、挂、贴……
（丙）看、望、瞧、窥（视）……
（丁）来、去、上、下、进、出、上来、下去……

（甲）类动词都是通过动作使自身发生位置改变，其中 a、b 组动词表示施动者的位移，不过 b 组动词位移性较弱，需要带上趋向补语，位移的语义特征才能显示出来；c 组动词表示动作主体的位移；（乙）类动词都表示受动者的位移，通过动作使其他物体的位置发生改变，但 b 组动词的位移性很弱，需要带上趋向补语才能显示出来；（丙）类动词既不表示施动者或动作主体位移，也不表示受动者位移，而表示视线或目光的移动；（丁）类动词是趋向动词，可作为句子的主要动词，表示施动者或动作主体的移动。例如：

⑪ a. 汽车路尽，舍车从山涧两边的石径向上走，进入松林深处。

　　　　b. 他一骨碌从沙发上坐起来。

　　　　c. 北高南低，水从后院往前流。

　　　　d. 有一回，从积肥坑里往上拉绿肥。

　　　　e. 曲强呼着气把那厚厚一叠报告从公文包拿出。

　　　　f. 父亲被什么惊醒了，也从窗上看。

　　　　g. 我从果园回来，看见王全眼睛上蒙着白纱布。

例⑪a、c、d、f、g句中与"从+X"组配的动词都具有较强移动性功能，二者组合后能体现移动的过程性，b、e句中与"从+X"组配的动词移动性功能较弱，动词后面必须带上趋向补语，否则句子无法成立，带上趋向补语后，就由单纯表示动作变成表示移动的过程，如"从沙发上坐起来"表示了一个由"躺着"到"坐着"的运动过程。

三　"从+X"与动作参与者的语义关系

（一）位移事件的类型

根据施动者、位移体和位移动力的关系，含"从+X"的位移句可分为：

1. 自移句

　　⑫ a. 从一个塑料袋里滚出一个烂得发臭的人头。（位移体是"一个烂得发臭的人头"）

　　　　b. 一滴老泪从那眼缝里淌了出来。（位移体是"一滴老泪"）

2. 施移句

　　⑬ a. 我从晚餐席上跑开了。（位移体是"我"）

　　　　b. 从赵家大门里出来一位女子。（位移体是"一位女子"）

3. 致移句

　　⑭ a. 他从内衣口袋里掏出两封洋钱。（位移体是"两封洋钱"）

　　　　b. 他从墙上把那根旧鞭子取下来。（位移体是"那根旧鞭子"）

自移句的位移体为无生命体，位移的动力不是位移体本身发出的，而是一种自然力，或者虽然不是自然力，但句中没有显性的施动者；施移句的位移体为生命体，位移动力由位移体本身发出，施动者等于位移体；致移句中的施动者和位移体相分离，施动在前，位移在后，施动和位移之间有一个"致使"的语义关系。（张黎 2006）自移句和施移句表示动作主体或施动者的位移，而不是表达使受事的位移，所以这两类句子所表达的位移事件都是自移事件（self-agentive motion）；致移句表达使受事的位移为致移事件（caused motion）。从事件结构来看，自移句和施移句为单一事件结构，致移句为复合事件结构，包括两个事件，一个是副事件（co-event，也称伴随事件），表达位移的方式或原因，一个是主事件（framing event，也称核心事件），即位移事件，如例⑭a中包括副事件（"他掏两封洋钱"）和主事件（"两封洋钱从内衣口袋里出来"）。

在自移句和施移句中，只有一个动作参与者，动作主体或施动者，同时也就是位移体，"从+X"表示动作主体或施动者的移动起点，二者关系比较单纯；但在致移句中，动作涉及两个参与者，施动者和受动者，要确定谁是位移体，即哪个参与者发生了位移，"从+X"和哪个参与者发生语义关系，有时比较复杂。为行文方便，我们把含"从+X"的致移句抽象化为"NP_1+从+X+VP+NP_2"，其中 NP_1 表示施动者，NP_2 表示受动者。

（二）"NP_1+从+X+VP+NP_2"中"从+X"与 NP_1、NP_2 之间的 语义关系

1. NP_1、NP_2 都在 X 处，NP_2 位移、NP_1 不位移

⑮ 他们把猫从六楼的阳台上扔下来。

例⑮中，动作发生之前，"他们"和"猫"都在"六楼的阳台上"，动作发出后，"猫"离开阳台，"猫"是位移体，"他们"不是位移体，"六楼的阳台上"表示"猫"位移的起点。

2. NP₁ 不在 X 处、NP₂ 在 X 处，NP₂ 位移

⑯ 顾止庵从死者的上衣兜里掏出一个工作证。

例⑯中，动作发生前，"一个工作证"在"死者的上衣兜里"，"顾止庵"不在其中，动作完成后，"一个工作证"移出"死者的上衣兜里"，"一个工作证"是位移体，"死者的上衣兜里"是其位移的起点。

3. NP₁ 和 NP₂ 都在 X 处，NP₁ 协同 NP₂ 位移

⑰ 姐姐从屋里抱出几大本厚厚的账簿。

例⑰中，动作发生前，"姐姐"和"几大本厚厚的账簿"都在"屋里"，动作完成后，"姐姐"和"几大本厚厚的账簿"都离开"屋里"，他们都是位移体，"屋里"是他们移动的起点。

4. NP₁、NP₂ 都在 X 处，NP₂ 位移、NP₁ 是否位移不确定

⑱ 他从玉米地赶出几个偷摘玉米的顽童。

例⑱中，动作发生前，"他"和"几个偷摘玉米的顽童"都在"玉米地"，动作发生后，"几个偷摘玉米的顽童"离开"玉米地"，"他"是否离开不确定。因为"赶"可以是追赶，也可以是仅仅用言语驱赶，如果是前者，"他"位移，如果是后者，"他"不位移。"玉米地"是"几个偷摘玉米的顽童"位移的起点，是否是"他"位移的起点不确定。

5. NP₂ 在 X 处，NP₁ 是否在 X 处、是否位移都不确定

⑲ a. 一个男子正从平板三轮上往下搬花。
　　b. 小李从宠物店买回来几只小白鼠。

例⑲a中，动作发生时，"一个男子"可能站在平板三轮车上，也可能站在平板三轮车下/旁，"花"在平板三轮车上，动作发生后，"花"离开平板三轮车，"平板三轮上"表示"花"位移的起点。但"一个男子"是否位移则不确定，如果他站在平板三轮车上，则可能与"花"共移，也可能只是"花"位移，如果他站在平板三轮车下/旁，则只是"花"位移，"他"不位移。例⑲b中，动作发生前，"小李"是否在"宠物店"不确定，因为买可以亲自去，也可以托别人代买，还可以通过预订的方式送货上门。动作完成后，"小李"是否位移不确定，"几只小白鼠"是位移体，"宠物店"表示位移的起点。

6. NP₁、NP₂是否在 X 处不确定，并且二者都不位移

⑳ 他从人群中发现了小偷。

例⑳可以有多种理解：a. "他"在人群中，"小偷"不在人群中；b. "他"不在人群中，"小偷"在人群中；c. "他"和"小偷"都在人群中。该句的位移体既不是"他"也不是"小偷"，而是他的"视线"或"目光"。做 a 理解时，"人群中"是视线移动的起点；做 b 理解时，"人群中"是视线移动的终点；做 c 理解时，"人群中"可能是视线移动的起点也可能是终点。

（三）影响"NP₁+从+X+VP+NP₂"语义理解的主要因素

1. NP₁、NP₂与 X 之间的容积关系

㉑ a. 她从头上摘下一枚银钗。

b. 他从屋顶上扔下几块砖头。

c. 他从飞机上看到了濑户内海。

d. 他从床底下拖出一个纸板箱。

e. 他从车上搬下几件行李。

从 NP₁、NP₂与 X 之间的容积关系来看，例㉑中各句可表达为：a 句"她＞头上＞一枚银钗"；b 句"他＜屋顶上＞几块砖头"；c 句"他＜飞机上＜濑户内海"；d 句"他＜床底下＞一个纸板箱"；e 句"他＜车上＞几件行李"。于康（2007）指出，"在通常情况下，如果 NP₁比 X 容积大，那么 NP₁就不能置身于 X；如果 NP₁比 X 容积小，那么 NP₁有时能置身于 X，有时不能置身于 X。同样，如果 X 比 NP₂大，那么 NP₂就能存在于 X；如果 X 比 NP₂小，那么 NP₂有时能存在于 X，有时不能存在于 X"。a 句中"头上"只能是"银钗"存在的处所，不能是"她"置身于该处实施动作的处所；c 句中"飞机上"只能是"他"置身于该处实施动作的处所，不可能是"濑户内海"存在的处所；b、d、e 三句中 NP₁、NP₂与 X 之间尽管在容积上的大小关系相同，但 NP₁、NP₂与 X 之间的语义关系还是有所不同：b 句中"屋顶上"是"他"置身于该处实施动作的处所，

也可以是"砖头"存在的处所；d 句中"床底下"按照一般常理不会是"他"置身于该处实施动作的处所，只能是"纸板箱"存在的处所；e 句中"车上"必是"行李"存在的处所，但是否是"他"置身于该处实施动作的处所则不确定，既可以是"他"爬上车，在车上往车下搬行李，也可以是"他"站在车下/旁把行李往车下搬。可见，a—d 句都没有歧义，e 句中因为"车上"可能是"他"置身于该处实施动作的处所，也可能不是，所以有歧义。

2. NP$_1$ 与 X 之间的语义制约关系

㉒ a. 他从面口袋里抓出一只老鼠。

b. 小花猫从面口袋里抓出一只老鼠。

例㉒ a 句中"面口袋里"只能是"老鼠"存在的处所，不可能是"他"置身于该处实施动作的处所；b 句中"面口袋里"是"老鼠"存在的处所，但是否是"小花猫"置身于该处实施动作的处所则不确定，既可以是"小花猫"钻进面口袋，抓出里面的老鼠，也可以是"小花猫"在面口袋外面，把爪子伸进口袋去抓出里面的老鼠。因为 a 句中 X 不可能是 NP$_1$ 置身于该处实施动作的处所，所以没有歧义，b 句中 X 可能是 NP$_1$ 置身于该处实施动作的处所，也可能不是，所以产生歧义。

3. NP$_2$ 与 X 之间的语义制约关系

㉓ a. 他从山上摘下来几颗硬壳果。

b. 他从树上摘下来几颗硬壳果。

例㉓ a 句中，"山上"只表示"他"置身于该处实施动作的处所，不是"几颗硬壳果"附着的处所。b 句中，"树上"既可能是"他"置身于该处实施动作的处所，也可能仅仅是"几颗硬壳果"附着的处所。当"树上"表示"他"置身于该处实施动作的处所时，"他"在树上摘树上结的硬壳果；当"树上"仅仅表示"几颗硬壳果"附着的处所时，"他"站在地上摘树上结的硬壳果。因为 a 句中 NP$_2$ 与 X 没有附着关系，X 只是 NP$_1$ 置身于该处实施动作的处所，所以没有歧义，b 句中 NP$_2$ 与 X 有附着关系，同时也可能是 NP$_1$ 置身于该处实施动作的处所，所以有歧义。

4. 动词的语义制约

㉔ a. 他从美国寄过来一个布娃娃。
　　b. 他从美国带过来一个布娃娃。
　　c. 他从美国买过来一个布娃娃。

例㉔中 a 句的"寄过来"具有使"布娃娃"离开"他"实施动作的处所到达说话人所在处所的语义功能，但不具有使"他"离开实施动作的处所的语义功能。b 句中的"带过来"具有使"他"协同"布娃娃"离开原处所到达说话人所在处所的语义功能。c 句中的"买过来"具有使"布娃娃"的领有权由原所有者手里转移到"他"手里，并且离开原所在地到达"他"所在地的语义功能，但不具有使"他"离开某处所的语义功能。此外，他在"买回来"这个事件中只是一个促成"布娃娃"的所有权发生转移的使因，不一定是动作的实施者，具体实施"买"这一动作的可以是"他"本人，也可以是托别人，还可以通过下订单等方式。由于 a、b、c 三句中动词的语义蕴含不同，三句在语义理解上也存在差别：a 句发生位移的只有"布娃娃"，b 句发生位移的是"他"和"布娃娃"，c 句发生位移的是"布娃娃"，"他"是否位移则不确定。因此，a、b 两句都没有歧义，c 句则有多种理解。

（四）"NP$_1$+从+X+VP+NP$_2$"中"X"的意义

从上文的讨论可以看出，把"NP$_1$+从+X+VP+NP$_2$"中的"X"简单地概括为"空间起点或经过点"，对于该句式的理解显然是不够的。在这个句式中，"X"表现出以下几种意义：

1. NP$_1$ 置身该处实施动作的处所，NP$_2$ 位移的起点

㉕ 他从阳台上抛下一只病猫。

2. NP$_2$ 存在的处所和位移的起点，但非 NP$_1$ 置身该处实施动作的处所

㉖ 我从墙上摘下了一柄铝合金的长剑。

3. 既是 NP$_1$ 置身该处实施动作的处所，也是 NP$_1$ 和 NP$_2$ 位移的起点

㉗ 文体委员从库房里抬出了一面大鼓。

4. NP₂ 存在的处所和位移的起点,可能是 NP₁ 置身该处实施动作的处所和位移的起点

㉘ a. 他从床上扔下几件衣服。
　　b. 他不停地从车上往下搬着行李。

5. NP₂ 经过的处所

㉙ 他从门缝送进一束稻草来。

四 "从+X"的语用功能

(一)话题功能

篇章中,"从+X"经常位于句首充当话题,作为后面的述题叙述或议论的出发点、对象或基础,尤其是一些通常居于句首的框式结构,比如"从……(来)看/说"更是成为典型的话题。例如:

㉚ a. 从赵家大门里出来一位女子,穿着粉色的衣服,抹着脂粉,左右看了一下,又多朝范虎看上一眼,坐在门槛上。
　　b. 忽然从草丛里跳出一个花里胡哨的癞蛤蟆,一口把两个蚂蚱都吃了,才子大惊失色,如梦方醒……这故事到这里就完了。
　　c. 从法律上说,你不属于对自己的行为没有能力负责,跟精神病区别不大的那类人。
　　d. 从传统上看,日本妇女在"男权中心"主宰的悠久历史阴影下,几乎处于一种类乎婢女的地位。

例㉚中 a、b 两句句首的"从+X"是某人或某物出现的场所和移动的起点,主语兼话题,其后谓语或述题对人、物的当下动作或事件进行描述;c、d 两句句首"从+X"是典型的话题,提出说话的着眼点和推断的依据,其后的述题在此基础上进行评论或推断。

(二)衔接功能

篇章是由一个个句子建构而成的,在其组成中,为了"话题的延续",

在内容上要连贯，形式上要衔接。观察"从+X"结构所在的话语环境可以发现，其往往与上下文保持某种语义关联，具有一定的衔接功能。

1. 回指衔接

所谓"回指"就是"从+X"中的"X"复指上文的某个词语，以承上启下。例如：

㉛ a. 这街上的狗都教他打怕了，见了他的影子就逃。没有多少时候，绿杨饭店就充满了他的"作风"。从作风的改变上，你知道店的主权也变了。

b. 今天读到《今晚报》上黄桂元先生一篇文章，我就打心里高兴。题目是《冷清的回潮》，从这篇文章我知道上海在花大力气重排"样板戏"，后遭到了观众的冷漠。从这里我看到中国的希望！

c. ……以后还有第五次、第六次的轰炸。……关于轰炸我真可以告诉你们许多事情。但是我不想再写下去了。从以上简单的报告里，你们也可以了解这个城市的受难的情形，从这个城市你们会想到其他许多中国的城市。

例㉛中的a"从作风的改变上"中的"作风"与前接句中的"作风"相照应，这是通过词语同现来复指；b句中"从这篇文章"、"从这里"分别指上文提到的"《冷清的回潮》"和"上海"，这是通过代词来回指；c句中"从以上简单的报告里"中"以上简单的报告"就是指上文报告的抗战中重庆遭受日本战机轮番轰炸的情况，这与上文出现的"关于轰炸我真可以告诉你们许多事情"是相照应的，都是指称同一事件或内容。"从+X"通过"X"的复指关系，与上文建立语义联系，使话语保持衔接和连贯。

2. 对比衔接

篇章中有些"从+X"及其前后的句、段，语义上相反或相对，往往反映着表达者看待某一问题的不同的着眼点。有时还在"从+X"前边再用上转折连词，构成"但+从+X"格式。例如：

㉜ a. 所以玄言哲理从表面上看，极崇高而虚浮；从骨子里

看，极平常而切实，哲学只是从生活事情反映出来的一种倾向，一种态度……

b. 他愿意她永远保持一个纯洁的灵魂，但从爱护她的角度出发，他又希望她快点复杂起来，快点认识这个世界和人生，因为太单纯的灵魂只对别人有好处，对自己却有害无益。

例㉜ a 中"从表面上看，极崇高而虚浮"和"从骨子里看，极平常而切实"，语意上形成对比；b 句中，前一句"愿意她永远保持纯洁"，后一句"从爱护她的角度又希望她快点复杂起来"，前后语意形成明显的转折，所以"从+X"前用了转折连词"但"。

3. 列举衔接

有些篇章中几个"从+X"结构反复出现，对某一范围的人或事进行分类和列举，使得语段层次分明、逻辑清晰，从而有效地衔接在一起。例如：

㉝ a. 沃氏长相奇特，从背后看，骨架与欧美白人无异，从正面看，肤色微黑而眉骨突出，鼻子大而扁，具有加勒比海安德列斯群岛上土著的特征。从演讲的姿态、风度与音韵上，则又令你深感他是一位浸泡在西方主流文化中的精英。

b. 然而上海市要真的翻身了。那些厂房里的工人，那些苦力，那些在凉风里抖着的灾民和难民，那些惶惶的失业者，都默默的起来了，团聚在他一起，他们从一些传单上，从那些工房里的报纸上，从那些能读报讲报的人的口上，从每日加在身上的压迫的生活上，懂得了他们自己的苦痛，懂得了许多欺骗，懂得应该怎样干……

例㉝ a 中，"从背后看"、"从正面看"描述沃氏长相奇特，具有土著的特征，"从演讲的姿态、风度与音韵上"说明他是西方主流文化的精英，三个"从+X"从外在到内在刻画了沃氏的形象；b 句接连使用四个"从+X"列举叙述上海工人从各个方面、各种途径觉醒起来，觉悟程度逐渐提高的情况。可见，上面两例中连用的"从+X"在语序安排上不是随意的，而是具有内在的逻辑顺序，体现了篇章的逻辑连贯性。

有些篇章中，连用的几个"从+X"并不在每个上面加"从"标记，而只在第一个上加标记。例如：

㉞ 那种原始的坚定的精神和勇猛的力量从眉目上、胡须上、胳膊上、手上、腿上，处处透露出来，教你觉得见着了一个伟大的人。

列举时在每个"从+X"上加标记和只在第一个上加标记，在表达上是有区别的，都加标记时语气和语义都要更加强调些。

（三）限定功能

"从+X"除了具有话题功能和衔接功能外，还具有限定功能，限定后续话语中动作、事件发生或出现的时间、空间、范围，或者事物的来源以及观察事物的角度和判断的依据等。关于这一点，前面已经论及，这里再举几例说明：

㉟ a. 他褪下鞋子，一猛子扎到水底，从水里把她托了起来。

b. 从腊八起，铺户中就加紧地上年货，街上加多了货摊子——卖春联的、卖年画的、卖蜜供的、卖水仙花的等等都是只在这一季节才会出现的。

c. 一个朋友偶然从报纸上看到他的报丧广告，才惊疑地通知了几个较为接近的朋友。

d. 我结合工作实际，从记账学起，学打算盘，每天坚持不断。

e. 从他抢面包这件事儿上看，他这个人确实是谁也不顾。

例㉟中 a 句限定了"她"位移的起点，这是对空间进行限定，b 句限定了"铺户加紧地上年货，街上加多了货摊子"的时间，c 句限定了"报丧广告"的来源，d 句限定了"我"补习文化、掌握基本工作技能这一活动范围的起点，e 句限定了推断"他这个人确实是谁也不顾"的依据。

五 连动句、"把"字句和隐现句中的"从+X"

本小节拟考察连动句、"把"字句和隐现句中的"从+X"。考察连动句和"把"字句是因为"从+X"出现在连动句和"把"字句中时，句法位置都比较灵活：既可以出现在连动短语之前，也可以出现在连动短语之间；既可以处在"把"字结构之前，也可以处在"把"字结构之后。在这两种句式中，"从+X"的句法位置受到哪些因素的制约？考察隐现句是因为隐现句中的"从+X"，即隐现句句首处词语带有"从"，有时句首的"从"必须出现，有时"从"不必出现，不必出现时带有"从"，其语用动机是什么？通过考察这几个句式，以窥探连动句、"把"字句中"从+X"句法分布上的制约因素、隐现句中"从+X"的语用动机和语用效果。

（一）连动句中的"从+X"

为表述方便，我们把连动短语表示为V_1V_2，V_1表示连动短语中的第一个动词短语，V_2表示第二个动词短语。

1. "从+X"与V_1V_2的语义关系

"从+X"在连动句中的位置，常见的是在V_1V_2之前，也可以出现在V_1、V_2之间。当"从+X"出现在V_1、V_2之间时，只能与V_2组合表义；当"从+X"出现在V_1V_2之前时，既可能与V_1组合表义，也可能与V_2组合表义。例如：

㊱ a. 爸爸从省里开会回来，给他打来电话。
　　b. 晋国国君从辇车上下来扶起赵鞅，亲热的说："赵爱卿平身。"
　　c. 我和百姗打着一把阳伞从熙熙攘攘的街里有说有笑地走出来。

例㊱a、b句中的"从+X"都位于V_1V_2之前，表示施动者移动的起点。不同的是，a中"从+X"只与V_2组合表义，不能与V_1组合表义。如可以构成"从省里回来",不能构成"从省里开会",因为"省里"是"开会"的地点,"回来"的起点。"开会"和"回来"之间有时间上的先后关系,在时间轴上占据两个不同的时间段,比如可以说成"开会后回来"。b中"从+X"只与V_1组合表义,不能与V_2组合表义,如可以构成"从辇车上下来",不能构成"从辇车上扶起赵鞅",因为"辇车上"是"下来"的起点,"晋国国君"原来在辇车上,"扶起赵鞅"是"晋国国君"从辇车上下来之后的行为,"扶起赵鞅"的地点不在辇车上。"下来"和"扶起赵鞅"也有时间的先后关系,比如可以说成"下来后扶起赵鞅"。c中的"从+X"位于V_1、V_2之间,只与V_2组合表义,可以构成"从熙熙攘攘的街里有说有笑地走出来"。"打着一把阳伞"为伴随动作,"有说有笑地走出来"为主体动作,两个动作是同时发生的,在时间轴上表现为同一个时间段,比如可以说成"有说有笑地走出来时打着一把阳伞",而且"从+X"也可以提到V_1V_2之前,说成"从熙熙攘攘的街里打着一把阳伞有说有笑地走出来"。

2. "从+X"在连动句中句法位置的制约因素

根据我们的观察,"从+X"在连动句中句法位置的制约因素主要有以下三个方面:

(1) 时序原则

如果V_1、V_2表示的动作或事件具有时间上的先后关系,那么"从+X"一般位于V_1V_2之前;如果V_1、V_2表示的动作或事件是同时出现的,即形成"伴随—主体"的动作或事件关系,那么"从+X"既可以处在V_1、V_2之间也可以处在V_1V_2之前。比如例㊱a、b句中V_1、V_2表示的动作或事件具有时间上的先后关系,"从+X"位于V_1V_2之前,c句中V_1、V_2表示的动作或事件是同时发生的,"从+X"可以处在V_1V_2之前也可以处在V_1、V_2之间。再如:

㊲ a. 保安队员们从后台冲了出来和居民们展开搏斗。

b. 我从M城探亲回来,送给连长一本年历。

c. 金一趟正要进去,林大立从里间屋抱着孩子走出来:"金老伯!"

d. 比干抚着胸口从宰相府出来，问："卖什么菜？"

例㊲a、b句中的V_1、V_2表示的动作或事件具有先后关系，"从+X"都处在V_1V_2之前，不过a句中"从后台"只能与V_1"冲了出来"组合表义，b句中"从M城"只能与V_2"回来"组合表义。"从+X"只能与V_1组合表义时，"从+X"位于V_1V_2之前是强制性的，"从+X"只能与V_2组合表义时，"从+X"位于V_1V_2之前不是强制性的，但受到其他因素的制约。c、d句中V_1、V_2表示的动作或事件是同时发生的，"从+X"可以处在V_1V_2之前也可以处在V_1、V_2之间。

（2）V_1的界性特征

"从+X"只能与V_1组合表义时，因为"从+X"的句法位置具有强制性，下面不再讨论。当"从+X"只能与V_2组合表义，并且V_1、V_2的发生具有时间先后关系时，如果V_1表示无界的活动，那么"从+X"只能位于V_1V_2之前；如果V_1表示有界的事件，那么"从+X"也可以位于V_1、V_2之间，不过意思有所改变。例如：

㊳ a. 一次我们从山里干活回来，车坏了，徒步走了一百多里路。

b. 我从朋友家里喝醉了酒回来，睡在床上，只见你呆呆的坐在灰黄的灯下。

例㊳a、b句中的V_1、V_2表示的动作或事件都具有先后关系。a句中的"干活"表示无界的活动，比较抽象、独立性差，"干活"不能移到"从山里"之前，不能构成"干活从山里回来"，或者说，这时"从山里"只能位于"干活回来"之前；b句中的"喝醉了酒"表示有界的具体事件，具有独立性，可以移到"从朋友家里"之前，构成"喝醉了酒从朋友家里回来"，或者说，"从朋友家里"可以放在"喝醉了酒回来"之前，也可以放在"喝醉了酒"和"回来"之间。不过意思有所改变，"从朋友家里喝醉了酒回来"表明"喝酒"的地点在朋友家里，而"喝醉了酒从朋友家里回来"则"喝酒"的地点不一定在朋友家里。

当V_1、V_2表示的动作或事件是同时发生的，即V_1、V_2为"伴随—主体"关系时，如果V_1为光杆形式，表示主体动作的方式，那么"从+X"一般

出现在 V_1V_2 之前;如果 V_1 为"V 着"形式,表示无界的延续动作,那么"从+X"大多出现在 V_1、V_2 之间。不论 V_1 为何种形式,都不是独立的事件,V_1V_2 表示一个事件,V_1 为该事件的伴随动作、状态或方式。例如:

㊴ a. 常有达官贵人及其家眷,借结善缘为名,从城里乘车来看他的表演。

b. 陈主编搓着双手从里屋出来,笔直走到李东宝桌前……

例㊴ a、b 句中的 V_1 都表示伴随动作或方式。a 句的"乘车"为光杆形式,表示伴随方式,"从城里"一般处在"乘车来看他的表演"之前,也可以放在"乘车"之后,构成"乘车从城里来看他的表演";b 句的"搓着双手"为"V 着"形式,"从里屋"一般出现在"搓着双手"和"出来"之间,也可以放在"搓着双手出来"之前,构成"从里屋搓着双手出来"。不过,从我们收集的用例来看,结构形式为"乘车从城里来看他的表演"、"从里屋搓着双手出来"的使用频率都比较低,一般出于强调的目的才使用。

(3)凸显原则

"从+X"在连动句中的位置还与表达者强调或凸显"从+X"或 V_1 有关,而汉语中强调或凸显某个对象一般采用语序手段,改变该对象通常的句法位置。请看下面的例句:

㊵ a. 于是,当郭大娘从戏院带着一双哭红了的眼睛回来,骂着那忘恩负义陈世美,喜新厌旧,铡还便宜了他,该千刀万剐的时候,想不到伊汝在收拾她的和他的东西。

b. 有一天,金一趟到天津去出诊,大太太趁机找了娘家的人,就把翠花姑娘给轰出府去啦……金一趟坐晚班车从天津回来,差点儿没急疯了,连夜跑出去找翠花……

例㊵ a、b 句中的 V_1 都表示伴随状态或方式。a 句中 V_1 为"V 着"式,"从+X"居于 V_1V_2 之前,而 V_1 为"V 着"式时,按照一般的排列顺序是"从+X"应位于 V_1、V_2 之间,即应为"带着一双哭红了的眼睛从戏院回来"。语言结构在很大程度上跟人对客观世界的认识有着象似关系,或者说,"语法结构在很大程度上是人的经验结构的模型"。(沈家煊 1999:10)从认知表达上说,人们观察当下场景中一个正处在过程中的位移事件,总是先注意到运动主体和动作及其样态（manner），然后才是起点、方向和终点等，而动作的样态相对于主体动作来说，认知上更显著。因此，作为主体动作的样态"带着一双哭红了的眼睛"总是先注意到，然后注意到主体动作"回来"和动作的起点"从戏院"，表现在句法上，"带着一双哭红了的眼睛"应前置于"从戏院回来"，或者说，"带着一双哭红了的眼睛从戏院回来"与上述认知层面的先后顺序是一致的。（高增霞 2006:63，75）为了证明这一点，不妨比较：

㊶ a. 郭大娘带着一双哭红了的眼睛从戏院回来。
   b. 郭大娘从戏院带了一叠画报回来。

例㊶a、b句是不同的：a句是报道现场观察到的正在进行的位移事件；b句是陈述一个已经处于结束状态的位移事件。或者说，a句采取的是现场报道的方式，b句采取的是事后陈述的方式。从认知表达上说，叙述或告知别人某个位移事件，总是按照这样的顺序：某人（物）从某处以某种方式或途径到达某处。b句中"从戏院"放在"带了一叠画报回来"之前是与这种认知层面的先后顺序是一致的。也就是说，"带着一双哭红了的眼睛从戏院回来"、"从戏院带了一叠画报回来"是一般的、常规的语序安排，而"从戏院带着一双哭红了的眼睛回来"、"带了一叠画报从戏院回来"则是特殊的、非常规的语序安排。由此我们认为例㊶a这种语序安排是表达者出于强调或凸显"从戏院"而采取的一种语用手段，更何况"从戏院"位于"带着一双哭红了的眼睛"之前时不能与其组合表义。例㊵b与例㊶b类似，也是陈述一个已经结束的位移事件，一般的、常规的语序安排应为"金一趟从天津坐晚班车回来"，而例㊵b把"坐晚班车"置于"从天津回来"之前，显然是为了强调或凸显"坐晚班车"。从上文看，"从天津"是个回指性的旧信息成分，"坐晚班车"是新信息成分，如果从与上文照应的角度考虑，"从天津"也应置于"坐晚班车回来"之前，但该句中"坐晚班车"却处在"从天津回来"之前，这些都表明作者是为了强调"坐晚班车"，突出金一趟急于赶回来找人的心理，这从后续成分也可看出。方绪军（1997）也认为介宾短语与连动结构之间的语序安排主要是为了凸显重要信息或使话语连贯。

需要说明的是，孤立地看，"坐晚班车"和"干活"一样，都是表示无界的活动，独立性差，那么为什么"干活"在例㊳a中不能前移而"坐晚班车"在例㊵b中却可以前移呢？这是因为在"从天津坐晚班车回来"中的"坐晚班车"算不上是表示一种活动，而是表示主体动作的方式或凭借，相当于一个介词结构，比如该句可以说成"从天津以晚班车的方式回来"，所以表示动作的方式的"坐晚班车"可以因强调或凸显而前移。

（二）把字句中的"从+X"

"从+X"在"把"字句中的句法位置有两种：一是位于"把"字结构之前，记作"NP_1+从+X+把+NP_2+VP"；一是位于"把"字结构之后，记作"NP_1+把+NP_2+从+X+VP"。从所收集到的用例看，"从+X"位于"把+NP_2"之后的使用频率远远高于位于"把+NP_2"之前。根据我们的观察，影响"从+X"在"把+NP_2"前后出现的因素主要有以下几个方面：

1. 语义指向的影响

如果"从+X"在语义上指向NP_1，那么一般采用"NP_1+从+X+把+NP_2+VP"；如果"从+X"在语义上指向NP_2，那么一般采用"NP_1+把+NP_2+从+X+VP"。语言距离与概念距离具有象似性，"语言成分之间的距离反映了所表达的概念的成分之间的距离"（Haiman 1983；转引自张敏 1998:222），语义联系紧密的成分在线性距离上也更加靠近。例如：

㊷ a. 在她犹豫不决之时，一头大象从身后用那粗大的鼻子把她卷起举向空中。

b. 陈北燕用尽全身力气才把方枪枪从地下架起来。

例㊷a中"从身后"在语义上指向"一头大象"，是"一头大象"实施动作的处所、"她"位移的起点；例㊷b中"从地下"在语义上指向"方枪枪"，是"方枪枪"所处的位置和位移的起点。这两例的"从+X"都分别说明并仅说明NP_1、NP_2的处所，如果移动位置，则不仅违背概念距离象似性，而且语义指向也会发生改变。如a句变为"一头大象用那粗大的鼻子把她从身后卷起举向空中"，则"从身后"在语义上指向"她"；

b 句变为"陈北燕从地下用尽全身力气才把方枪枪架起来"则"从地下"在语义上指向"陈北燕",表示"陈北燕"实施动作的处所。

不过,如果不考虑语用上的差异,很多时候"从+X"位于"把+NP$_2$"前、后语意上没有什么变化。尤其是下面两种情况,"从+X"位于"把+NP$_2$"前、后,语意上似乎没有什么变化,表达者经常随意使用而语用目的不明显。

一是"从+X"语义指向 NP$_1$,表示动作的原点,例如:

㊳ a. 两个弟兄从后面把麻子的腕子和脖子同时攥住。

b. 她焦躁地跳起来,推他出屋,把门从里面反扣上了。

例㊳ a、b 中的"从后面"、"从里面"分别位于"把+NP$_2$"前、后,语义上都指向 NP$_1$,是 NP$_1$ 实施动作的处所,即动作的原点,相当于"在后面"、"在里面",把两句中的"从+X"在"把+NP$_2$"前后进行变换,语意上没什么变化。

二是"从+X"表示共移或者协同位移的起点,即表示 NP$_1$、NP$_2$ 共移的起点。例如:

㊹ a. 陈玉英从托儿所把孩子接回家来了,小兴儿甜甜地叫了一声:"爸!"

b. 我把小舅从派出所里领了出来,天气很热,我们都出了一身臭汗。

例㊹ a、b 句中的"从+X"分别位于"把+NP$_2$"前、后,语义上既指向 NP$_1$ 又指向 NP$_2$,为 NP$_1$、NP$_2$ 协同位移的起点,把两句中的"从+X"在"把+NP$_2$"前后进行变换,语意上也没什么变化。

2. 话语衔接的影响

有些篇章中,若后续句中的"从+X"与前接句中的成分同指或部分同指时,在心理上往往要求这两个同指成分在空间距离上尽可能靠近一些,这时为了话语衔接的方便,后续句中"从+X"有置于句首的倾向。例如:

㊺ a. 当雪莱的尸体几乎被烧成灰烬时,特里芬尼突然冲了上去,不顾手被烫伤,从尸体的胸中把"心脏"抢了出来。

b. 我下了车，从车底下把那个女孩拖了出来。

例㊺中 a 的"从尸体的胸中"在语义上指向"心脏"，是"心脏"所处的位置和位移的起点，按照概念距离象似原则应放在"把'心脏'"之后，而该句中却置于句首，即放在了"把'心脏'"之前，主要是为了与前一句衔接，因为前接句中出现了部分同指词语"雪莱的尸体"。b 句可做同样分析。

有些篇章中，如果"从+X"或"把+NP$_2$"处在一组语义上并列或相对的语句中，为了使话语表达具有连贯性和整体感，常会对它们的位置做出调整，使各语句采用相同或近似的结构来展开。例如：

㊻ a. 朗西丝卡从金属的盘子里把冰拿出来，又从一个半加仑的大口杯里把茶倒出来。

b. 我们把那么多东西留在了那里，又把那么多东西从那里带回来了。

c. 我们上旁的船，总是从船头走进舱里去。上"当当船"可不然，我们常常踩着船边，从推开的两截穹形篷中间把身子挨进舱里去，这样见得爽快。

例㊻ a 前后句子采用相同的结构形式，"从+X"都位于把"把+NP$_2$"之前。例㊻ b 前后句子采用近似的结构形式，后续分句中"从那里"位于"把那么多东西"之后，主要是出于话语表达的整体效应上考虑，这样处理使得前接句的"把那么多东西留在了那里"和后续句的"把那么多东西从那里带回来"语义上相对、形式上近似；如果出于照应上考虑，"从那里"应位于"把那么多东西"之前，因为前接句句末有其同指成分"那里"，但这样势必破坏结构的整体性，造成话语文气不畅。例㊻ c 中的"从推开的两截穹形篷中间把身子挨进舱里去"与前句的"从船头走进舱里去"也是结构上相似，语义上相对，"从推开的两截穹形篷中间"放在"把身子"之前显然更有利于与"从船头"构成对比，这样既突出了两种船进舱的不同，也使得前后话语保持了连贯性和协调性。

例㊺和例㊻可看作两种不同的衔接方式，前者是指称衔接[①]，使与

[①] 参看胡壮麟（1994:69）。

前接句中的成分具有同指关系的"从+X"居前，后者是结构衔接[①]，调整语句中"从+X"或"把+NP$_2$"的语序安排，使一组语句采用相同或近似的结构展开，这两种方式都能使话语表达保持衔接与连贯。

3. 凸显原则的影响

"从+X"在"把"字句中的位置有时还与表达者突出表达重点有关，表达者出于在语用上的考虑有意使"从+X"或"把+NP$_2$"成为强调或凸显的对象。例如：

㊼ a. 即使是个妓女，他也得去找她，从地狱中把她救拔出来。
b. 两岸都有人看船，大声呐喊助兴。且有好事者从后山爬到悬岩顶上去，把"铺地锦"百子边炮从高岩上抛下，尽边炮在半空中爆裂，形成一团团五彩碎纸云尘。

例㊼a中"从地狱中"放在"把她"之前，不是为了衔接，因为上文中没有出现先行词语，传达的是新信息，相反"把"的宾语和前接句的宾语同指，为旧信息，从前后衔接和信息安排的角度来说，"把她"应该放在"从地狱中"之前，但该句中作者这么处理，其动机显然是为了强调"从地狱中"。例㊼b中"从高岩上"放在"把'铺地锦'百子边炮"之后，从话语衔接的角度看，应该置于"把'铺地锦'百子边炮"之前，因为前接句中出现了"从"的宾语"高岩上"的同指成分"悬岩顶上"，而"把'铺地锦'百子边炮"传达的是新信息，应后置于"从高岩上"，但该句中却前置，显然是表达者出于强调或凸显的目的而有意使之居前。

（三）隐现句中的"从+X"

汉语中有一个比较明显的倾向，就是存现句的句首处所词语前一般不用介词"在"或"从"。这里先不讨论存在句，就隐现句来说，如果句首为"从+X"，即句首的处所词语前加"从"，或者是为了消解歧义，或者是为了强调处所，使其焦点化（丸尾诚 2007）。例如：

㊽ a. 中央来了几位领导。

[①] 参看胡壮麟（1994:69）。

b. 小山沟里来了一批支教学生。
c. 县教育局来了几个督导员。

㊽ a. 他把门锁定，还没走到妆台前，从垂地的厚窗帘后忽然冒出一个少年人来，他先吃了一惊，迅即判断为一个潜留的崇拜者，可那少年逼近他跟前后，却忽然亮出一把不锈钢的西餐叉来，直伸向他眼前……

b. 远岛的外边，起了一层黄雾，天与水潦草的粘合在一处；黄雾往前来，远岛退入烟影里，成了些移动的黑块子。从黄雾的下头，猛然挤出一线白浪，刀刃般锋锐的轻快的白亮亮的向前推进。

例㊽a、b两句句首名词语表示的处所是起点还是终点是清楚的，a句表示起点，b句表示终点，a句表示起点，可加也可不加"从"。c句的句首名词语表示的处所则可能是起点也可能是终点，如果表示起点则必须加"从"。例㊾a中"从垂地的厚窗帘后忽然冒出一个少年人来"，由"冒出"可知"从垂地的厚窗帘后"为位移的起点，也就是说，前面有没有"从"都表示起点，而该句中"垂地的厚窗帘后"却使用了"从"，这个"从"发挥了强调处所并将其焦点化的作用。例㊾b也可做同样的分析。值得注意的是，例㊾a中"从"介引的"垂地的厚窗帘后"是一个没有承前启后作用的偶现（trivial）新信息成分，例㊾b中"从"介引的"黄雾的下头"是一个回指性的旧信息成分，是"黄雾"这一整体的部分，作者把整体中的部分作为一个新的处所来加以凸显。从我们收集到的用例看，隐现句的句首处所词语是否加"从"使其焦点化，表现出这样的倾向：如果句首处所词语是语境中的新信息成分，一般都倾向于加"从"；相反如果处所词语是一个旧信息成分则倾向于不加"从"。请看例㊿：

㊿ a. 突然，从通往高速公路的环岛栅栏旁冲出四辆黑色"伏尔加"。仅仅几秒钟，便以迅雷不及掩耳之势，"杀"进警戒圈内，将李海平和他的西洋"弟子"团团围住。

b. 8月16日黄昏，年仅6岁的小灵杰放学回家，孤身一人在林木参天的山径上走。蓦然，从斜刺里伸出一双骇人的黑手，左右晃动，吓得毛骨悚然的小灵杰惨叫一声，便昏迷过去……

c. 突然，从走廊尽头过来一个女人，大约是一名护士，她大声说："他的情况很严重，可家里人还不知道。"

d. 一只很大的红蜘蛛在马架子的墙壁上匆匆爬行着。桑塔老爹敏捷地伸出手去，将它捏死。红蜘蛛鼓胀的肚子里喷出一股翠绿的水。

e. 这时躺在皮褥子上的阿芭哈会被雷雨突然惊醒，恐惧万分地瞪大眼睛，蠕动的双唇里发出一连串梦呓似的胡言乱语。

f. 我在民厚南里的东总弄，面着福煦路的门口，却看见了一位女丐。她身上只穿着一件破烂的单衣，衣背上几个破孔露出一团团带紫色的肉体。

例㊿中，a、b、c三句的句首处所词语都是新信息成分，前面都加上了"从"成为凸显的对象，d、e、f三句都是旧信息成分，前面都没加"从"。值得注意的是，a、b、c句的"从+X"前出现了时间副词"突然"、"蓦然"，说明当下情况、事件的出现是出乎观察者意料之外的，观察者的注意力必然聚焦于情况或事件的起点处所，因此起点处所很容易加"从"来强化、凸显，尽管"突然"、"蓦然"后面有逗号隔开，"从"的出现不是必须的，这可以同例㊷c进行比较。从我们收集到的隐现句用例看，句首处所词语前如果有"突然"类副词，不管副词后是否有逗号隔开，处所词语前几乎都加了"从"。新信息成分在描述时本身就容易成为注意的焦点，加上"从"在形式上标识聚焦或凸显的成分所付出的认知努力比较小，而旧信息成分一般不易引起注意，加"从"为了使之引起更多的注意，所付出的认知努力就相对要大得多，因此在回指性的句首处所词语前加"从"，其强调的语用目的也就更为明显。再如：

㊶ 可"狮子头"却很阔绰，……他不知哪儿来那么多钱。有一天晚上，从他的裤袋里滚出一颗骰子，我明白了。

例(51)中“从他的裤袋里”，“从”介引的是个部分回指性成分，注意值很低，这里加“从”提高了注意值，强调了“骰子”的出处，是“他的裤袋里”而不是别的什么地方，从而使“我”明白“他”是干赌博赢来那么多钱。

如果句首处所词前有表强调的副词、连词或其他修饰限定性词语，那么就必须出现“从”，例如：

(52) a. 他看见有的菜只动了几筷子就端了回去，竟从肠胃里发出一阵痉挛似的反感。

b. 临水的妓楼上，时时从帘缝里射出一线一线的灯光。

c. 忽然从草丛里跳出一个花里胡哨的癞蛤蟆，一口把两个蚂蚱都吃了，才子大惊失色，如梦方醒……这故事到这里就完了。

d. 先是他的喉咙发干，然后全身轻微地颤抖，最后眼泪不能遏止地往外汹涌，并且从胸腔里发出一阵低沉的、像山谷里的回音一样的哭声。

和隐现句一样，存在句句首的处所词语带上“在”也是对处所词语加以焦点化。潘文（2006:249—250）认为A段（句首处所词语—笔者注）没有介词的存在句默认的强调重点是后面的C段（动词后的无定名词语—笔者注），A段使用介词的存在句则既强调C段又强调A段。我们认为A段使用介词的存现句并不是“既强调C段又强调A段”，强调的仅仅是A段，A段因强调而焦点化，C段为表示全新信息的存现事物，是语义表达的自然焦点，与强调无关。强调或焦点化是在具体语境中表达者出于某种语用上的考虑而使用的手段，带有句首介词的存现句在孤立状态下往往很难成立，如“在桌子上放着一本书”、“从前边来了一个人”一般不能单独使用，原因之一就是脱离语境难以对句首处所词语进行强调或焦点化。

陈昌来（2002:232）认为汉语中有些介词结构位于句首做话题时，从语用平面看就是一种凸显焦点的句法手段，“对、对于”标记话题，同时也就把常规焦点位置让给了述语，“把”字句和“被”字句的使用也是为了把述语作为焦点给凸显出来。“对于、至于”等将述题中的非焦点信息话题化后，述题中的成分相应地减少了，其中的焦点信息也就易于为受话人识别，从而突出了述题的焦点信息。(王建勤 1992)"把/被"字句的使用也是使得其后的焦点信息更易于识别，从而凸显焦点信息。话题化和"把/被"字句的使用，使述语中某些语义成分前移，固然突出了述语，但是，从另一个角度说，话题化和"把/被"字句的使用也可以认为是使得这些语义成分由原来处在凸显程度低的句法位置变为显现在凸显程度高的话题位置、"把"字句的宾语位置和"被"字句的主语位置[①]。这与焦点凸显并不矛盾，焦点凸显是通过使本来处在重要线性位置上的自然焦点更易于识别，这是通过上述语用手段使一个本身凸显程度低的语义成分显现在凸显程度高的句法位置。上文提到"从+X"出现在连动句、"把"字句和隐现句中时，在有些篇章中，表达者往往采用语序手段改变"从+X"常规位置或者加带一个语义上不必要的"从"使"从+X"或"X"成为强调或凸显的对象。这说明在有些篇章中表达者出于语用上的考虑也可能对介词结构本身或其介引的成分加以强调或焦点化。

六　结语

本节首先讨论了"从"介引的事件角色问题，对其语义范畴由空间到时间、数量、状态、来源、依据等认知域的隐喻扩展做了描述，其次分析了"从+X"对句中动词的选择问题，认为因含有"从+X"句的句式义的要求，与"从+X"组配的动词只能是位移动词，不能是非位移动词；再次探讨了"从+X"与动作参与者的语义关系问题，并解析了影响"NP_1+从+X+VP+NP_2"语义理解的主要因素；然后从语用角度，讨论了"从+X"的话题功能、衔接功能、限定功能；最后考察了连动句、"把"字句和隐现句中的"从+X"，探讨了连动句、"把"字句中"从+X"句法分布上的制约因素、隐现句中"从+X"的语用动机和语用效果。

[①] 很多论著已指出话题、"把"字句的宾语和"被"字句的主语是凸显程度高的句法位置，这里主要参看了宋文辉(2007:53—54)的论述。

第五章

和"来、去"相关的短语的认知解释

第一节 "V来V去"格式及其语法化

○ 引言

"V来V去"是现代汉语中常见的一种格式,进入结构中的"V"可以是同一动词,如"走来走去"、"看来看去",也可以是同一语义域的不同动词,如"推来搡去"、"思来想去"。音节形式上,"V"以单音节动词为主,但也有不少双音节动词,如"折腾来折腾去"、"讨论来讨论去"。

目前语法学界就"V来V去"格式进行专门研究的成果还比较少,比较重要的只有李晋霞(2002)、刘志生(2004)。刘志生考察的是近代汉语中的"V来V去",认为近代汉语中"V来V去"格式的A、B、C三种类型是链接式的渐次演变关系,即B类由A类语法化而来,C类又由B类语法化而来。李晋霞则从共时和历时两方面考察了现代汉语中"V来V去"格式及其语法化历程。与刘志生不同的是,李晋霞通过历时考察认为A、B两类没有语法化关系,C类是由B类语法化而来。李晋霞的研究比较全面,取得了不少可喜的创获,但也留下了一些值得进一步探讨的问题。除了A、B两类的演变关系问题,再如:李晋霞在揭示"V来V去"的语法意义时认为A、B两类有些表示动作行为的持续,有些表示动作行为的反复。这就涉及"V来V去"的语法意义究竟是表持续,还是表反复?抑或部分表持续,部分表反复?另外,李晋霞对"V来V

去"语法化的动因与机制的讨论语焉不详,对"V来V去"的主观性问题没有进行研究。本节拟在已有成果的基础上,对"V来V去"格式及其语法化做进一步的探讨。

一 语义类型和语法意义

(一) 语义类型

根据"V来V去"是否发生空间位置的变化分成位移性和非位移性两大类。具有位移性特征的"V来V去",有的表示人或物体自身的空间运动,如"追来追去"、"飞来飞去"、"飘来飘去";有的表示通过外力致使人或物体发生空间位置变化,如"调来调去"、"带来带去"、"投来投去"。这类"V来V去"中的"V"有些具有[+动向][1]特征,如"跑"、"跳"、"游"、"甩";有些具有[-动向]特征,如"捎"、"带"、"拿"、"抢",但进入结构后,在指示性趋向动词"来"、"去"的作用下,整个结构表示有向的空间移动。不过,"V来V去"中的"来"、"去"和"前面走来了一群孩子/一群孩子向河边跑去"中的"来"、"去"并不一样,后者表示"动作朝着说话人所在地(来)/动作离开说话人所在地(去)",即指示确定的方向和目标,而前者只表示运动的有向性,方向和目标并不确定。为行文方便,我们把这类具有位移性特征的"V来V去"记作A类格式。

非位移性"V来V去"中的"来"、"去"已经虚化,不具有指示方向的作用,如"想来想去"、"骂来骂去"、"商量来商量去"。这类格式又可以根据"V"是否具有实在的行为意义分成两个小类:

一类是"V"具有实在的行为意义,如"说来说去"、"等来等去"、"张罗来张罗去",记作B类格式。B类格式没有位移性,但动作行为的反复进行必然导致时间的推移,其中的"来"、"去"表示时态。

---

[1] 这里借用张国宪(2000)设立的句法槽作为鉴别[+动向]和[-动向]的形式标准:NP_1+向+处所/方位词+_____+(NP_2)。

一类是"V"不具有实在的行为意义，如"说来说去"、"讲来讲去"，这里"说"、"讲"的语义已虚化，不表"说话"义，整体表示"无论如何"、"不管怎样"、"总之"之类的意义，记作 C 类格式。例如：

　　① 盘古开天地以来，人类逐水而居；祖祖辈辈代代年年，新丰江养育了河源人，所以这条大河说来说去，怎么也是河源的福分。

上例中"说来说去"为 C 类格式，没有实义，起篇章连接作用，与 B 类格式的"说来说去"形同实异，详见下文。

（二）语法意义

　　C 类格式与 A、B 两类格式明显不同，其语法意义主要表现在它的篇章功能上，暂且不论。关于 A、B 两类格式的语法语义，吕叔湘（1999）概括为"表示动作的多次重复"、刘月华（1998）概括为"表示动作反复进行或交替进行"。李晋霞（2002）根据"V"所表示的动作行为的持续与否，把 A、B 两类格式概括为："V"由持续动词充当时，都表示动作的持续进行，比如"走来走去"、"商讨来商讨去"；"V"由瞬间动词充当时，都表示动作的反复发生，比如"踢来踢去"、"嗅来嗅去"。陈前瑞（2002）把"V 来 V 去"看作反复体的类型之一，反复体表达动作非限量的重复，即动作不限次数的重复。以上看法归纳起来：吕叔湘、刘月华和陈前瑞的看法基本相同，都认为这一格式表示动作行为的反复；李晋霞则认为有些表示动作行为的持续，有些表示动作行为的反复。分歧之处在于，由持续动词构成的"V 来 V 去"究竟是表示动作行为的持续还是表示动作行为的反复？先看 A 类中被认为表持续进行的"走来走去"：

　　② 老大、老二、老三时不时走来走去，拿眼睛瞟着隔着一层鱼网或者坐在雪白的芦席上的一个苗条的身子。

上例中的"走来走去"不能换成表持续进行的"走着"，"走来走去"强调动作是带有方向性的移动，"走着"不凸显方向性，"走来走去"强调动作多次重复，从修饰语"时不时"也可看出，"走着"表示动作持续进行，不能分割出次数来。

再看 B 类中被认为表持续进行的"想来想去"：

　　③ 牛到了家，也是我家里的成员了，该给它取个名字，想来想去还是觉得叫它福贵好。

上例中的"想来想去"不能换成表持续进行的"想着想着"，前者强调在"我"能想出的所有名字中逐个地比较权衡、反复挑选，后续部分"还是觉得叫它福贵好"也说明这一结果是多次比较和选择之后认定的，后者表示动态持续过程，内部情状是连续的，不能带这类强调多次重复的后续句。"想来想去"作为一个整体虽然也具有动态延续的特征，但其内部情状是由若干个有时限（bounded）特征的动作并置而成的延续。也就是说，"想来想去"是因动作的多次重复而具有延续的特征。

由此，我们认为不管"V 来 V 去"是否由持续动词构成都表示动作行为的反复。陈前瑞（2002）认为持续体凸现情状的连续性，反复体凸现情状的离散性。由持续或非时限特征的基础动作构成反复体时必须采取某种形式使之具有时限特征，再通过时限动作的并置形成非限量的反复。李宇明（2002）指出，反复是由两类基本要素构成，一是若干个完整的动作或现象，二是这些完整的动作或现象的重复。任何一个完整的动作或现象，都可以展开成为一个由起始点、延续段和终止点构成的时间过程。我们的理解是，正是这种有时限的基础动作或单元动作的非限量重复，使得反复体具有持续的特征。但与持续体不同的是，反复体的内部时间结构具有异质性，持续体的内部时间结构具有同质性。由持续动词构成的"V 来 V 去"，其基础动作"V"由于"来"、"去"的作用而具有时限特征，"来"、"去"改变了"V"的情状。这种改变在语言形式上的表现是，"V 来 V 去"可以和数量词语和具有频率义的修饰词语同现。例如：

　　④ 推来搡去了几下，钱还是交还了吴老板。
　　⑤ 在中国，几十年来，想率领着大家走入"颓毁的宫殿"的复古的老调子<u>总是一而再再而三地弹来弹去</u>。

上述例句中"推来搡去"、"弹来弹去"都是由持续动词构成，与之同现的数量词和频率词语凸显其反复义。

综上所述，我们可以把"V来V去"三个次类的语义简要描述为：A类表示空间位移，B类表示时间推移，C类是话语标记。为直观清楚起见，概括成下表：

表 5-1 "V来V去"三个次类的语义表

次类 \ 特征	V的特征		"来"、"去"的特征		"V来V去"的特征			
	动向	行为	趋向	时态	空间位移	时间推移	反复	定向
A类	±	+	+	−	+	+	+	−
B类	−	+	−	+	−	+	+	−
C类	−	−	−	−	−	−	−	−

说明："+"表示具有该特征；"−"表示不具有该特征；"±"表示不太肯定是否具有该特征。

二 句法功能和语篇特征

（一）句法功能

1. 充当句法成分的情况

据考察，A、B两类格式都可以做谓语或谓语中心，A类还可以做主语、宾语、定语、状语和补语等多种句法成分，B类除了做谓语或谓语中心，做其他句法成分的情况较为少见。例如：

⑥ 白天，就被孩子牵了手在街上走来走去的。（谓语）

⑦ 父母怕我学坏，不让我出去瞎玩闹，就买些个橡皮泥让我捏着玩，我捏来捏去的，迷上了它，越捏越棒……（谓语）

⑧ 多年来，她总是在我眼前晃来晃去，这种晃来晃去使我沮丧无比。（主语）

⑨ 人生就是跑来跑去，听别人叫好。（宾语）

⑩ 我坐在飘来拂去的窗帐前整理书籍，也趁此清闲的时刻整理一下心境。（定语）

⑪ 大家没见过管着几个县的人的家，头都转来转去地看。（状语）

⑫ 树冠被风吹得摇来摇去，像喝醉了酒一样。（补语）

2. 受状语修饰的情况

A、B 两类格式可以有状语修饰，C 类不能。A 类几乎可以被各类状语修饰，尤以情态、方式、比况等描写性状语较为多见，如例⑬、⑭；B 类的状语则非常有限，仅为时地、对象、关涉以及谓词性代词等少数限定性状语。

⑬ 里面果然飞出了小燕子，叽叽喳喳惊慌地在附近飞来飞去。

⑭ 他置之不理，继续把轻浮的双腿像鱼尾巴那样甩来甩去，制造波澜，玩得十分开心。

3. 带时体标记和语气词的情况

"V 来 V 去"不能带时体标记，但 A、B 两类格式经常带语气词"的"，如例⑥、⑦，偶尔也带"呢"、"啊（呀）"等，如例⑮，C 类不能带语气词。

⑮ 两位妇人既都不开口，祁老人自然乐得的顺口开河的乱叨唠。……现在，他可是老了，所遇到的事是他一辈子没有处理过的，所以他没了一定的主意。说来说去呢，他还是不肯轻易答应离婚。

A 类格式做谓语、定语、状语、补语，主要作用都是对主体、客体或动作进行描写，而且能被描写性状语修饰，做谓语时经常带语气词"的"，说明 A 类格式富于状态描写性。

4. 带补语和宾语的情况

"V 来 V 去"不能带补语，因为其通过"V 来"、"V 去"对举叠结的方式表示动作行为的反复，本身含有动量，跟其他动词重叠式一样不能再带补语。也不能带宾语，如果其中的 V 是及物动词，动作的受事（广义受事）与结构共现的话，必须放在结构前面以受事主语、介词宾语或另一动词宾语等形式引出，如例⑭、⑯、⑰。

⑯ 天下事讲来讲去讲到彻底时正同没有讲一样，只有知道讲出来是没有意义的人才会讲那么多话。

⑰ 姑娘把身子一偏，有点自惭形秽："别提啦，我早就想买件大衣了，看来看去都是些看不上眼的。"

（二）语篇特征

A、B、C 三类"V 来 V 去"格式不仅在句法功能上表现出明显的差异，在语篇方面也表现出某些不同的特点。

A、B 两类格式都可以做谓语（谓语中心），但存在着明显差别：A 类多做句子谓语，通常以结句形式出现，对上下文都没有依存性，如例⑥；B 类多做小句谓语，与上下文都存在一定的语义联系，通常前有铺垫成分，后有后续成分。从出现的位置来看，B 类多以光杆形式或"名词性词语+'V 来 V 去'"出现在句首或句中，或者黏着于后面的谓词性成分，一起构成紧缩句形式，如例⑦、例⑮—⑰。

C 类格式的句法分布与 A、B 两类都不同，只做句内、句间或语段间插入语，即独立成分或语用成分，起篇章衔接作用。句内、句间插入语，如例①、㊼，语段间插入语，如例㊿。

1. B 类"V 来 V 去"与上文的语义联系

在实际话语中，B 类格式表现出较强的语篇连接能力。"V 来 V 去"中的"V"经常是重复上文已经提及的动作或事件，或者说上文通常或多或少地出现了与"V"相关的信息。具体来说，"V"同上文之间存在以下几种关系：

（1）上文出现了 V 的先行词语

例如：

⑱ 不知怎么，一个红极一时，长他七、八岁的女戏子迷上了他，他当然也迷上了人家。……他由迷戏进而迷人，由迷人更加迷戏，迷来迷去，他果真走火入魔，难以自拔了。

例⑱中上文先出现了"迷上了他"、"迷上了人家"等，然后出现"迷来迷去"。

（2）上文出现了与 V 同义异形的词语

例如：

⑲ 人家客客气气地接待了他们，曲曲折折地讲了半天，说来说去，还是以维持现状为宜。

例⑲中上文出现了与"说来说去"同义异形词语"讲"，下文承此出现"说来说去"。

（3）上文出现了 V 所涉及的对象或内容

例如：

⑳ 可翠花死了有年头啦，莫非她还活着？活着，干吗不出来？这么装神弄鬼地吓唬老爷子干什么？……想来想去的，心里扑腾得越发厉害了……

例⑳中前面画线部分是"想来想去"中"想"的具体内容，后面的"想来想去"与此回应。

（4）上文中既出现了 V 所涉及的对象或内容，又出现了与 V 同义异形的词语

例如：

㉑ 送走汉斯，李任重一屁股坐在办公桌前沉思起来。……他也完全信任赵信书这个人。……但是，那"失黑炮301找"又是怎么回事呢？他怎么跟那个值得怀疑的什么钱如泉挂上钩的呢？这么一个稳重的人有什么必要急急忙忙用电报和一个古董贩子联系呢？……种种疑点糅合成一个疑团，他想来想去想不通。

上例中，前文画线部分是"想来想去"中"想"的具体内容，又出现了与"想"同义异形的词语"沉思"。

（5）上文仅仅提及与 V 相关的事件或行为，由该事件或行为可以推导出 V 来

例如：

㉒ 常四爷：托福！从牢里出来，不久就赶上庚子年；扶清灭洋，我当了义和团，跟洋人打了几仗！闹来闹去，大清国到底是亡了，该亡！

例㉒中上文提及"闹来闹去"中与"闹"相关的事件"赶上庚子年，扶清灭洋，我当了义和团，跟洋人打了几仗"，下文的"闹来闹去"自然是回应这些事件。

由于上文通常为这类"V 来 V 去"提供语义上的铺垫，使得"V 来

V去"与"V"相关的信息成为旧信息,但"V来V去"通过"V来"与"V去"对举叠结的形式来表示动作行为的反复或交替进行却加大了基式"V"的动作量(李宇明2000),这完全遵循了"数量象似原则",形式繁复,动作量自然也就高于基式。

B类格式在发挥与上文衔接作用时,除了通过"V"回应上文外,B类格式及其后续部分还常与上文在语义上形成转折关系。在我们获得的B类用例中,这种情形很普遍。例如:

㉓ 小王已经做了长期的储备,可是算来算去还差五六十块钱。

㉔ 我赞成对生活空间加以压缩,……但压来压去,结果却出乎我的想象。

㉕ 诸志岱瞧这阵势,……心里着急,急于表白,但说来说去只是这么一句话:"我也不知道是谁给放进去的!"

2. A、B两类"V来V去"后续句的语义类型

A类格式做谓语通常没有后续句,B类格式做谓语一般要求带有后续句,但两类格式以光杆形式或者"名词性词语+'V来V去'"形式出现在语流中,在没有对举小句的情况下,都由于不能自足必带后续句。李晋霞(2002)认为,在A、B两类格式都强制要求出现后续句的情况下,后续句的语义类型不同:A类有"目的型"和"评价型"两种;B类仅有一种"结果型"。实际上,A类格式的后续句除了"目的型"和"评价型",还有"结果型"和"伴随型"。

(1) 后续句为"目的型"

例如:

㉖ 李缅宇把电视旁的一台游戏机搬到茶几上,跑来跑去<u>身手敏捷地把连接线和电源全部接上</u>……

(2) 后续句为"评价型"

后续句为"评价型",通常以比拟的方式对前文行为事件做出评价。例如:

㉗ 若白天坐着,则头动辄要碰着天花板,发生蓬蓬的巨响;

而脚又得悬着，荡来荡去，如檐前铁马，风里秋千。

（3）后续句为"伴随型"

后续句为"伴随型"，后续动作伴随"V来V去"而发出。例如：

㉘ 汪先生踱来踱去，一声声叹气……

（4）后续句为"结果型"

例如：

㉙ 我避来逃去在猪圈里竟没有站立的地位了！

A类格式做谓语在能自足的情况下，即在非强制性情况下也会带有后续句。根据我们的调查，其语义类型主要为"结果型"和"目的型"，在所获得的24例中，"结果型"10例，"目的型"7例，"评价型"5例，"伴随型"2例，"结果型"比"目的型"略多。B类格式在能自足的情况下几乎不带后续句，偶尔带上，也绝大多数是结果型的。例如：

㉚ 桑塔老爹把花蛇扔在大木缸里让它们在泉水里游来游去，搅起一团团水花。（A类 结果型）

㉛ 昆明的饭铺照例有许多狗。在人的腿边挤来挤去，抢吃骨头。（A类 目的型）

㉜ 这一段路可够瞧的。像是河床，怎么也挑不出没有石子的地方，脚底下老是绊来绊去的，教人心烦。（B类 结果型）

B类格式的后续句几乎都是"结果型"，两者之间构成"顺承"或"逆承"关系。区别在于：逆承关系在语义上含有程度不同或情况不同的转折性，一般可添加转折性词语。顺承关系的后续句都是肯定形式，通常还重复出现格式中的动词，构成"动词+（补语）+宾语"形式，有时也出现"就"、"终于"、"最终"、"最后"等时间副词，如例㉝—㉟；逆承关系的后续句也可重复出现格式中的动词，但这个动词一般带否定形式，构成"动词+不+(补语)+宾语"形式，语言形式上一般出现"都"、"也"、"只"、"还是"、"竟然"等副词，如例㊾—㊷，而且"V来V去"和后续句之间一般可以添加"但"、"却"、"可是"等转折性词语，如例㊾可变为"看来看去可还是没看住"。

㉝ 谈来谈去，谈到钱家婆媳的生活问题。

㉞ 感谢来感谢去，就成了朋友。

㉟ 金三琢磨来琢磨去，终于想出了主意。

3. 从后续句看B类"V来V去"的语义特点

前面谈到，B类格式的基本语义是表示时间的反复推移，但在具体语境中，由于行为主体关注或强调的方面不同，"V来V去"的语义会有所侧重。有的强调动作行为重复的次数之多，有的强调动作行为持续的时间之长，有的强调动作行为所涉及的对象或内容之多样（杉村博文 2007），其共同点都是"大量"，而且是一种主观评价的大量。B类格式的这种主观大量义，有时反映在上文的铺垫信息中，然而更为经常地体现在后续句的语义信息中，后续句一般带有标识这一特点的语言形式。

（1）"V来V去"强调动作行为重复的次数之多

例如：

㊱ 春生告诉我，他被俘虏后就当上了解放军，一直打到福建，后来又到朝鲜去打仗。春生命大，打来打去都没被打死。

上例的后续句"都没被打死"的"都"语义上指向春生所参加的全部战斗，可见句中"打来打去"侧重于表现所参加战斗之多。

（2）"V来V去"强调动作行为持续的时间之长

例如：

㊲ 他觉得F一定会去找他，这件事就这样简单地过去是不可能的，所以他就待在家里等着。他们就这样等来等去，把整个春天都等过去了。

上例的后续句"把整个春天都等过去了"说明"等来等去"强调所等的时间之长，"整个、都"是这一强调意义的显性标识词语。

（3）"V来V去"强调动作行为所涉及的对象或内容之多样

例如：

㊳ 他想把自己臭骂王喜的"壮举"告诉金枝，可是，说出来又是什么意思呢？给金枝出口恶气，还是邀功讨好儿？想来想去都不对味儿。

上例的后续句"都不对味儿"的"都"语义上指向"说出来又是什么意思呢？给金枝出口恶气，还是邀功讨好儿"。这一后续句说明了"想来想去"凸显所想内容之多，总括副词"都"是这一凸显意义的标识词。

A类格式的基本语义是表示空间的反复移动，主要作用是对主体、客体或动作进行客观描写，有时也会通过状语或后续句反映其主观大量义，但不多见。通过状语反映的用例，如例②，后续句反映的用例，如例㊴。

㊴ 陈毅捏起一颗棋子，把手高高地举在空中，晃来晃去<u>好久没有落下</u>。

4. C类"V来V去"的篇章功能

C类格式最常见的是"说来说去"，与B类"说来说去"形同实异。试比较：

㊵ 吴教授此刻说话了，洋洋洒洒说了好些。若无其事的一副样子，不像是在与他相伴二十来年的老婆离婚，倒像是要将他一件旧衣服处理掉。这种态度让妇联诸女性产生屈辱感。吴教授说来说去总算让人弄清他离婚之故乃是因为他与老婆的价值观念不同。

㊶ 火葬，我总疑心会烧得滋滋作响，臭气熏天；浸在水里烂胖起来更糟；给老鹰吃，怕它挑精挑肥，扔下一只眼睛半只耳朵不吃；保存在玻璃棺材里，未必人人有这福气；给鬼子去试验有点不高兴；说来说去，还是刨个深深的土坑往里一埋这个老法子顶妥当，明知也一样的要发霉变烂，只是眼不见为净，孝子慈孙之心庶几慰矣夫！

例㊵为B类"说来说去"，例㊶为C类"说来说去"，两者的差别表现在：

（1）B类"说来说去"的"说"具有实在的行为义，上文一般会出现其先行词，或者会提供"说"的对象或内容等信息，如例㊵的前导部分出现了先行句"吴教授此刻说话了，洋洋洒洒说了好些"；C类"说来说去"的"说"已虚化，无实义，上文也就不可能出现其先行词或所说的对象或内容等信息。

（2）B类"说来说去"必定存在一个行为主体，即必定有一个形式上的主语——句子主语（sentence subject），也叫语法主语，如例㊵的"吴教授"；C类"说来说去"不存在施动者，也无法补出，但语段中一般存在一个更高层次的主语，也叫言者主语（speaker subject）。这里的"言者"是文章的叙述人或评说者，如例㊶中的"我"。

（3）B类"说来说去"在句中做谓语，使用上具有强制性，承载着句子的命题意义，不能删去；C类"说来说去"充当句间插入语，基本不具有概念语义，对所在句子的命题意义也没有什么贡献，删去它并不对命题的真值意义产生影响。

（4）B类"说来说去"与后续句之间存在时间上的先后关系，或者说因果关系，先发生的事件是后发生的事件的原因，如例㊵因为"吴教授说来说去"，所以"总算让人……"；C类"说来说去"的前导部分与后续部分之间构成无条件让步关系，"说来说去"表"无论如何"、"不管怎样"、"总之"之类意义，如例㊶。因果关系和条件关系在基底上都是一种时间关系（吕叔湘1985），但因果关系小句叙述的是现实事件，具有客观性，如例㊵；而条件关系小句表达的是非现实的看法，具有主观性，如例㊶中的后续句"还是刨个深深的土坑往里一埋这个老法子顶妥当"表达的就是"我"的主观看法。

无条件让步关系表示在任何条件下结论都不会改变，因此篇章中C类"说来说去"的后续句一般都是对上文相关内容的总结。具体来说，C类格式所处的篇章语义结构一般有两个层次：一个层次是陈列或评述事实；一个层次是结论。结论层与事实层的语义相关，或者揭示事实的根由，或者引出一个主观认定的看法。而且这一结论对评说者而言具有唯一性、根本性、不变性，语言形式上有"最、只、都、也、还是、就是"等副词进行强调，以加强评论者对结论的肯定态度。"V来V去"格式处在两层之间，起篇章连接作用。如例㊶事实层举出几种对遗体的处理方式并逐一进行否定性评议，结论层提出一个论说者主观认为最为妥当的方式。再如：

㊷父母开始忙着给她介绍对象，父母的愿望是好的，他们希

望为她找一个健康的人，可是谈何容易，更何况，她面临着不能生育的问题。很长一段时间，她幻想着他会不顾一切来找自己，自己也会义无反顾地随他而去。父母好不容易找到愿同她见面的人，她坚决不见。愿意和她见面的多是岁数大的或离过的男人，她觉得这是不平等的，她确是身体有病，可她也需要真正的爱情。而她和他之间是平等的，谁也没为对方降低自己，她的这种想法让别人无法理解，说来说去，她对自己没有足够的认识。

上例事实层陈述"她"的状况、行为、幻想和想法等，结论部分揭示这些事实的根由。

总之，C类"说来说去"已经走向了语用上的固定化，成为篇章中话语成分之间起衔接作用的话语标记（discourse marker）。它传递的不是命题意义，而是程序性意义（procedural meaning），为话语理解提供信息标记，对话语理解起引导作用。话语标记作为话语单位之间的连接成分，既指示前后话语之间的关系，又表明说话人对所说的话的立场和态度。（董秀芳2007）"说来说去"介引的结论部分表明评说者的主观看法及对结论的坚信态度。这也体现了语言的主观性。

5. "V来V去"在语篇中的信息地位

一个叙事语篇中，有些语句所表达的信息是直接描述事件的进展、人物的活动的，而另一些语句所表达的信息则是对事件进行铺排、衬托或评价。前者被称作前景（foreground）信息，后者叫作背景（background）信息。（方梅2005）A、B、C三类格式，由于在篇章中的分布和作用存在着明显差别，其所表达的信息在语篇中的地位也就不同。

（1）A类格式

A类格式做句子的谓语或谓语中心，通常位于句子的末端，根据线性增量原则，其所表达的信息不仅是新信息，而且是焦点信息。

（2）B类格式

B类格式作为非独立小句或连谓结构的前位成分很大程度上重复上文出现过的旧信息，后文必须提供一定量的新信息才能满足交际的需要。

方梅指出，句子层面上，主句为前景，表达事件进程；从句为背景，表现事件过程以外的时间、条件、伴随状态等因素。小句层面上，连动结构内部，背景在前，前景在后。（方梅 2005）B 类格式位于连谓结构前部、作为非独立小句时实为从属分句，所以表达的应属背景信息。Chu 认为，一个小句如果表达背景信息，则所描述的事件或情景在时间链条上居前或者是构建下一个事件或情景的基础，或者以一定的形式降低自身事件或情景的权重以让其他事件或情景更加突出。以此观照，B 类格式也符合背景小句的特征，其后续部分传达的才是前景信息。

（3）C 类格式

C 类格式作为话语标记，表达的是一种主观性和程序性意义。它不在所描述事件的时间链上，甚至并非出现在叙事语篇中，不表达任何实在信息，信息负载能力接近于零，因此无所谓前景信息和背景信息。

三 语法化的机制和特点

（一）A、B、C 三个次类的语法演进关系

李晋霞（2002）、刘志生（2004）都对"V 来 V 去"格式的历时发展进行了考察。李晋霞认为 A、B 两类格式之间没有语法化关系，C 类格式是由 B 类格式语法化而来。理由是：A、B 两类格式几乎同时在元代出现，历时上没有显著的前后继承关系，而且明清时期两类格式在数量上也没有显著差异（A、B 两类的比例是 41∶21）。刘志生则认为，近代汉语中"V 来 V 去"格式的 A、B、C 三种类型之间的演进关系应是链接式的渐次演变关系，即 B 类格式由 A 类格式语法化而来，C 类格式又由 B 类格式语法化而来。他所考察的演进情形如下：A、B 两类格式在唐代均已出现，但使用比例悬殊（10∶2）。A 类发展为 B 类的时间很短，可能仅仅花费了几十年甚至几年的时间，以至于形成同时出现的假象，到了宋代，B 类格式的使用比例迅速扩大，并且出现了 C 类格式。另一些学者，如太田辰夫（1987）、志村良治（1995）明确指出"V 来 V 去"表示反复态或反复的用法是在唐代开始使用的。例如"亦不须赌来赌去"

（游仙窟）、"续来续去心肠烂"（王建诗）。太田辰夫还认为，"……来……去"可能原本是像"飞来飞去"这样放在移动性的动词后面，后来就变为也用于不带移动性的动词。太田的这一看法无疑是正确的，构成"V来V去"的动词最初应该是空间位移动词，格式的基本意思表示动作行为的反复移动。后来，进入结构中的动词扩展到非空间位移动词，格式的基本意思也扩展为表示时间的推移，"来"、"去"也丧失原来的空间指示意义，虚化为表示时态意义的助词。A、B两类格式均在唐代产生，并且彼此出现的时间间隔比较短，主要是因为唐代已见"来"、"去"表示时态的用法（太田辰夫 1987；曹广顺 1995）。例如：

㊸ 凭君向道休弹去。（唐·白居易）

㊹ 醉中惊老去，笑里觉愁来。（唐·包佶）

既然语言中已经出现了"来"、"去"附着在动词后表示时态的用法，那么，一旦语言中出现了表示动作反复移动的A类格式，表示时间推移的B类格式的出现也就顺理成章了。

C类格式显然是从B类格式虚化而来，其语法化的内部动因是"V"语义内容的丧失，这一语义演变的后果是使得"V来V去"丧失原有的句法、语义功能，逐渐固化为语篇连接成分，或者说已发生词汇化，成为相当于连词的短语词。"来"、"去"进一步语法化为词内成分。

综上所述，A、B、C三个次类的演变关系应该是：A类＞B类＞C类；"来"、"去"的演化路径应该为：趋向动词＞时态助词＞词内成分。

（二）"V来V去"语法化的机制

语法化是句法和语义语用的合力所促成的。一般认为，句法演变的最重要的机制是重新分析和类推，而促进句法演变的先决条件主要是语义语用演变，包括隐喻、语用推理和主观化。（Peyraube 1999）

1. 重新分析和类推

（1）重新分析

"V来V去"句法位置、语法功能的改变，尤其是结构形式的趋于紧凑和凝固，经历了一个重新分析的过程。

A类格式结构上还不太紧凑和凝固,还含有一些变异形式,如"V来又V去"、"V过来V过去"、"V过来,V过去"、"V过来,又V过去"等,如例㊹、㊻,甚至还可以插入描述性修饰语,如例㊼。而B类格式极少出现这些形式,C类格式没有任何变异形式。句法位置上,A类格式通常位于句尾,B类格式通常位于句首或句中,C类格式位于句内、句间或语段间。句法功能上,A类格式除了做句子谓语或谓语中心,还可以充当其他多种句法成分,B类格式除了做小句谓语或谓语中心,极少充当其他句法成分。A、B两类都具有述谓性,能与行为主体构成表述关系。C类格式不充当句法成分,不与其他成分构成句法单位,没有述谓性,只能分析为插入成分或语用上的独立成分,如例㊶。

㊺ 街道在梧桐树的阴影里躺着,……夏夜的凉风正在吹来又吹去。

㊻ 哥哥和老弟对坐谈着家常,一把水烟袋递过来又递过去。

㊼ 他蓦然看到一双皮鞋对着他微微荡来又微微荡去。

"V来V去"格式演变的结果:一是"来"、"去"的去范畴化(decategorialization);二是格式内部结构关系的改变。所谓"去范畴化"指在一定条件下,某一句法范畴的成员失去该范畴部分特征的现象。(Hoppe 1993)A类格式的"来"、"去"是趋向动词,有方向指示作用;B类格式的"来"、"去"为时态助词,没有方向指示作用;C类格式的"来"、"去"可视为词内成分,没有实义。A类格式是由两个动补结构"V来"和"V去"对举叠结而成,B类格式虽然仍是"V来"和"V去"叠结而成,但"V来"、"V去"内部大多不能分析为动补关系,而是"动词+时态助词"的特殊词组,结构上比A类格式更稳定、更紧凑。C类格式不能分出两个结构"V来"和"V去",或者说,两者的分界消失(boundary loss),已经凝固成类固定短语或者短语词。从语音形式看,A类格式内部可以有停顿,"来"、"去"重读;B类格式口语中可以有停顿、书面上没有停顿,"来"、"去"语音弱化,"V来"、"V去"像一个"重—轻"式二字调型的词;C类格式口语和书面上都没有停顿,"来"、"去"语音弱化并有缩略为前一音节的韵尾([-l]、[-ɕ'])的倾向,"V来V去"

像一个"重—轻|重—轻"式四字调型的短语词。

重新分析作为一种主观行为,其作用是从认知角度把"V来V去"虚化、功能变化的过程以结果的形式加以确定,使之明确化和形式化并标志着"V来V去"语法化过程的完成。

(2) 类推

类推一方面诱发一个重新分析的过程,另一方面将通过重新分析而产生的新语法格式扩展开来。(石毓智 2001)通过类推的力量,使某个格式的使用范围迅速扩大,使用频率逐渐增加,并促发结构进一步凝固化。"V来V去"最初表示空间的反复移动,充当"V"的是位移动词,后来扩展到主要表示时间的推移,充当"V"的是非位移动词,比如某些抽象意义的心理动词(如"想、盼、考虑、同情"等)、感知动词(如"看、听、嗅、闻"等)、言说动词(如"说、讲、唱、讨论"等)。"V来V去"原用于描述客观的动作或事件(A类)逐步扩展后成为专门用于表达主观性和程序性意义的话语标记(C类)。当然,类推促使语法格式的演变是缓慢的渐变过程,一般总是可以找出一个中间阶段,同一形式可以做旧的理解,也可以做新的理解。例如:

㊽ 这番话,也可以用来作周作人的评议。无论谁替周作人作怎样维护的话头,终不能说出周作人必不能离开北平那圈子的理由,更无人说出他非出卖灵魂不可的理由。说来说去,还是"己私未忘,而宠辱之情,移于衰老也"!

上例的"说来说去"介于B、C两类格式之间,前文有"无论谁……,终不能说出……,更无人说出……",说明"说"没有完全丧失"说话"义,但所在句子是条件句,表达非现实意义,并且"说来说去"处于议论性语篇中,其中的"说"理解为"评说、论说"义似更合理,与后续句构成无条件让步关系。后续句"还是'己私未忘,而宠辱之情,移于衰老也'!"表明作者的见解和态度。

2. "V来V去"演变的语义语用因素

促使"V来V去"重新分析和类推的语义语用因素,主要有隐喻、语用推理和主观化。

（1）**隐喻**

"V 来 V 去"由表示空间的反复运动扩展到表示时间的推移，即由"动作域"进入了"时间域"，这是一个概念隐喻的过程。借用空间运动的概念表示时间的变化是人类基本的认知能力。

（2）**语用推理**

语用推理是在一定的语境中，通过反复推导，使得在特定语境中产生的隐含义渐趋固定化。C 类格式作为话语标记，标记无条件的让步关系，这一语义就是具体语境中产生的临时语用意义，因反复使用而逐渐被"规约化"并最终固化的结果。前面提到，B 类格式最普遍的用法是在句中充当非自足小句，语义关系上，与上文常形成转折关系，与后续句之间形成"顺承"或"逆承"关系。与上文的语义关系，前已论及，不赘，这里拟进一步讨论与后续句的语义关系问题。在这两种后续句中，与 B 类格式进一步演化密切相关的主要是逆承关系的后续句，因为逆承关系在语意上含有转折性，这与 B 类演变为 C 类表无条件让步关系相吻合，无条件让步关系也包含转折性。逆承关系的后续句常为否定形式，而且大多与"V 来 V 去"组成"'V 来 V 去'，还是/都（是）/也/只（好）/总（是）/就是……"之类的语言形式。这类形式有一个共同的临时语用意义就是"动作反复进行而引发的结果不变"。这一语用意义一定程度上含有无条件让步关系的逻辑意义——在任何条件下结论都不会改变。在我们所获得的 B 类用例中，具备上述形式和语义特点的用例最多。例如：

㊾ 盘金贵气愤地敲敲桌子："我早就留神了，时时叫人看住你，看来看去还是没看住……你怎么就这样不成材？……"

㊿ 一次劳动休息时，社员们坐在田头说起谁家能拿出 300 元现金，想来想去竟然想不出一户。

(51) 可是我那夜弹来弹去只是一阕《长相忆》，总弹不出《好事》！

(52) 可是我想来想去，就是不能不讲出它来。

(53) 身后名自然假不过，但看来看去，到底看不出它为什么比我们平常不动念的时分以为真不过的吃饭困觉假个几分几厘。

㊾ 方太太：……我，（要哭）我，豪横了一辈子呀，闹来闹去，会教个小臭窑姐儿给我气受！

㊿ 我早就说过，世界上还是好人多！不管怎么斗来斗去……最后，人和人的心是贴在一起的！

值得注意的是，B类格式与上述后续句如果表达的是现实意义，二者之间还是因果关系；只有表达非现实意义才能看成无条件让步关系。例㊷的后续句中有情态动词"能"、例㊾中有"会"，这类后续句表达非现实意义。例㊿中已有了表条件关系的词语"不管怎么"，而且"我早就说过"后面部分表达说话人的主观看法。

"说来说去"表"言说、叙说"义时，话语表达一般具有现实性，与后续句之间是因果关系，如例㊵；表"评说、论说"义时，话语表达一般具有非现实性，与后续句之间是无条件让步关系，如例㊶。

㊶ 说倒倒脚不对吧，不应下那个毒手，可是她自己守着活寡呢。说新太太不对吧，也不行，她有她的委屈。……说来说去，仿佛还是毛毛虫不对，可是细一给他想，他也是乐不抵苦哇。

上例中"说来说去"隐含一个主体——事件的评说者，还具有实义，不是典型的 C 类"说来说去"，或者说还处于 B、C 两类格式之间。前导部分虽有"说倒倒脚不对吧"、"说新太太不对吧"，但其中的"说"表示"如果说、假如说"之类意义，具有非现实性。"说来说去"与后续句"仿佛还是毛毛虫不对"构成无条件让步关系。后续句表达评说者的主观看法和态度，句中有情态副词"仿佛"。

换句话说，B 类"说来说去"与后续句构成无条件让步关系需具备两个条件：一是处在上述语言形式中并形成逆承关系，二是表达非现实意义。此外，B 类格式又常与上文形成转折关系。这些形式和语义特点一起构成了 B 类"说来说去"进一步演化的特定语法环境。"说来说去"经常处在这种语法环境中，必然将这种语境的临时语用意义吸收到自身，这种临时语用意义是特定语境里的特殊隐含义,经过推理的反复作用,可以脱离特殊语境而变成一般隐含义,一般隐含义随着"说来说去"使用范围的扩大和使用频率的提高而逐渐"规约化",并最终凝固成"说来说去"的固有义。这种固有义并不因"说来说去"概念意义的丧失而受到影响。"如果一种话语形式经常传递某种隐含义,这种隐含义就逐渐'固化',最后成为那种形式固有的意义,这种后起的意义甚至可能取代原有的意义。"(沈家煊 1998)"说来说去"的后续部分如果表达非现实意义,并且自身完全丧失概念意义,那么这类"说来说去"就是典型的C类格式。例如:

�57 因为《残雾》的演出,天真的马宗融兄封我为剧作家了。他一定教我给回教救国协会写一本宣传剧。我没有那么大的胆子,因为自己知道《残雾》的未遭惨败完全是瞎猫碰着了死耗子。说来说去,情不可却,我就拉出宋之的兄来合作。

上例的"说来说去"并非处在上述语言形式中,本身的概念意义已经丧失,但其前导部分与后续句"情不可却"仍形成无条件让步关系。可见,表"无条件让步关系"这种逻辑意义已经取代"说来说去"原有的概念意义而成为其固有义。

"说来说去"通过"语境吸收"(absorption of context)和语用推理固化为话语标记,标记无条件让步关系。无条件让步表示"总让",即在任何条件下结论都不会改变,因而常用于"归总"(李晋霞 2002),表明下文将对上文的言谈事件或所评说内容进行总结,同时表明言谈者/评说者的认识和态度。典型的C类格式一般处在"事实层—结论层"之间,成为这类篇章语义结构的归总标记。如例㊶、㊷。

"说来说去"成为归总标记后,其前有时还可以有"所以、因此、总之"等连接词,"说来说去"和这些词语功能上比较接近,但并不造成功能羡余,因为"说来说去"的后续句与前文在语意上总是含有一定程度的转折性,如例①中的后续句"所以这条大河说来说去,怎么也是河源的福分"既总结前文又意含转折,既表明评述者的主观看法又体现其坚信态度。如果删去"说来说去",则只是总结前文而且语义上还产生突兀感。

需要说明的是,B类"V来V去"中为什么只有"说话"义的"说来说去"、"讲来讲去"最后固化为话语标记?因为汉语中的言说动词有向表示"认为、以为"之类意义的认知动词虚化的趋势。(李明 2003)加之"说来说去"、"讲来讲去"在言谈语体和评说性语体中的使用频率较高,在这种语境中很容易语法化为话语标记。我们注意到,作为话语标记的"说来说去"、"讲来讲去"虽然本身的概念意义已经丧失,但仍更适宜出现在议论性语篇中。

由"说"义动词语法化为标句词是不少语言的共性。根据刘丹青(2002)的研究,泰语、高棉语、拉祜语、塔芒语都用"说"义动词介引条件小句。"说来说去"、"讲来讲去"引进结论性后续句。

(3) 主观化

所谓"主观化"(subjectification)是指词语由表述客观事态变为表达说话人的主观心态,包括说话人的视角、认识、情感等。(沈家煊 2004)简言之,主观化就是一种语言形式经过演变而获得主观性的表达功能。

语法化过程常常伴随着主观化的过程,语法化程度越高越倾向于主观表达。"V来V去"的语法化也充分体现了这一点。试比较:

㊽ 徐华北满脸涨得通红,在地板上急促地走来走去。

㊾ 李三:哼!皇上没啦,总算大改良吧?可是改来改去,袁世凯还是要作皇上。

㊿ 她几乎把业余时间全用在五花八门的补习班里,……语文、数学、英语、绘画,样样补,样样习。补来补去,这样的补太慢了,太吃力了。她想速成。

㊶ 她的丈夫在家里老是重复着他那个天生的动作:翘着小拇指把衣服上看不见的灰尘掸来掸去。而朱小芬一看见这个动作就头晕。

㊷ 这种乌七八糟的东西,应该首先禁掉。……这样禁来禁去,

总有一天禁到我身上。

㊃ ……第四，一些关系人民生活的基本必需品，比如粮食，……政府对这类商品价格平时就要监控，不能完全听任市场价格波动，在必要时要采取紧急措施，避免价格剧烈波动。说来说去，在市场经济中没有理由对价格完全撒手不管。

例㊺是 A 类格式，"走来走去"是对动作行为的客观描述。例㊻—㊾是 B 类格式，例㊻中"可是改来改去，袁世凯还是要作皇上"表达了说话人的不满情绪，"改来改去"表明改良的次数之多，本应越改越好，可结果"袁世凯还是要作皇上"，这与说话人的期望完全相反，期望和结果形成强烈反差，话语中流露出一种不满的情绪。例㊼中"补来补去，这样的补太慢了，太吃力了"反映了一种厌烦、不如意的心理，"补来补去"表明补习的时间之长，而行为主体（她）希望"速成"，但实际情况又使"她"不得不"补来补去"，因而发出"这样的补太慢了，太吃力了"的感慨。例㊽没有带后续句，"掸来掸去"具有一定的描写性，但前文出现了"老是重复着他那个天生的动作"表明这种动作重复的次数之多，并且具有惯常性，同时也反映了叙述者的厌烦和不满。例㊾中"这样禁来禁去，总有一天禁到我身上"反映了一种确信或意料之中的心理，"总"表明说话人的坚信态度。例㊃是 C 类格式，"说来说去"是话语标记，本身没有任何概念意义，起话语连接作用，体现了评说者对话语的组织和调节，所介引的结论小句表明评说者对所论说内容的见解和态度。

我们还注意到，A、B、C 三类格式的差异还表现在语篇方面：A 类格式一般出现在叙述性语篇中；B 类格式多出现在对话性语篇中；C 类格式倾向于出现在议论性语篇中。三类格式在语篇方面的差异反映主观化程度低的格式倾向于与叙述性语篇和谐，而主观化程度高的格式倾向于与议论性语篇和谐。

（三）"V 来 V 去"语法化的特点

观察"V 来 V 去"从 A 类格式经 B 类格式再到 C 类格式的演变历程，

可以看到它们在句法语义和语用功能等层面都发生了相应的变化，呈现出明显的特点。具体表现在四个方面：

1. 从命题功能到篇章功能

A 类格式通常做谓语或谓语中心，对动作行为进行描述，主要表达命题意义；B 类格式主要充当句首或句中的非独立小句，具有一定的述谓性，同时表现出较强的语篇连接能力，既与前文建立某种语义联系，又强制性要求带有后续句；C 类格式已经虚化为语篇连接成分，没有述谓性，功能上接近于连词。

2. 从自由形式到黏着形式

A 类格式的句法位置比较灵活，可以充当多种句法成分，格式内部的结构关系比较松散，可以有停顿，能进行有限的插入、扩展以及替换，因而存在某些变异形式；B 类格式通常以小句谓语形式出现，具有黏附性，必带后续句才能用于交际，格式内部结构关系趋于紧凑和凝固，书面上没有停顿，也不能进行插入、扩展以及替换，极少有变异形式；C 类"V 来 V 去"充当语用上的独立成分，篇章位置固定，总是处于句内、句间或语段间，结构上已经固化，相当于短语词。

3. 从客观意义到主观意义

从语义表达的性质看，A 类格式除了有时表达主观大量外，多数时候是对某个主体、客体或动作进行描写，表达客观意义；B 类格式既表达主观大量，又引出一个带有动作者主观感情或态度的结果小句，而且其语篇连接能力体现了说/写者对话语的组织和调节，也具有一定的主观性；C 类格式作为话语标记，处在事实与结论之间，所引出的结论不仅反映评说者对事实的看法和态度，而且通常表明评说者对结论的坚定态度——评说者主观认定这一结论是根本的、不变的和唯一可能的。这也说明话语标记不仅具有篇章连接功能，而且具有一定的情感功能或表达功能。

4. 句子主语到言者主语

A、B 两类格式的句子主语就是"V 来 V 去"的逻辑主语，也是动作行为的主体，二者构成述谓关系。不同的是，B 类格式表达的多为抽象行为，而且述谓功能降低，不能独立用于交际。C类格式没有实义，述谓功能完全丧失，不存在行为主体，但事实和结论中隐含某一评说者（"言者"），体现评说者对事实的主观识解。从主观化的角度看，C类格式消减了客观意义，却加强了主观意义（沈家煊 2001）。

此外，"V来V去"还经历了一个去前景化的过程，A类格式通常做句子的核心成分，是信息凸显的重点；B类格式一般做从属小句和前位分句传达背景信息；C类格式不表达任何实在信息，无所谓前景和背景。

由此可见，"V来V去"格式的演变过程，不仅是一个结构逐渐凝固、意义逐渐抽象的过程，而且也是一个主观性不断增强、篇章功能逐渐关联化和信息地位逐渐去前景化的过程。

四　结语

综上所述，本节基本结论归纳如下：

（1）根据句法语义特征，共时平面上将"V来V去"分为A、B、C三个次类，A类表空间位移、B类表时间推移、C类为话语标记。

（2）A、B两类的语法意义都是表示动作行为的反复，C类的语法意义表现在篇章功能上。

（3）从语篇特征看，A、B两类都可以做谓语（谓语中心），但存在着明显差别：A类通常以结句形式出现，对上下文都没有依存性；B类与上下文都存在一定的语义联系，表现出较强的语篇连接能力；C类作为独立成分，起篇章连接作用。在语篇信息地位方面"V来V去"发生了去前景化：A类传达前景信息，B类传达背景信息，C类不传达任何实在信息。

（4）从语法化角度看，"V来V去"三个次类的演变关系应该是：A类＞B类＞C类，相应地，"来"、"去"也发生了去范畴化，其演化路径为：趋向动词＞时态助词＞词内成分。促使"V来V去"语法化的机制是重新分析和类推,其语义语用因素,主要有隐喻、语用推理和主观化。

(5)"V来V去"的语法化过程也是一个主观性不断增强、句法功能逐渐关联化的过程。

"V来V去"仅仅是个案,汉语中还存在大量的句法结构式,就目前的研究现状而言,基本上仍停留在对其结构、用法和表达功能的研究方面,而对其语法化的过程、机制和动因还缺乏系统的描写及解释。句法结构式的语法化是一个值得加强并深入探讨的课题。

第二节 "V+去"和"V+走"的认知解释

○ 引言

现代汉语中"来"、"去"是一对意思相反的指示性趋向动词(deictic directional):"来"表示向着说话人所在的方向移动;"去"表示背离说话人所在的方向移动。但"来"、"去"在用法上并不对称,与"来"意思相反的动词,除了"去",还有动词"走"。《现代汉语词典》第5版和《现代汉语八百词》(1999:700)都指出动词"走"具有"离开、去"义。例如:

① a. 他昨天来北京了。

　　b_1. 他昨天去北京了。　　b_2. *他昨天走北京了。

　　c. 他昨天来了。

　　d_1. 他昨天走了。　　d_2. ?他昨天去了。

从例①可看出:第一,"来"、"去"和"走"都以说话人所在地为参照点;第二,"去"、"走"都表达离开说话人所在地,与"来"意思相反;第三,"来"移动的终点为说话人所在地,终点是明确的,其后可以出现也可不出现表示终点的词语,如例① a、c;"去"表示以说话人所在地为起点向某个目的地移动,位移的方向和终点是明确的,而且"去"是二元动词,除了施事论元,还必须出现位事论元,即其后必须出现表示终点的处所词语，所以例①d_2一般不能说，只有在特定语境中，比如在对话层面作为应答句的情况下，例①d_2才合格；"走"仅表示离开说话人所在地，位移的方向和终点都不明确，而且它是一元动词，只能出现一个施事论元，例①b_2中"走"带有处所论元，所以不合格。

目前语法学界对"来"、"去"的关注很多，而对"走"的关注比较少，对"去"和"走"进行对比研究则更少，只有王凤兰（2004）和柯理思（2006）[①]。王凤兰（2004）只是简要描写了做补语的"去"和"走"的异同。柯理思（2006）则探讨了动词后置成分"走"在不同的时代、不同的方言里的功能及其语法化，并讨论了指示趋向词的范畴化。该文虽然侧重讨论动词后置成分"走"，但研究过程中跟动词后置成分"去"进行了多方面的比较，取得了不少有益的成果。总体上说，已有成果对动词后置成分"去"和"走"的对比研究还不够全面，某些语法语义特点也有待进一步探讨，尤其是对其实际使用和分工状况还没有做出全面的描写和解释。为此，本节拟在已有成果的基础上对动词后置成分"去"和"走"做进一步的探讨。为表述方便，我们把讨论对象描写为"V+去"[②]和"V+走"。

一 "V+去"与"V+走"对动词的选择

能跟"去"和"走"组合的动词既有及物动词，也有不及物动词。[③]

（一）可进入"Vi+去"和"Vi+走"的动词

1. 可进入"Vi+去"中的动词

A."上"类趋向动词，包括上、下、进、出、回、过。

[①] 柯理思（2001,2002,2005）也提到了动词后置成分"去"和"走"的某些差异。
[②] 刘月华（1998）把趋向补语"去"的语法意义分为三类：趋向意义、结果意义和时体意义。本文的讨论限于表示趋向意义的"去"和某些动词后做谓语动词的"去"，表示结果意义和时体意义的"去"则不在讨论之列。
[③] 我们依据北大现代汉语语料库对进入"V+走"与"V+去"的动词进行了不完全调查，下面列举的动词是这一调查的统计结果，其中进入"Vt+走"的动词做了全部列举，进入"Vt+去"的B类动词只做了部分列举，不过在数量上应该不会多于前者。我们调查了7篇当代小说作品，结果表达致移事件时，与"走"组合的及物动词要多于"去"（详见后文）。

B. 走、跑、游、飘、漂、飞、爬、逃、溜、钻、流、奔、滚、涌、滑、移、窜、闯、跛、蹿、驰、驶、扑、凑、跟、倒、退、追、赶（去、到）、拐（转向）、摸（行走）、逼（靠近）、冲（向前闯）、挤（身体使劲推）、离、逝、散。

2. 可进入"Vi+走"中的动词

飞、跑、溜、爬、跳、逃、退、游、飘、漂、钻、滑、奔、流、驶。

3. 与"去"、"走"组合的不及物动词的特点

与"去"、"走"组合的不及物动词具有以下特点：

（1）都是自移动词，在"Vi+去/走"中表示施动者（位移体）位移的方式或状态；

（2）"上"类趋向动词与"去"组合构成复合趋向动词，趋向动词表达明确的位移方向，"走"不能和表达明确的位移方向的词语组合；

（3）能与"去"组合的不及物动词远多于"走"，前者有43个，后者只有15个。

（二）可进入"Vt+去"和"Vt+走"的动词

1. 可进入"Vt+去"中的动词

A. 投、射、砸、扔、击、抛、浇、泼、烫、扎、刺、捅、劈、吐、挥、杀、打、撞、搭、伸展、抽（打）、摸（抚摸）、望、看、瞅、瞧。

B. 夺、抓、掠、刮、接、送、搬、迁、开、拉、拣、借、收、捉、挑、叼、寄、买、拿、端、抱、裹、摘、轰、弄、领、抬、搜罗、捎、挪、写、拖、扛、推、带、邮、运、汇、分、取、请、叫、派、押、调、偷、抢、骗、找（人）、发（货）、起（货）、拐（拐骗）、赶（驱逐）。

2. 可进入"Vt+走"中的动词

接、送、驱、抱、搬、拖、开、撤、移、带、戴、拽、搀、扶、拉、踢、捆、抓、掳、铐、撕、夺、偷、冲、轰、哄、逮、拿、搜、采、捐、运、担、骑、吸、划、换、截、借、捡、认、叼、挟、扒、推、窃、劫、放、抬、端、捧、裹、调、招、提、收、撵、扇、倒（dǎo）、要、抢、蒙、骗、罚、刮、押、取、牵、敲、捎、挖、撬、架、扫、赚、转（zhuǎn）、传、抄、

扯、穿、弄、买、卷、挪、娶、吹、救、摘、掰、扛、背、装、绑、领、拔、挑（tiāo）、捉、拨、寄、邮、汇、叫、吓、惊、骂、喊、劝、派、请、气、勾、勾引、勾搭、打发、征调、应付、吸收、糊弄、起（货）、顶（顶撞）、放（释放）、抽（抽取）、挤（排挤）、赶（驱逐）、拐（拐骗）、逼（逼迫）、支（指使）。

3. 与"去"、"走"组合的及物动词的特点

与"去"、"走"组合的及物动词具有以下特点：

（1）既包括位移动词（如"拿、抱、推、拉"）也包括非位移动词（如"喊、叫、请、派"等），与"去"、"走"组合后都可以表示使人或事物位置转移。所不同的是，"Vt+走"表示的都是致使受事移动或者施事、受事共同移动，而"Vt+去"有些表示致使受事移动或施事、受事共移，有些并不表示致使受事移动而表示施事、施事的某一部分或动作所凭依的工具的移动，比如可进入"Vt+去"中的 A 类动词所构成的组合，如"射去、撞去、杀去"等，这类组合表达的不是致移事件而是自移事件；

（2）及物动词在"Vt+走"中表示致使人或事物位移的原因，在"Vt+去"中有些表示致使人或事物位移的原因，有些表示动作的方式或姿态；

（3）能与"走"组合表达致移事件的动词要多于与"去"组合表达致移事件的动词；

（4）有些动词构成的"Vt+去/走"组合既可以用于表达致移事件也可以用于表达自移事件，如"开、搬、撤（退）"；

（5）有些动词意在使人或事物离开某处，不关注或无法确知转移后的位置，如"吓、骂、铐、气、勾引、勾搭、支（指使）、逼（逼迫）、撤（撤退）、冲（冲击）、挤（排挤）、放（释放）"等，这些动词一般与"走"组合，不与"去"组合；

（6）有些动词对方向的认知显著度高，所表示的动作具有明显的方向性，如可进入"Vt+去"中的所有 A 组动词"投、砸、抛、泼、刺、杀、摸、看"等，这类动词一般与"去"组合，不与"走"组合；

（7）有些动词构成的"Vt+去/走"组合表示完全受控的致移，如"端、抬、拿、捎"等，有些表示不完全受控的致移，如"请、派、叫、

赶"。试比较"拿去/走"和"请去/走","拿去/走"是完全受控的致移,位移体是无生物,位移动力来自施动者,位移体的移动是被动的,"去/走"仅表示移动趋向,不表示具体动作;"请去/走"是不完全受控的致移,虽然有"使……离开"之意,但位移体是人,位移动力来自位移体自身,"请"只是致使位移体移动的外因,位移体的移动具有自主性,即因"请"而主动离开,"去/走"不仅表示趋向,还表示具体动作。"拿去/走"是动补结构,"请去/走"可看作省去兼语的兼语结构。

二 "V+去"与"V+走"所构成的句式

(一)"Vi+去"与"Vi+走"所构成的句式

1. "Vi+去"所构成的句式[①]

"Vi+去"所构成的句式主要有以下几类:

(1)N$_{施}$+往/向/朝+N$_{处}$+V+去

句式(1)中的介词除了"往、向、朝",还有"向着、朝着、顺着、沿着","N$_{处}$"也可以是"N$_{方向}$"和"N$_{对象}$"。"往、向、朝、向着、朝着"标引位移的方向、目标,"顺着、沿着"标引位移的路线。"V+去"前面一般还会出现一些对动作的样态或情态进行描摹的状语,这种修饰成分经常与表示位移方向或目标的修饰成分结合起来,在同一个句子中共现。例如:

[②] a. 敌人一边倒下,一边向河水里溃退,拼命地往河对岸逃去。

b. 刘志彬从地上爬起来,向白丽冲去,被白丽一脚踢倒……

c. 汽车猛地往右一拐,把无定河的浅滩浊水甩开,朝着一片浓绿的树林驶去。

[①] 为讨论方便,将不考虑由"上"类趋向动词和"去"构成的组合,因为二者的结合已经成为复合词。

d. 再往上看，就见有几个人手提大锤、焊枪，顺着钢梁缓缓地往上爬去。

e. 我父亲在那里犹豫不决，片刻后他才小心翼翼沿着小路往前走去。

（2）N$_施$+V$_1$着/了+V$_2$+去

句式（2）中"V$_1$着/了"和"V$_2$+去"是同时发生的单一事件，在时间轴上占据同一个时间段，但在语义上有主次之分，"V$_1$着/了"是伴随动作，表示位移的方式或状态，"V$_2$+去"是位移动作，也是事件的主体。

③ a. 她腰间围着一块塑料布围裙，抱着一大包肮脏的塑料薄膜向井台走去。

b. 我看到她迎着波涛冲去，黑色的身躯两侧泛起白色的浪花。

c. 有一次，曾有一只蝉居然带了红绳子逃去了。

（3）N$_施$+V$_1$+去+（N$_处$）+V$_2$

句式（3）中的"V$_1$+去"和"V$_2$"之间存在"位移目的"关系，"V$_1$+去"表示位移动作，"V$_2$"表示位移目的。位移目的是施动者到达某处所后进行的动作，"V$_1$+去"后可以出现处所词或者可根据上下文补出。这一"处所"既是位移事件的终点处所，也是目的事件的发生处所。

④ a. 刘太太立刻跑去伺候天佑太太，和照应孩子。

b. 刑场在龙泉汤东面的河滩上。村里很多人都赶去看热闹……

c. 她得赶去东方音像中心的录音棚录她的第一盘原声带《都市刀马旦》。

2. "Vi+走"所构成的句式

"Vi+走"所构成的句式主要有以下几类：

（1）N$_施$+往/向/朝+N$_处$+V+走+了

和"Vi+去"组合一样，句式（1）中的介词除了"往、向、朝"，还可以是"向着、朝着、顺着、沿着"，但"N$_处$"不能是"N$_对象$"，而且这里的"N$_{处}$"不能是一个具体而明确的终点处所，一般表示位移的路线或者表示一个大致的位移方向。此外，句式（1）的"Vi+走"后必带"了"，去掉"了"句子就站不住，而"Vi+去"构成的句式1则不能带"了"，这是两个句式的不同之处。例如：

⑤ a.我忽然瞥见一个亮影子从我的头上飞过，向着前面那座马鞍似的山头飞走了。
　　b.那辆汽车亮起了尾灯、大灯，朝黑暗的道路上开走了。
　　c.炮兵营长惨叫一声，连忙提起裤子，顺着山沟的小路逃走了。

（2）N$_{施}$+V$_1$+就 +V$_2$+走+了

句式（2）中的"V$_1$"和"V$_2$+走"是先后发生的两个动作，两者之间以"就"连接，通常构成"一 V$_1$ 就 V$_2$"形式，表示两个动作在短时间完成或结束，而且彼此之间的间隔很短。"就"可看作主观小量标记（陈小荷 1994），即"V$_1$"、"V$_2$+走"所表示的动作为主观小量。

⑥ a.像个没规矩的孩子，把什么都弄乱了，……开了后门就溜走了。
　　b.空中又传来飞机马达声，一架侦察机盘旋几圈就飞走了。
　　c.他原谅了自己，那点悔意像蜻蜓点水似的，轻轻的一挨便飞走了。

（3）N$_{施}$+V$_1$+V$_2$+走+了

句式（3）中的"V$_1$"主要由两种成分充当：一是"V$_1$着"式；二是表示身体姿态变化的动词性成分，如"转身、掉头、抬腿"等。这两种成分都是主体动作"V$_2$+走"的伴随行为，表示位移的方式或状态，其后须带"了"。例如：

⑦ a.我还没明白过来，小孩贴着墙壁溜走了。
　　b.小轿车掉头开走了，梁霄却愣愣地站在那里沉吟：搞什么名堂？
　　c.她憋了半天才说：总经理，对不起……便转身跑走了。

（4）N$_处$+V+走+N$_施$

句式（4）中的"N$_处$"表示位移的起点，"N$_施$"必须是不定形式，带有数量词语。

⑧ a. 围墙外面像是飞走了一群乱叫的小鸟。

b. 他抬头看见锥形草顶下飞走了一对夜鸟。

（二）"Vt+去"与"Vt+走"所构成的句式

1. "Vt+去"所构成的句式

"Vt+去"所构成的句式主要有以下几类：

（1）N$_施$+（给+N$_与$）+V+去+（Num）+N$_受$

句式（1）中的"V"如果是"寄送"类动词，如"送、寄、捎、带"等，经常和状语"给+NP"共现。"NP"既是与事，也是位移体转移的终点。

⑨ a. 我让庄土敦带去了我的一张签名照片，一个大钻石戒指。

b. 我却自从去冬以后，再没给留下卡片的人寄去哪怕是一张薄薄的纸。

（2）N$_施$+（给+N$_与$）+V+（Num）+N$_受$+去

句式（2）中的"V"一般是持续性动词，主要有三类：一类是"陪伴"义，如"送、接、领"等；一类是"使令"义，如"派、请、打发"等；一类是"驱赶"义，如"赶、轰、撵"等。"V"后可带"着/了"，"N$_受$"可以是有生物，也可以是无生物。"N$_受$"为有生物时，"去"表示具体动作，"N$_受$"为无生物时，"去"表示位移的趋向。

⑩ a. 因有点好奇心，说要去尝尝，后来舅父果然带我们去了……

b. 谁家有好字画古董，他就派人去，说是借去看两天。

c. 宝庆忙不迭打点着要给王司令送钱去。

（3）N$_施$/N$_受$+V+N$_处$+去

⑪ a. 樟村人的女孩子最多留上一个，其余养下来不是溺死就是送堂里去。

b. 其实何劳大哥亲来铺里，让谁带句话到我家不行，我早

　　　　给王哥送新房去了……

（4）N_施/N_受+V_1+去+V_2

句式（4）中"V_1+去"和"V_2"之间是"位移目的"关系，"V_1+去"是致移事件，V_2是目的事件。如果"V_1+去"后带有处所词或者可根据上下文补出，则"去"表示位移的趋向，具有较强的动作性，"V_2"是受动者（位移体）到达某处所后进行的动作，如例⑫a；如果"V_1+去"后不带处所词，而且不宜补出，则"去"在语义有所虚化，动作性减弱，其作用主要是引出动作的目的"V_2"，如例⑫b、c，不过，仍属于趋向动词[①]。

⑫ a. 原来准备连二妹都带去码头玩玩的。

　　b. 大家估计，那个贼娃子也不是为了看日子，而是偷去卷烟抽了。

　　c. 您没少为我这朋友操劳，这钱拿去喝碗茶吧！

（5）N_施+把+N_受+V+去+（N_处）

⑬ a. 他们和掌柜的借了两根木杠，把我们车上的缆绳也借去了。

　　b. 经理给了何伟一个密码箱，给我买了半打衣服，把我们打发去了海口。

（6）N_受+被+（N_施）+V+去+（N_处）

⑭ a. 他们的金银细软，鸡鸭，妇女，货物，粮食，甚至于生命，都被敌人夺去。

　　b. 他十几岁以前一直生活在这儿，后来才被本家一位叔叔带去了东北。

句式（5）和句式（6）的"V+去"后还经常引进位移的目的，这样就和句式（4）结合在一起。引进位移目的后，位移体（即N_受）与"V+去"和目的动作之间的语义关系一般比较复杂。例如：

⑮ a. 柏老的人重新把他送去砌渠、整田埂，不准他和他的朋友接触任何文字读物。

[①] 张伯江（2000:134）把这种"去"看作表示目的意义的标记。

b. 队长把这事汇报了上去，军代表把他叫去训了一通。

c. 乌世保在八国联军占领时，被抓去埋死尸，曾经碰见过徐焕章。

d. 这个警官给我换了间牢房，……我昏沉沉睡了两天，第三天精神恢复了点，立刻被带去提审。

例⑮中 a 句的"他"既是致移事件"送去"的受动者，也是目的事件"砌渠、整田埂"的施动者，b 句的"他"既是致移事件"叫去"的受动者，也是目的事件"训了一通"的受动者；c 句的"乌世保"既是致移事件"抓去"的受动者，也是目的事件"埋死尸"的施动者，d 句的"我"既是致移事件"带去"的受动者，也是目的事件"提审"的受动者。

（7）N$_施$+（给+N$_与$）+V$_1$+N$_受$+V$_2$+去

句式（7）中的"V$_1$+N$_受$"和"V$_2$+去"是先后发生的两个不同的事件，"V$_2$+去"是致移事件，"N$_受$"是位移体，既是"V$_1$"的受事，也是"V$_2$"的受事。

⑯ a. 咱们给园长备份厚礼送去，花个七十八十的，看能不能打动她！

b. 她把裙子卖了，给婆婆买了一支人参寄去……

（8）N$_施$+往/向/朝+N$_处$+V+去

句式（8）中的"V"为"投、砸、泼、刺、捅、打、摸（行走义）、望、看"类及物动词，这类动词虽然可以带受事宾语，但与"去"结合进入句子中却并不是表达一个"致移事件"（caused motion），动词不是表达使受事位移的动作，而仅表达施事在位移时的方式或者姿势，句子所表达的位移事件和"走去"、"赶去"一样，为自移事件（self-agentive motion）（柯理思 2005:65）。句式中的介词一般是单音节的"往、向、朝"，较少见双音节的"向着、朝着、顺着、沿着"。"N$_处$"也可以是"N$_受$"和"N$_对象$"。

⑰ a. 他弯下腰拾起一块石头，奋力朝河中心投去。

b. 亚伯拉罕用石块砌成祭坛，把儿子捆起来，举起尖刀向儿子刺去。

c. 村里很多人挥着镰刀冲过来，朝他身上砍去。

d. 元凤端出一盆洗脸水，老头子接过去，吼了一声，兜头朝元豹泼去。

e. 她站起来，黑暗中可以看到一张惨白的脸，她跌跌撞撞向门口摸去。

2. "Vt+走"所构成的句式

"Vt+走"所构成的句式主要有以下几类：

（1）N_施+V+走+（Num）+N_受

⑱ a. 你哥哥嫂子全都没安好心，他们也想夺走我的儿子！

b. 她从公司里挖走了几个熟练工人。

（2）N_施+V+N_受+走

句式（2）中的"V"多为非位移动词，"N_受"必须是有生物，"走"和动补结构中做补语的"走"有所不同：前者表示具体的动作，后者表示抽象的趋向[①]。同时"N_受"也表现出"自主性"特征，为"走"这一动作的主体。

⑲ a. 现在好了，我暴露了，你们该赶我走了吧？

b. 先生总拉着小铃儿说长道短，直到别的孩子都走净，才放他走。

（3）N_施+把+N_受+V+走

⑳ a. 领班忙把那个服务员拉走，制止她的申辩。

b. 我打算明天就把这笔钱寄走。

（4）N_受+被+（N_施）+V+走

㉑ a. 驴子被日本鬼牵走了，他们便夺来日本鬼的马匹。

b. 他们一大家子由于一个特别的缘故，被人从祖居地赶走了。

"V+去"组合构成的主要句式有11种，其中"Vi+去"组合构成的有3种，"Vt+去"组合构成的有8种；"V+走"组合构成的主要句式有

[①] 有些学者把"走"纳入指示趋向词范畴，与"来、去"并列，如任鹰（2005:32）、王国栓（2005:14）和柯理思（2006）等。

8种,"Vi+走"和"Vt+走"组合构成的各4种。虽然在构成句式的总量上两者相差不大,但是在句式的使用上,或者说在句式的选择上两者却表现出明显的差异。具体如下:

第一,包含"V+去"组合的常用句式有:

　　a. $N_{施}$+往/向/朝+$N_{处}$+V+去

　　b. $N_{施}$/$N_{受}$+V_1+去+V_2

第二,包含"V+走"组合的常用句式有:

　　a. $N_{施}$+把+$N_{受}$+V+走

　　b. $N_{受}$+被+($N_{施}$)+V+走

第三,可以用"V+去",不能用"V+走"的句式有:

　　a. $N_{施}$+V+$N_{处}$+去

　　b. $N_{施}$/$N_{受}$+V_1+去+V_2

a句式出现了终点处所,所以不能用"V+走";b句式是连动结构,"V_1+去"后带有位移目的"V_2",位移目的也就是一种未实现的结果,"V+走"在语义上已经内含位移结果,因此不能再带"V_2"。

第四,可以用"V+走",不能用"V+去"的句式有:

　　a. $N_{处}$+V+走+$N_{施}$

a句式是表示消失义的隐现句。虽然"去"和"走"都表消失义,但"走"凸显位移的起点,"去"凸显位移的终点。入句后,"V+走"要求位移起点是明确的,"V+去"要求位移终点是明确的。因为句式a的句首处所为位移的起点,没有出现位移的终点,所以不能用"V+去"。

三 "V+走"与"V+去"的界性特征

在现代汉语里,"V+走"一般被看作述结式,"V+去"则属于述趋式。从界性特征上看,汉语的述趋式和述结式一样(也可以认为是类似于述结式的一种)都含有完结的意思,有一个内在的自然终止点,是有界的动作或事件(沈家煊 1995)。表现在句法上:述趋式、述结式都可以构成可能式；一般不能与持续体标记"着"和进行体标记"在、正在"共现，可以和"一下就"、"马上就"之类的修饰语共现等（沈家煊 1995；柯理思 2005:66）。可是根据实际语料的考察，"V+走"和"V+去"在上述句法表现方面并不完全一致。

（一）能否构成可能式

就能否构成可能式来说，不仅在"V+走"和"V+去"之间，就是在它们各自内部也会因为动词次类的不同而具有不同的语法表现。对于"V+去"，除"上去"类复合趋向动词（前项动词"V"为客观路径动词"上、下、出、进、过、回"）构成的可能式比较常见外，"V"为自移动词（不及物动词）（比如"走、跑、游、飘、爬、冲、飞、滚、追"等）时，"V+去"不能构成可能式（刘月华 1998:67）。及物动词中的小类"射、抛、烫、吐、抽、扎、捅、劈、打、摸、凑、看"等与"去"组合时也不构成可能式（刘月华 1998:73）。①除了这一小类外，其他及物动词与"去"组合也很少构成可能式。刘月华（1998:70—72）认为及物动词的 A 类（如"端、抬、送、取"等）和 B 类（如"请、叫、调、派"等）与"去"可以构成可能式，但较少用。范继淹（1963:145）也认为一般动词可以构成"V 不来/去"类可能式，如"调不来、送不去"等，但他在八十余万字的语料里所统计到的 16 例可能式，其前项动词 V 都是"上"类趋向动词。吕叔湘（1999:456）指出，"动+去"一般不能加"得、不"。我们调查了北大现代汉语语料库里"及物动词+得/不+去"（及物动词为"拿、送、拉、带、寄、买、取、端、抬、运、抢、夺、抓、捎、收、吹、叫、请、派、调"，共 20 个）的情况，结果只发现 3 例"V 不去"。②可见在

---

① 刘月华（1998）把这一类动词归入"表示可使物体改变位置的动作行为的动词"，可是实际上这类动词并不是表达使受事位移的动作，而是表达施事在位移时的方式或姿势，其所在的句子表达自移事件。

② 这 3 例"V 不去"如下：(1) 他已下定决心："倾山人马出动，一来可以有把握地消灭少剑波，二来我可以就势拉去吉林。即或一时拉不去，再回大锅盔稍住一时也可，横竖少剑波他不会知道我大锅盔的底细。"(2) 胡丽丽忽闪着明亮的眸子，嘴一撇说："农村，有他妈的屁活头。别说咱们村没我相中的小伙子，就是有，八抬大轿也抬不去我。"(3) 这句话却激起白茹内心情感的奔放，她天真自信的向王团长一噘嘴，头一点一点的，"谁也夺不去。"

汉语普通话里及物动词与"去"构成的可能式，其使用频率是极低的。

而对于"V+走"，不管 V 是及物动词还是不及物动词，都有相应的可能式，如例㉒、㉓。不过，不及物动词与"走"组合也较少构成可能式。我们在北大现代汉语语料库里对"Vi+得/不+走"（不及物动词为"飞、爬、跑、跳、溜、逃、游、滑、退、流"，共 10 个）的情况做了调查，结果只发现 1 例"V 不走"和 1 例"V 得走"。究其原因，主要是在现代汉语里"Vi+走"的语法化程度还比较低，不少不及物动词与"走"构成的组合还经常作为或者还是并列式、状中式复合词或者连动结构，如"游走、滑走、流走、奔走"，"走"保留"行走"或者"逃跑"义，如例㉔，只有"飞走"和"逃走"的语法化程度稍高，一般作为述结式，我们统计到的两例可能式正是"飞得走"和"逃不走"。

㉒ a. 他们两位王爷心一横，哪儿也不逃，逃也逃不走，干脆等待命运的判决。

　　b. 我哪里飞得走呢？这四海之内，地是您的，天是您的，普天下都是您的猎手。

㉓ a. 他们可以霸占我这身子，但夺不走我这颗心。

　　b. 我是一朵带刺的玫瑰谁也摘不走……

㉔ a. 我将那条无毒的赤链蛇玩弄于股掌之间，一会儿让它缠在我的脖子上，一会儿让它顺着我的手臂游走。

　　b. 音乐轰然又起，所有动物又奔走起来，元豹含笑走到台前。

可能式是述结式和述趋式在形态上的表现之一。"V+走"组合基本上都有相应的可能式[1]，而"V+去"基本上不构成可能式，因此可以认为"V+去"不是典型的述趋式，尤其是由自移动词构成的"V+去"，前项动词 V 的主语也是后项动词"去"的主语，类似于并列式、状中式复

---

[1] 我们依据北大现代汉语语料库对述结式"V+走"作了不完全调查，得到前项动词 V 有 15 个是不及物动词，127 个是及物动词，不及物动词的所占比例约为 12%。可见很少构成可能式的那部分"Vi+走"组合在整个"V+走"中的比例较低。

合词或者连动结构①。"自移动词+去"组合在语音方面也表现出不同于典型述趋式的特点，典型述趋式中的"趋"一般读轻声，如"买来、寄去"中的"来"和"去"，而"自移动词+去"表示趋向运动时，其中的"去"不是轻读，而是重读。②柯理思（2003:11）谈到这类自移动词构成的"V+去"时指出"如果采取一个'动态'的汉语观就会发现，现代汉语的[动词+趋向动词]组合实际上包括不同层次的组合类型，有一部分还没有完全脱离古汉语并列式的复合动词（或者连动结构，特别是表示自移事件时），还没有完全转变为典型的述趋式的类型。"

（二）与某些体标记和时间词语共现

在与体标记"在、正在"和"一下"、"马上"之类的修饰语共现等方面，"V+走"和"V+去"同样具有不同的语法表现。具体说来，"Vi+去"组合在使用上一般具有以下特点：

（1）可以受体标记"在、正在"修饰；

（2）通常要求和"往/向/朝+处所词"一类状语共现（刘月华 1998:36；柯理思 2005:56）；

（3）经常和"V着"连用构成连动结构（V₁V₂），"V着"出现在 V₁ 位置，"Vi+去"出现在 V₂ 位置，"V着"表示位移事件的伴随行为或方式；

（4）包含"Vi+去"的分句往往作为"看到"等知觉动词的宾语（柯理思 2005）；

（5）"Vi+去"组合的句子"具有书面语、文学语言的色彩"（刘月华 1998:70）；

（6）包含"Vi+去"组合的句子基本上是表示无界的（unbounded）动作。

---

① 吴福祥（1996:395—396）指出连动结构和动补结构的区别在于"前者，动词和趋向动词共承同一主语；而后者，趋向动词所表示的动作可以是主语的，也可以不是主语的"。

② 周一民（1999:33）指出，"在很多情况下趋向动词补语是不读轻声的"，比如，"21 世纪正向我们走来"、"队员们奋力向终点跑去"。后重的"走来"和"跑去"表示趋向运动，属于书面语，后轻的"走来"和"跑去"可以变换为"来走"和"去跑"，"走"和"跑"是"来"、"去"的目的。

从体貌方面来看,包含"Vi+去"组合的句子基本上是表示无界的(unbounded)动作,位移体还没有达到目标,正往目标移动(柯理思 2005:60)。从"Vi+去"所出现的句法条件看,一般用于对动态场景进行描述,具有较强的现场感。例如:

㉕ a. 那天下午我们找到了刘小青,他正扛着一个拖把满头大汗地往河边跑去。

b. 她看到对面的塑料雨布上爬动着三只蛐蜒,三只蛐蜒正朝着不同的方向爬去。

c. 他们离开露天餐厅,沿着一条树木茂盛的小道走去,他们走到一块草地旁站住了脚。

与之相反,"Vi+走"却表现出有界谓词的特点,不可以和"在、正在"共现,虽然可以和"往/向/朝+处所词"一类状语共现,也可以和"V着"连用构成连动结构,但其前不能再有"在、正在",表达现实位移事件时,其后或句末必带"了"。从体貌方面来看,包含"Vi+走"组合的句子表现出有界(bounded)位移的特点。例如:

㉖ a. 我仰头去看,一架飞机从后面飞来,掠过我们的头上,往七星岩那面飞走了。

b. 孩子们顿时安静下来,滑着雪溜儿跑走了。

内含自然终结点的"Vi+走"可以和"已经、早已、终于、马上、突然、一下、一溜烟、转瞬之间"之类时间词语共现,可以构成"一V_1就V_2"形式,其后或句末也可以加"了";不含自然终结点的"Vi+走"不能与这类的时间词语共现[①],不能构成"一V_1就V_2"形式,其后或句末也不能加"了",例如:

㉗ a. 端华派来协助自己的那位高手不知什么时候早已溜走了。

[①] 不及物动词"离、散、逝"与"去"组合可以跟"已经、终于"等完成的时间词语共现,所在的分句虽然表达自移事件,但"去"受前项动词的词义感染具有一定的结果意义。例如:(1)等我醒来,这条人面狼已经离去。(2)当即,有不少人已经散去。(3)等到人们认识到了亚历山大不仅在东方建立了一个昙花一现的王国,也将希腊文明传给了东方,多个世纪已经逝去。

b. 我出了门，校园中的春天似乎忽然逃走了。

c. 各种铿锵、言简意赅的精确措辞犹如断了线的风筝从他嘴边一下子飞走了。

d. 他们胡乱地包了书包，挟着，一溜烟跑走了。

e. 那个小乞丐把一团又黏又稠的鼻涕往那个穿大衣的人背上一抹就溜走了。

但是，如果"Vi+去"后带有位移的终点或者位移的目的[1]，有些也可以跟这类时间词语连用[2]，因为带有位移的终点或目的动作后，包含"Vi+去"组合的分句表示有界位移，句末也可以带有"了"。例如：

㉘ a. 这时助手王德贵已经跑去发动了马达，他担心着，……赶不过封锁线。

b. 胡昭衡马上赶去看望，并且作陪吃午饭。

c. 如果一连多天，有一群黄皮肤的东方人突然跑去旅店，会引起法国人的注意……

进入"Vt+去"中的A类及物动词与"去"组合也表现出无界谓词的特点，不能构成可能式，可以受"在/正在"修饰或者可以添加"在/正在"，也要求和"往/向/朝 + 处所词"一类状语共现。例如：

㉙ a. 我想今儿没好了，砸一个是一个，抓起凳子朝着跑到墙角那记录员砸去。

b. 露珠将那一小瓶液体全部往东山脸上泼去。

c. 我看见一方中一个握铁棍的，朝缩在几辆车后的花花恶狠狠捅去……

d. 他一回头，吓呆了，一个娇小的身影正向起火的卡车扑去，竟是解净。

"Vt+去"和"Vt+走"都表现出有界谓词的特点，可以受"已经、

---

[1] "Vi+去"后带位移的目的时，"Vi+去"和目的动作之间实际上省略了处所，可以补上。

[2] 连用的主要是"立即、马上"之类表示时点的词语和"已经、早已"等表示完成的时间词语。"一下、转眼之间"之类修饰的是突发性动作，即在极短时间内完成或实现的动作，而"Vi+去"凸显位移的过程，即使带上位移终点也不受这类词语修饰。

早已、马上"之类时间词语修饰。例如：

㉚ a. 你的爸爸已经被他们捉去了，回头就要来抢你！

b. 我想这对于今后我承包工程至关重要，不敢怠慢，马上送去了。

c. 林怀部早已被事先布置好的法国租界巡捕房带走了。

d. 警察明白了，马上把围观的人赶走了，然后关上门。

"Vt+去"一般不受"一下、眨眼、转眼、转身、掉头"等表示时点或极短时段的词语修饰，因为这类词语修饰的是短时间内即完成或结束的动作，而"Vt+去"凸显位移的过程，所以不和这类词语连用；"Vt+去"一般也不构成"一V_1就V_2"形式。与之相反，"Vt+走"则可以。例如：

㉛ a. 他背在肩上的书包一下被一个小伙子兜头摘走了。

b. 他们动作敏捷地爬上树去，眨眼就摘走那只蘑菇，迅速逃进树林中不见了。

c. 瞎子和那位年轻人一下去就被卷走，他们时沉时浮，手脚乱舞乱蹬。

"Vt+走"经常出现在格式"V_1+走+（O），V_2"中，表示前一动作行为完成之后接着出现另一动作行为。"V_1+走+（O）"是表示背景时间信息的事件，为后面出现的动作行为提供一个参照时间，其后经常出现"之后、以后"这类标志事件完结的时间词语。而"Vt+去"则较少出现在这类格式中，即使出现一般也不带这类表完结意义的时间词语。例如：

㉜ a. 送走客人后，金枝顺便把报箱里的晚报取了回来。

b. 队长把他们赶走后，起身关上门，也不先和我们套套近乎。

c. 手中的女孩被夺走之后，我感到轻松了很多，我觉得自己该回到公路上去了。

d. 我给同病房的病人送去一些排骨，然后坐在他旁边看着他吃，听他抱怨。

例㉜a、b、c中，"V_1+走"后带有"后、之后"，在句中做时间状语；㉜d中，"V_1+去"所在的分句和后面的分句是先后发生的两件事，为承接关系,"V₁+去"不是作为背景事件。可见,"Vt+去"和"Vt+走"的有界程度并不一样,前者的有界性比较低①。关于这一点,后文还将详述。

(三)"V+走"异于一般动结式

值得注意的是,"V+走"虽然表现出有界谓词的特点,但在某些句法方面却异于一般动结式,表现出动趋式的句法特性。

"V+走"跟动趋式一样可以插入"了"②,构成"V+了+走",这在近现代汉语中较为常见③,而一般动结式没有这种用法。例如:

㉝ a. 他连大气没出把支票拿了走,扔给我一面小铜牌。
    b. 两个囚犯,默默地把死人抬了走。

其次,如果位移体是有生物,"V+走"也可以像动趋式一样构成分裂式"V+N受+走",一般动结式不能把受事宾语插在两个动词中间。例如:

㉞ a. 明天给聂小轩准备十两银子,送一身旧衣裳放他走,今天先逗弄逗弄他。
    b. 我本来是不想去上课了,可说了会儿话,米兰就撵我走……

柯理思、刘淑学(2001)、Lamarre(2006)指出,有些北方方言使用一个标记("了、得、将、上、着"等)插在动词和"来/去/走"之间,从形态方面创造一个"三分"的"指示方向词范畴",其中表示"离开说话人"的趋向标记分为有目的的"去"和无目的的"走"两种。从"V+走"异于一般动结式的特点看,把"走"看作趋向补语也未尝不可,至少不是典型的结果补语。

---

① 和其他的范畴一样,有界、无界的概念也是一个涉及程度大小的问题,所以称为有界性。参见高增霞(2006:80)。
② 柯理思(2002)把这个"了"看作动趋结构中用来连接趋向成分的标记;自移动词构成的"V+走"组合不能插入"了"。
③ 我们考察了几位当代北京作家或者用北京话创作的作家的小说作品,如陈建功、毕淑敏、王朔、刘恒和邓友梅等,"V+了+来/去/走"在他们小说中还比较常见。

四 从位移事件的类型看"V+去"与"V+走"

(一)在位移事件类型上的具体表现

从位移事件的类型看,"V+去"与"V+走"既可以表达自移事件也可以表达致移事件。具体说来,可分成以下几种情况。

(1)包含"Vi+去"和"Vi+走"的句子表达自移事件。

(2)包含"Vt+走"和"Vt+去"(A类动词与"去"构成的组合除外)的句子表达致移事件。

(3)进入"Vt+去"中的A类动词所构成的组合,如"射去、投去、杀去"等,包含这类组合的句子也表达自移事件。

(4)有些动词既可以做及物动词,也可以做不及物动词,表示的意思不同,如"拐、赶、挤、逼、冲"等,做不及物动词构成的"Vi+去"组合用于自移事件,做及物动词构成的"Vt+去/走"组合用于致移事件。例如:

㉟ a. 三轮车在前面十字路口向东拐去不见了。
  b. 她嘱咐了高第与男女仆人,只准说桐芳拐去了金银首饰,偷跑了出去。
  c. 我已经报了案,说她拐走了金银首饰,偷跑了出去。

㊱ a. 那天,听人说裱画室里有一件上品,我赶去想一饱眼福。
  b. 前两天倪二说,要把鸭子赶去卖了。
  c. 我和家珍商量了一下,怎么也得让凤霞回去了,就把凤霞赶走了。

㊲ a. 他锁上车后,径直向大门冲去。
  b. 那件衣裳不小心叫河水给冲走了。

㊳ a. "你为什么不跳下去!"单立人眼里喷着怒火,一步步向白丽逼去。
  b. 为我的事,把你逼走,我不是更难过了吗!

(5)有些及物动词与"去"、"走"组合可以带受事,也可以不带受事,

不带受事时施动者是位移体,用于自移事件,带受事时受事者为位移体,用于致移事件。例如:

㊴ a. 几房的本家大约已经搬走了,所以很寂静。

　　b. 月牙太太从后院跑来,厨房并没动,只搬走了两口袋面。

㊵ a. 就在他走后第二天,进驻大楼的那些人也撤走了。

　　b. 25师敢于撤走主力,就是瞅准这一天要停战。

㊶ a. 我们听得津津垂涎,恨不得马上就搬去。

　　b. 大理石本来还有不少,早给搬去造圣彼得等教堂去了。

(6)有些及物动词与"去"、"走"构成的组合,句中主语(位移体)是非生命体,但一般看作是可以自己移动的,如"车船、月光、太阳、树叶"等,这类句子表达自移事件;包含这类组合的句子有些也可以带受事用于致移事件。例如:

㊷ a. 后来月光移走了,我点了一根烟,抽到一半她拿走了,接着吸了几口。

　　b. 我抬手时身下稻草的响声使我知道我睡在泥地上,暖和的炕已被谁移走。

㊸ a. 她再次靠近窗前,那辆银灰色的小轿车已经开走了。

　　b. 司机和坐车的人就上车,呼地一下把车开走了。

㊹ a. 这辆公共汽车终于朝下一站开去。

　　b. 本来我也没准备把卡车往另一个方向开去,所以这一切都是命中注定的。

(二)在位移事件类型上的分工状况

为了解动词与"去"、"走"的组合情况以及在表达自移事件和致移事件方面的分工状况,我们依据北大汉语语言学研究中心语料库做了不完全调查,调查分为以下几个部分:

第一,调查了现代汉语语料库里"V+了+去"和"V+了+走"使用情况,结果如下:

(1)能进入"V+了+走"中的动词有42个,都是及物动词,没有发现不及物动词，都表达致移事件。列举如下：卷、赶、放、搬、带、调、冲、拉、拐、拿、刮、娶、接、裹、摘、抬、吹、汇、装、绑、架、劝、扛、夺、抓、叨、要、捆、抱、撵、锁、背、戴、抢、救、押、送、派、轰、收拾、搬运、征调。

（2）能进入"V＋了＋去"中的动词，既有不及物动词，也有及物动词，表达自移事件的有 16 个，表达致移事件的有 71 个。列举如下：

自移：走、跟、追、拐、跑、飘、歪、滑、碰、顶、奔、赶、扔、打、看、瞧。

致移：带、请、偷、拿、买、当、刮、寄、捡、翻、抢、裹、听、叨、摘、送、捉、扒、找、抓、赖、拖、选、抄、搭、要、剃、骗、夺、挑、撒、拉、揪、接、逮、划、召、拾、得、传、占、绑、锁、端、拨、收、挖、叫、捕、租、搬、调、敛、弄、兜、献、戴、卖、讨、引、捞、背、探、载、赚、收罗、没收、吸收、征调、照（相）、敲（诈）。

第二，调查了现代汉语语料库里"V＋去"和"V＋走"使用情况，结果如下：

（1）能进入"V＋走"中的动词，表达自移事件的有 15 个，表达致移事件的有 127 个（详细列举见前文）。

（2）能进入"V＋去"的动词，表达自移事件的有 63 个（其中包括 37 个自移动词）①，表达致移事件的应该不会多于 127 个（前文只做了部分列举）。

第三，调查了历代汉语语料库里述补结构"V＋了＋去/走"和"V＋去/走"（动词为自移动词"飞、逃、溜、游、跑、流、爬、赶、冲、追、涌、滚、驰、跟"）的使用情况，结果如下：

（1）当动词为上述自移动词时，没有发现述补结构"V＋了＋走"的用例，"V＋走"只有 1 个"逃走"，"走"还保留"逃跑"的动作义，很难说已成为述补结构。

（2）当动词为上述自移动词时，进入述补结构"V＋了＋去"中的动

---

① 这个数字不包括"上"类趋向动词。

词只有4个："走、跑、赶、跟"，进入述补结构"V+去"中的动词有10个："走、冲、飞、跑、逃、流、追、赶、跟、滚"。

从以上调查结果可以看出：

（1）"V+了+走"[①]只用于致移事件，不用于自移事件，而"V+了+去"则既可用于表达自移事件，也可用于表达致移事件。

（2）在现代汉语里，进入"V+走"中表达自移事件和致移事件的动词在数量上相差悬殊，二者之比为15∶127；相比之下，进入"V+去"中表达这两类事件的动词则相差不太大，二者之比大约是63∶127。可见"V+走"更倾向于用在表达致移事件中。

（3）进入"V+走"中的自移动词虽然在数量上有所增加，但仍只有14个，远少于进入"V+去"中的37个自移动词。

据Lamarre（2006），"走"在明清白话里，从《水浒传》到《红楼梦》，一直到19世纪的《儿女英雄传》里使用频率低，结合面窄，表示和"V来"对立的趋向意义时使用"V去"，不用"V走"，而且进入"V了D"中趋向补语D位置的成分限于"来"和"去"两个，不包括"走"。到清末北方话语料里（例如1908年的《小额》），"V走"的使用频率才逐渐地提高，进入"V了D"中趋向补语D位置的成分包括"来/去"和"走"，"走"和"来/去"属于同一类。从该文对明清白话到清末北方话语料的考察结果看，与"走"组合的动词只有"逃、放、赶、抬、逼、送、拉、抓、支、拿、劝"等10来个。对比我们对现代汉语中"V+走"的统计结果，可以看出，在现代汉语里与"走"结合的动词的发展是非常迅猛的。"V+走"的发展和扩大与"V+走"的有界程度高，比"V+去"更适合表示有界位移事件密切相关（Lamarre 2006）。

"V+去"和"V+走"都可以用于表达致移事件，但在句式选择上差异明显。我们对四位当代作家的7篇小说作品[②]进行了调查，调查内容

[①] 据柯理思（2006），明清白话里没有"V了走"，只有"V了来/去"。我们调查北大历代汉语语料库也没有发现"V了走"的用例，这里讨论的"V了走"是北大现代汉语语料库里的使用情况。

[②] 这7篇作品为：王朔的《玩的就是心跳》（玩）、《我是你爸爸》（我）和《千万别把我当人》（别），陈建功、赵大年的《皇城根》（皇），毕淑敏的《红处方》（红）和《血玲珑》（血），邓友梅的《那五》（那）。王朔、陈建功、赵大年和毕淑敏都是北京人，邓友梅不是北京出生，但他的小说是用北京话创作的，很有京味色彩。

包括:(1)进入"V+去"和"V+走"中表达致移事件的及物动词数量;(2)包含"V+去"和"V+走"组合的致移句数量;(3)在包含"V+去"和"V+走"组合的致移句中,"把"字句、"被"字句和受事主语句数量[①]结果如下表:

表 5-2 "V+去"和"V+走"表达致移事件在句式选择上的差异

	V+去						V+走					
	动词	致移句	把字句	被字句	受主句	其他	动词	致移句	把字句	被字句	受主句	其他
玩	3	3	0	1	1	1	14	20	7	3	2	8
我	8	8	2	3	1	2	12	13	2	4	2	5
别	3	4	1	2	1	0	6	11	3	3	1	4
皇	8	19	1	3	0	15	14	58	18	7	16	17
红	10	14	2	6	1	5	17	23	14	2	1	6
血	3	4	1	0	1	2	8	12	7	3	0	2
那	6	7	2	1	0	4	8	9	5	0	1	3
总计	41	59	9	16	5	29	79	146	56	22	23	45

从上面的统计结果可以看出:

(1)在同一篇作品中进入"V+走"中表达致移事件的及物动词一般都多于进入"V+去"中表达致移事件的及物动词。在 7 篇作品中二者的总和之比为 41:79,比例接近 1:2,相差比较悬殊,这说明当代汉语中在表达致移事件时与"走"组合的及物动词不仅在数量上,而且在组合的频率上都要高于"V+去"。

(2)在同一篇作品中包含"V+走"组合的致移句一般都多于包含"V+去"组合的致移句。在 7 篇作品中二者的总和之比为 59:146,说明在表达致移事件时更倾向于使用"V+走"。

---

① 这里"把"字句代表"把/将"字句,"被"字句代表"被/叫/给/让"字句。"被"字句是有标记的被动句,受事主语句是无标记的被动句,这里为统计方便而分开,也可把它们合在被动句里。

（3）"V+走"组合在表达致移事件时倾向于选择"把/被"字句或者受事主语句，在7篇作品中属于这三种句式的致移句总和为101个（56+22+23），占"V+走"组合的所有致移句总和的70%（101:146）以上，"V+去"在表达致移事件时使用这三种句式的比例则不高，在7篇作品中这三种句式的致移句为30个（9+16+5），约占"V+去"组合的所有致移句总和的50%（30:59）。在有些作品中甚至更多地选择除这三种句式之外的其他句式，比如《皇城根》。

究其原因，一是这三种句式对谓语的有界性要求比较高，与"V+走"体现有界谓词的特点一致，相比之下，"V+去"的有界性则明显偏低。这表现在：由及物动词构成的"V+去"组合很少有可能式（见前文），而"V+走"构成的可能式则比较常见；"V+去"后经常带上某些句法成分以提高谓语的有界性，比如受事宾语、处所宾语或者位移目的等，当它带受事宾语时一般不用前述三种句式，相比之下，"V+走"后带受事宾语等句法成分则比较少。例如：

㊺ a. 阿千之死，同时也带去了我的梦，我的青春！
　　b. 他会到商业局，在局长室坐定，然后通知你把这"家伙"带去见他。
　　c. 几个美丽的姑娘已经被几个猥琐的男人带走了。

例㊺a、b中"带去"分别带受事宾语和位移目的以提高其界性程度，带受事宾语时不能使用"把/被"字句或者受事主语句，b句中"带去"因为带有位移目的"见他"才使用"把"字句，而㊺c中的"带走"则使用"被"字句，因为"带走"本身的有界性比较高。

二是较之"V+走"，"V+去"更经常使用分裂式"V（着/了）+N$_{受}$+去"。我们依据人民网（www.people.cn，2008年10月25日）对二者使用分裂式的情况进行了调查（随机抽取了12个能同时进入"V+去"和"V+走"的动词，对分裂式"V+他+去/走"的使用频率做调查），调查结果如下表（表中数字为出现的次数）：

表 5-3 "V+走"、"V+去"的分裂式情况调查

V	V+他+去	V+他+走	V	V+他+去	V+他+走
送	430	42	叫	242	13
领	41	17	派	252	1
接	44	4	劝	184	10
带	1102	62	逼	40	24
抱	13	0	赶	2	52
请	407	14	撵	0	6

从上表的统计数据可以看出，除表示"驱赶"义的"赶、撵"外，其他动词构成的分裂式都是"V+他+去"的使用频率高于"V+他+走"。

值得注意的是，"V+（着/了）+N$_{受}$+去"中的"N$_{受}$"既可以是有生物，也可以是无生物，"V+（着/了）+N$_{受}$+走"中的"N$_{受}$"则只能是有生物，不能是无生物。例如：

㊻ a. 莫大年第二天给赵子曰送了十几个橘子去，交给医院的号房……

b. 今年她去得早些，并且因为和女婿吵了架的缘故，没有带小孩们去。

c. 这个人给我留着，在我考核之前，不能放他走。

由于"V+（着/了）+N$_{受}$+去"中的"N$_{受}$"可以是无生物，这样就使得不少不能进入"V+（着/了）+N$_{受}$+走"中的动词可以进入"V+（着/了）+N$_{受}$+去"，比如"端、搬、提、拿"等。显然，"V+去"更多、更广、更经常地使用分裂式，也是它选择"把/被"字句和受事主语句的倾向远不如"V+走"的原因之一。

由于以上两个方面的原因，在表达致移事件时，"V+走"组合倾向于选择"把/被"字句和受事主语句，"V+去"组合则有更多句式选择的可能。"把/被"字句都是高及物性句式（Hopper & Thompson 1980；王惠 1997；屈承熹 2001），"V+走"比"V+去"更倾向于选择"把/被"字句和受事主语句，表明"V+走"的及物性高于"V+去"。及物性高对

受事的控制力就强,及物性低对受事的控制力就弱。因此在受事具有潜在"自主性"时,尤其受事是高自主性的人时,及物性更低的"V+去"比"V+走"更经常地使用分裂式①,这从对"V+他+去/走"的调查结果明显反映出来。

为进一步了解当代汉语中"V+去"和"V+走"表达致移事件的实际使用状况,我们依据人民网(2008年10月18日)对其使用频率进行了调查(随机抽取了20个能同时进入"V+去"和"V+走"的动词),调查结果如下表(表中数字为出现的次数):

表5-4 "V+去"和"V+走"表达致移事件的使用频率调查

V	V+去	V+走	V	V+去	V+走
拿	4795	8532	借	194	325
带	7969	19498	抢	1266	7810
抬	33	387	偷	355	3152
抱	58	713	调	604	1287
运	342	2319	送	15670	4263
拉	789	2174	寄	1485	57
端	75	195	捎	386	12
取	85	2577	叫	932	213
买	571	3015	请	900	276
抓	586	1453	派	1580	20

从上表的统计数据可以看出:

(1)在这20个动词构成的"V+去"和"V+走"中,有12个动词构成的"V+走",其出现次数远远高于"V+去",尤其是"抬去/抬走、抱去/抱走、取去/取走",二者的比例都超出1∶10。这说明在当代汉语里表达致移事件时使用"V+走"要多于"V+去"。

(2)有6个动词(送、捎、寄、叫、请、派)构成的"V+去"的出现次数大大高于"V+走"。

---

① 虽然"V+去"和"V+走"构成分裂式后,都会减弱其及物性,但本身及物性更低的"V+去"比"V+走"更易于使用分裂式应该是不争的事实。

究其原因，首先是这类动词对终点的认知显著度比较高，语义上一般要求位移终点明确，所以在位移体位移去向明确的情况下倾向于与"去"组合，只有在位移去向不明或说话人不关心位移去向时才和"走"搭配。其次是它们在句法上也具有比较明显的特点。"送、捎、寄"一般带有状语"给/为+NP"，"叫、请、派"经常构成"V+去+VP"或"V+去+N$_{处}$"，在具有这些特点的情况下，这类动词只能与"去"组合，不能与"走"组合。例如：

㊼ a. 他知道母亲爱喝糖水，就给母亲捎去白糖、奶粉。
  b. 民营企业家李安包机为灾区送去价值1000万元的药品。
  c. 妻子的母亲看到女儿受了气，便把女婿叫去教训了一通。
  d. 唐山地震四个月后，我被派去唐钢进行支援恢复生产，那会儿我才20岁出头。

五 结语

综上所述，本节的基本结论如下：

（1）"V+去"表达自移事件和致移事件的动词在数量上相差不太大，而"V+走"则相差悬殊；

（2）"V+去"和"V+走"在构成句式的总量上相差不大，但在句式的使用或选择上却表现出明显的差异；

（3）"V+去"组合基本上不构成可能式，不是典型的述趋式；"V+走"组合基本上都有相应的可能式，但表现出动趋式的句法特性，不是典型的动结式；

（4）"Vi+去"表现出无界谓词的特点，"Vi+走"则表现出有界谓词的特点；"Vt+去"和"Vt+走"的有界程度并不一样，前者的有界性偏低；

（5）"V+走"组合倾向于表达致移事件，而且表达致移事件时倾向于选择"把/被"字句和受事主语句，而"V+去"组合表达致移事件时则有更多句式选择的可能；

现代汉语里，表示位移动作的"跑"和"走"一样，做补语时也表示一种较为虚化的"离开"义,但是,"V+跑"不能插入"了"构成"V+了+跑"形式,一般也不构成分裂式"V+(着/了)+N$_{受}$+跑",并且"V+跑"很多时候不和"V+来"形成对立,比如有"送来、搬来",没有"送跑、搬跑",尤其是几乎不与自移动词组合(只有一个已成词的"逃跑")。也就是说,与"跑"组合的动词比较受限,数量上远没有"走"多。据此,"跑"不宜纳入指示趋向词范畴,"V+跑"只能是动结式。

参考文献

曹广顺　1995　《近代汉语助词》，北京：语文出版社。
曹　宏　2004　论中动句的句法构造特点，《世界汉语教学》第3期。
陈昌来　2002a　《介词与介引功能》，合肥：安徽教育出版社。
―――　2002b　《现代汉语动词的句法语义属性研究》，上海：学林出版社。
陈　平　1988　论现代汉语时间系统的三元结构，《中国语文》第6期。
―――　1994　试论汉语中三种句子成分与语义成分的配位原则，《中国语文》第3期。
陈前瑞　2002　汉语反复体的考察，《语法研究和探索》（十一），北京：商务印书馆。
陈小荷　1994　主观量问题初探，《世界汉语教学》第4期。
陈　忠　2007　复合趋向补语中"来/去"的句法分布顺序及理据，《当代语言学》第1期。
程　工　1995　评《题元原型角色与论元选择》，《国外语言学》第3期。
储泽祥　1998　动词的空间适应性情况考察，《中国语文》第4期。
―――　2005　"V往+O"的语义约束，《江汉大学学报》第4期。
崔希亮　2002　空间关系的类型学研究，《汉语学习》第1期。
―――　2006　汉语介词结构与位移事件，《中国语言学报》第12期。
戴浩一　1988　时间顺序和汉语的语序，《国外语言学》第1期。
―――　1989　以认知为基础的汉语功能语法刍议，叶蜚声译，《国外语言学》1990年第4期，1991年第1期。
邓守信　1975　《汉语及物性关系的语义研究》，侯方、邹邵华等译，黑龙江大学科研处，1983。
―――　1986　汉语动词的时间结构，《第一届国际汉语教学讨论会论文选》，北京：北京语言学院出版社。
董秀芳　2007　词汇化与话语标记的形成，《世界汉语教学》第1期。
范继淹　1963　动词和趋向性后置成分的结构分析，《中国语文》第2期。
―――　1982　论介词短语"在+处所"，《语言研究》第1期。
范　晓　1986　交接动词及其构成的句式，《语言教学与研究》第3期。

―――　　1996a　动介组合体的配价问题,《营口师专学报》第 1 期。
―――　　1996b　《三个平面语法观》,北京:北京语言学院出版社。
方经民　1999　汉语空间参照和视点,《汉语现状与历史的研究》,北京:中国社会科学出版社。
―――　　2002　现代汉语空间方位参照系统认知研究,上海师范大学博士学位论文。
方　梅　2005　篇章语法与汉语篇章语法研究,《中国社会科学》第 6 期。
方绪军　1997　与"从北京开会回来"相关的结构,《语文建设》第 5 期。
―――　　2004　"V 向……"和"V 往……",《语言教学与研究》第 2 期。
房玉清　1992　"起来"的分布和语义特征,《世界汉语教学》第 1 期。
冯胜利　1998　《汉语韵律句法学》,上海:汉语教育出版社。
高增霞　2006　《现代汉语连动式的语法化视角》,北京:中国档案出版社。
顾　阳　2000　论元结构及论元结构变化,《配价理论与汉语语法研究》,沈阳主编,北京:语文出版社。
郭春贵　2003　复合趋向补语与非处所宾语的位置问题补议,《世界汉语教学》第 3 期。
郭　锐　1993　汉语动词的过程结构,《中国语文》第 6 期。
贺　阳　2004　动趋式"V 起来"的语义分化及其句法表现,《语言研究》第 3 期。
侯学超　1998　《现代汉语虚词词典》,北京:商务印书馆。
胡壮麟等　1989　《系统功能语法概论》,长沙:湖南教育出版社。
胡壮麟　1994　《语篇的衔接与连贯》,上海:上海外语教育出版社。
贾　珏　1998　"来/去"作趋向补语时动词宾语的位置,《世界汉语教学》第 1 期。
江蓝生　2002　时间词"时"和"後"的语法化,《中国语文》第 4 期。
姜　苹　2001　"从+NL"与"在+NL"的分工与交叉,《语言学论文选集》,哈尔滨:黑龙江教育出版社。
蒋　华　2003　趋向动词"上"的语法化初探,《东方论坛》第 5 期。
金立鑫　2003　趋向补语和宾语的位置关系,《对外汉语研究的跨学科探索》,赵金铭主编,北京:北京语言大学出版社。
柯理思、刘淑学　2001　河北冀州方言里"拿不了走"一类格式,《中国语文》第 5 期。
柯理思　2002　汉语方言里连接趋向成分的形式,《中国语文研究》第 1 期。
―――　　2003a　汉语空间位移事件的语言表达――兼论述趋式的几个问题,《现代中国语研究》第 5 期。
―――　　2003b　试论谓词的语义特征和语法化的关系,《语法化与语法研究》(一),吴福祥、洪波主编,北京:商务印书馆。
―――　　2005　讨论一个非典型的述趋式:"走去"类组合,《语法化与语法研究》(二),沈家煊等主编,北京:商务印书馆。
柯润兰　2006　介词"向"的认知考察,《云南师范大学学报》(对外汉语教学与研究版),第 4 期。

李晋霞　2002　"V来V去"格式及其语法化,《语言研究》第2期。
李　明　2003　试谈言说动词向认知动词的引申,《语法化与语法研究》(一),吴福祥、洪波主编,北京:商务印书馆。
李　敏　2005　论"V起来"结构中"起来"的分化,《烟台师范学院学报》(哲学社会科学版)第3期。
李如龙　1996　泉州方言的体,《动词的体》,张双庆主编,香港:香港中文大学中国文化研究所吴多泰中国语文研究中心出版。
李卫中　2005　与"从"字相关的固定格式的考察,《汉语学习》第2期。
李宇明　2000　《汉语量范畴研究》,武汉:华中师范大学出版社。
——　2002　论"反复",《中国语文》第3期。
梁银峰　2007　《汉语趋向动词的语法化》,上海:学林出版社。
刘丹青　2001　方所题元的若干类型学参项,《汉语研究的类型学视视角》,徐杰主编,北京:北京语言大学出版社。
——　2002　汉语里的一个内容宾语标句词——从"说道"的"道"说起,庆祝《中国语文》创刊50周年国际学术研讨会(南昌)论文,2002。
——　2003　《语序类型学与介词理论》,北京:商务印书馆。
刘光明、储泽祥等　2006　"单音动词+往"里"往"的语法化,《古汉语研究》第2期。
刘宁生　1994　汉语怎样表达物体的空间关系,《中国语文》第3期。
刘培玉　2004　有关"把"字句里表示处所的"从L"的几个问题,《中南大学学报》(社会科学版)第5期。
——　2007　介词"向"、"往"、"朝"的功能差异及解释,《汉语学习》第3期。
刘月华　1998　《趋向补语通释》,北京:北京语言文化大学出版社。
刘志生　2004　近代汉语中的"V来V去"格式考察,《古汉语研究》第4期。
卢英顺　2000　现代汉语中的"延续体",《安徽师范大学学报》第3期。
——　2002　"下去"句法语义特点探析,《语法研究和探索》(十一),北京:商务印书馆。
——　2005　"上来"句法语义特点探析,《现代汉语三维语法论》,陈昌来主编,上海:学林出版社。
——　2006a　"上去"句法语义特点探析,《安徽师范大学学报》第4期。
——　2006b　"下来"句法语义特点探析,《宁夏大学学报》第5期。
陆丙甫　2005　语序优势的认知解释(上):论可别度对语序的普遍影响,《当代语言学》第1期。
陆俭明　1985　关于"去+VP"和"VP+去"句式,《语言教学与研究》第4期。
——　2002　动词后趋向补语和宾语的位置问题,《世界汉语教学》第1期。
吕叔湘　1985　《中国文法要略》,北京:商务印书馆。
吕叔湘主编　1999　《现代汉语八百词》,北京:商务印书馆。
罗昕如　1998　《新化方言研究》,长沙:湖南教育出版社。

马贝加　1999　处所介词"向"的产生及发展,《语文研究》第 1 期。
———　2002　《近代汉语介词》,北京:中华书局。
马庆株　1997　"V 来/去"与现代汉语动词的主观范畴,《语文研究》第 3 期。
马玉汴　2005　趋向动词的认知分析,《汉语学习》第 6 期。
木仕华　2003　论纳西语动词的语法化,《民族语文》第 5 期。
潘　文　2006　《现代汉语存现句的多维研究》,南京:南京师范大学出版社。
齐沪扬　1994　现代汉语空间位置系统的理论框架,《现代语言学》,北京:语文出版社。
———　1995　位置句中动词的配价研究,《现代汉语配价语法研究》,北京:北京大学出版社。
———　1996a　空间位移中主观参照"来/去"的语用含义,《世界汉语教学》第 4 期。
———　1996b　关于"动词+趋向动词"方向价的类型及位移句句型的建立,[韩国]《中国语文论丛》(11 辑),中国语文研究会。
———　1998　《现代汉语空间问题研究》,上海:学林出版社。
———　1999a　空间位移中客观参照"P+N"的语用含义,《中国语言学报》第 9 期。
———　1999b　空间位移中客观参照"D+Q+M"的语用含义,《汉语现状与历史的研究》,北京:中国社会科学出版社。
———　2000　动词移动性功能的考察和动词的分类,《语法研究和探索》(十),北京:商务印书馆。
齐沪扬、唐依力　2004　带处所宾语的"把"字句中 V 后格标的脱落,《世界汉语教学》第 3 期。
邱广君　1983　与"[动词+'出']+宾语"有关的几个问题,《语言学论丛》第九辑,北京:商务印书馆。
———　1999　现代汉语动词的方向体系,《中国语言学报》(九),北京:商务印书馆。
屈承熹　2001　"及物性"及其在汉语中的增减机制,《语言学问题集刊》(第 1 辑)戴昭铭、陆境光主编,长春:吉林人民出版社。
———　2005　《汉语认知功能语法》,哈尔滨:黑龙江人民出版社。
冉永平　2000　话语标记语的语用学研究综述,《外语研究》第 4 期。
任　鹰　2005　《现代汉语非受事宾语句研究》,北京:社会科学文献出版社。
杉村博文　2007　三种谓词性重复格式的句法、语义分析,《汉语词汇、句法、语音的相互关联》,徐杰、钟奇主编,北京:北京语言大学出版社。
沈家煊　1994a　R. W. Langacker 的"认知语法",《国外语言学》第 1 期。
———　1994b　"语法化"研究综观,《外语教学与研究》第 4 期。
———　1995　"有界"与"无界",《中国语文》第 5 期。
———　1997　词义与认知——《从词源学到语用学》评价,《外语教学与研究》第 3 期。

——　　1998　实词虚化的机制——《演化而来的语法》评介,《当代语言学》第 3 期。
——　　1999a　转指和转喻,《当代语言学》第 1 期。
——　　1999b　《不对称和标记论》,南昌：江西教育出版社。
——　　2000　句式和配价,《中国语文》第 4 期。
——　　2001　语言的"主观性"和"主观化",《外语教学与研究》第 4 期。
——　　2003　现代汉语"动补结构"的类型学考察,《世界汉语教学》第 3 期。
——　　2004a　再谈"有界"与"无界",《语言学论丛》(30),北京：北京大学出版社。
——　　2004b　语用原则、语用推理和语义演变,《外语教学与研究》第 4 期。
——　　2005　认知语言学与汉语研究,《语言学前沿与汉语研究》,刘丹青主编,上海：上海教育出版社。
——　　2008　认知语言学理论与隐喻语法和转喻语法研究,《当代语言学理论和汉语研究》,沈阳、冯胜利主编,北京：商务印书馆。
石毓智　　2001　《汉语语法化的历程》,北京：北京大学出版社。
——　　2003　古今汉语动词概念化方式的变化及其对语法的影响,《汉语学习》第 3 期。
石毓智、白解红　　2007a　将来时的概念结构及其词汇来源,《外语教学与研究》第 1 期。
——　　2007b　将来时态标记向认识情态功能的衍生,《解放军外国语学院学报》第 1 期。
史有为　　1997　处所宾语初步考察,《中国语学论文集：大河内康宪教授退馆记念》,东方书店（日）。
宋文辉　　2007　《现代汉语动结式的认知研究》,北京：北京大学出版社。
孙绪武　　2004　趋向动词的范围及意义,《湖南科技大学学报》第 1 期。
汤廷池　　1975　《国语变形语法研究》,台湾学生书局。
——　　1977　动词的语法属性,《语文周刊》（台湾）,第 1463 期。
唐正大　　2005　从独立动词到话题标记——"起来"语法化模式的理据性,《语法化与语法研究》（二）,沈家煊等主编,北京：商务印书馆。
——　　2008　关中方言趋向表达的句法语义类型,《语言科学》第 2 期。
王葆华　　2003　《动词的语义及论元配置》,复旦大学中文系博士学位论文。
王灿龙　　2004　"起去"的语法化未完成及其认知动因,《世界汉语教学》第 3 期。
王凤兰　　2004　谈两种简单趋向补语的异同,《云南师范大学学报》（对外汉语教学与研究版）第 5 期。
王国栓　　2005　《趋向问题研究》,北京：华夏出版社。
王　惠　　1997　从及物性系统看现代汉语的句式,《语言学论丛》(第 19 辑)。
王建勤　　1992　"对于"的话语功能,《语言教学与研究》第 1 期。
王小溪　　2004　为什么不能说"扔在地上",《汉语学习》第 4 期。
文　炼　　1984　《处所、时间和方位》,上海：上海教育出版社。

―――― 1992 句子的理解策略，《中国语文》第 4 期。
吴福祥 1996 《敦煌变文语法研究》，长沙：岳麓书社。
吴洁敏 1984 谈谈非谓语动词"起来"，《语言教学与研究》第 2 期。
吴 云 2004 "过"引申用法的认知分析，《汕头大学学报》第 3 期。
―――― 2006 "过来""过去"引申用法的认知分析，《探索与创新——华东地区对外汉语教学论文集》，朱立元主编，北京：北京大学出版社。
伍云姬 1996 长沙方言"去来"和"咖哒"的对立与互补，《动词的体》，张双庆主编，香港：香港中文大学中国文化研究所吴多泰中国语文研究中心出版。
谢白羽、齐沪扬 2000 复合趋向补语"过来"和"过去"的语义分析，《面临新世纪挑战的现代汉语语法研究》，陆俭明主编，济南：山东教育出版社。
辛承姬 1998a "去 N"和"到 N 去"，《华中师范大学学报》第 1 期。
―――― 1998b 连动结构中的"来"，《语言研究》第 2 期。
―――― 2000 连动结构中的"上"字考察，《湖北大学学报》第 4 期。
徐 丹 1994 关于汉语里"动词+X+地点词"的句型，《中国语文》第 3 期。
―――― 2005 趋向动词"来/去"与语法化——兼谈"去"的词义转变及其机制，《语法化与语法研究》（二），沈家煊等主编，北京：商务印书馆。
徐 峰 1998 现代汉语置放动词配价研究，《语言教学与研究》第 3 期。
徐复岭 1995 近代山东方言中的"V+到+O+NL/t"句式，《中国语言学报》第 7 期。
徐 靖 2008 "移动样态动词+处所宾语"的认知模式，《语言教学与研究》第 2 期。
徐烈炯、沈 阳 1998 题元理论与汉语配价问题，《当代语言学》第 3 期。
杨成凯 1986 Fillmore 的格语法理论（下），《国外语言学》第 3 期。
杨德峰 2005 "时间顺序原则"与"动词+复合趋向动词"带宾语形成的句式，《世界汉语教学》第 3 期。
杨凯荣 2006 论趋向补语和宾语的位置，《汉语学报》第 2 期。
于 康 1996 命题内成分与命题外成分——以汉语助动词为例，《世界汉语教学》第 1 期。
―――― 2007 "NP₁+在 L+VP+NP₂"的歧义机制与必有论元之间的语义制约关系，《现代中国语研究》第 9 期。
袁毓林 1991 祈使句式和动词的类，《中国语文》第 1 期。
张爱民 1982 "从+处所词"的语义功能，《徐州师范学院学报》第 4 期。
张宝胜 2003 《现代汉语置放动词配价研究》补议，《语言教学与研究》第 3 期。
张 斌主编 2001 《现代汉语虚词词典》，北京：商务印书馆。
张伯江 1991a 关于动趋式带宾语的几种语序，《中国语文》第 3 期。
―――― 1991b 动趋式里宾语位置的制约因素，《汉语学习》第 6 期。
―――― 1994 词类活用的功能解释，《中国语文》第 5 期。
―――― 1997 汉语连动式的及物性解释，《语法研究和探索》（九），北京：商务印书馆。

|　　　　　| 2000 | 论"把"字句的句式语义,《语言研究》第 1 期。
|　　　　　| 2001 | 被字句和把字句的对称与不对称,《中国文》第 6 期。
张　赪　2002　《汉语介词词组词序的历史演变》,北京:北京语言大学出版社。
张国宪　1997　"V$_双$+N$_双$"短语的理解因素,《中国语文》第 3 期。
|　　　　　| 1999 | 延续性形容词的续段结构及其体表现,《中国语文》第 6 期。
|　　　　　| 2000 | 动词的动向范畴,《语法研究和探索》(九),北京:商务印书馆。
张　黎　2006　汉语位移句的语义组合,《现代中国语研究》第 8 期。
张　敏　1998　《认知语言学与汉语名词短语》,北京:中国社会科学出版社。
张雪涛　1992　"V 趋+N+了"和"N+V 趋+了",《北京大学学报》第 6 期。
张谊生　2000　《现代汉语虚词》,上海:华东师范大学出版社。
|　　　　　| 2006 | "看起来"与"看上去"——兼论动趋式短语词汇化的机制与动因,《世界汉语教学》第 3 期。
张云秋　2004　《现代汉语受事宾语句研究》,上海:学林出版社。
赵金铭　1995　现代汉语补语位置上的"在"和"到"及其弱化形式"·de",《中国语言学报》第 7 期。
周一民　1999　汉语趋向动词规范谈,《语文建设》第 3 期。
朱德熙　1982　《语法讲义》,北京:商务印书馆。
朱晓亚、范晓　1999　二价动作动词形成的基干句模,《语言教学与研究》第 1 期。
卓小清　1999　瑶语的"ta:i^2(来)"和"miŋ^2(去)",《民族教育研究》第 1 期。
［日］古川裕　2001　外界事物的"显著性"与句中名词的"有标性"——"出现、存在、消失"与"有界、无界",《当代语言学》第 4 期。
|　　　　　| 2003 | 起点指向和终点指向不对称性及其认知解释,《世界汉语教学》第 3 期。
［日］河上誓作　1996　認知言語学の基礎　研究社出版株式会社。
［日］荒川清秀　1993　汉语动词意义的阶段性(靳卫卫译),《日本近、现代汉语研究论文选》,大河内康宪主编,北京:北京语言学院出版社。
［日］山梨正明　1995　認知文法論　ひつじ書房。
［日］太田辰夫　2003　《中国语历史文法》(蒋绍愚、徐昌华译),北京:北京大学出版社。
［日］堂下修司等译　1991　空間認知と言語理解　オーム社。
［日］鹈殿伦次　1993　汉语趋向性复合动词与处所宾语,《日本近、现代汉语研究论文集》,大河内康宪主编,北京:北京语言学院出版社。
［日］丸尾诚　2007　关于存在句句首的介词"在",《日本现代汉语语法研究论文选》,张黎等主编,北京:北京语言大学出版社。
［日］志村良治　1995　《中国中世语法史研究》(江蓝生、白维国译),北京:中华书局。

Bybee, J. R. Perkins & W. Pagliuca. 1994. *The Evolution of Grammar: Tense, Aspect, Modality in the Languages of the World.* Chicago: The University of Chicago Press.

Chu, Chauncey. 1998a. *A Discourse Grammar of Mandarin Chinese.* New York: Peter Lang Publishing.

———— 1998b. Transitivity: Its Increase and Decrease in Mandarin Syntax. *The 7th Annual Meeting of the International Association of Chinese Linguistics.* Stanford University, Palo Alto, California. June.

Dowty, David. 1991. Thematic Proto-Roles and Argument Selection. *Language* 67: 547—619.

Fillmore, Charles J. 1968. The Case for Case. *Universals in Linguistic Theory*: 1—88. New York: Holt, Rinehart and Winston.

———— 1982. Frame Semantics. In Linguistic Society of Korea, *Linguistics in the Morning Calm:*111—137. Soeul: Hanshin.

———— 1985. Frames and the Semantics of Understanding. *Quaderni di Semantica.*

Finegan, E. 1995. Subjectivity and Subjectivisation: An Introduction. In Stein & Wright eds. *Subjectivity and Subjectivisation*: 1—15. Cambridge: Cambridge University Press.

Fraser, B. 1999. What are discourse markers. *Journal of Pragmatics*（31）.

Goldberg, Adele E. 1995. *Constructions: A Construction, Grammar Approach to Argument Structure.* Chicago: The University of Chicago Press.

Heine, B. & T. Kuteva. 2002. *World Lexicon of Grammaticalization.* Cambridge: CUP.

Hopper, Paul. & Sandra A. Thompson. 1980. Transitivity in Grammar and Discourse. *Language* 56（2）.

Hopper, Paul J. & Traugott. Elizabeth C. 1993. *Grammaticalization.* Cambridge: Cambridge University Press.

Lakoff, George. 1987. *Women, Fire and Dangerous Things: What Categories Reveal about the Mind.* Chicago: The University of Chicago Press.

Lakoff, George. & Mark Johnson. 1980. *Metaphors we live by.* Chicago: The University of Chicago Press.

———— 1999. *Philosophy in the Flesh: The Emboied Mind and Its Challenge to Western Thought.* New York: Basic Books.

Li, Y-H Audrey. 1990. *Order and Constituency in Mandarin Chinese*, Dordrecht: Kluwer.

Lamarre, Christine. 2006. The Grammaticalization of Postverbal Directional-Zou 'away'. In N. Ogoshi （ed.）. Contrastive Studies of Grammaticalization and Categorization in East Asian Languages—from Particulars to Universals—Project Report for Grant-in Aid for Scientific Research N. University of Tokyo, Japan.

Langacker, R. 1989. *Foundations of Cognitive Grammar.* California: Standford University Press.

———— 1999. *Grammar and Conceptualization.* Berlin/New York: Mouton de Gruyter.

Lyons, J. 1977. *Semantics.* Cambridge: Cambridge University Press.

Palmer, F. R. 2001. *Mood and Modality*（*Second edition*）. Cambridge: Cambridge University

Press.

Panther, klaus-Uwe. & Radden. 1999. *Metonymy in Language and Thought*. Amsterdam: John Benjamins.

Peyraube, Alain. 1999. Historical Change in Chinese Grammar. *Cahier de Linguistique-Asie Orientale*（28.2.）.

Schiffrin, Debroah. 1987. *Discourse Markers*. Cambridge: Cambridge University Press.

Slobin, D. I. 1996. Two Ways to Travel: Verbs of Motion in English and Spanish. In M. Shibatani & S.A. Thompson（eds.）. *Grammatical Constructions: Their Form and Meaning*. Oxford: Clarendon Press.

Sun Chaofen. 1995. Transitivity, the BA Construction and Its History, *Journal of Chinese Linguistics*, 23.1: 159—194.

Talmy, L. 1975. Semantics and Syntax of Motion. *Syntax and Semantics 4*. edited by J. P. Kimball. New York: Academic Press.

―― 1985. Lexicalization Patterns: Semantic Structure in Lexical Forms. Timothy Shopen. *Language Typology and Syntactic Description*: 36—149. Cambridge: Cambridge University Press.

―― 1991. Path to Realization: A Typology of Event Conflation. Berkeley Working Papers in Linguistics: 480—519.

―― 1996. Fictive Motion in Language and 'Ception'. In P. Bloom et al.（Eds.）. *Language and Space*. Cambridge, MA: MIT Press.

―― 2000. *Toward a Cognitive Semantics*. V1 & 2. Cambridge, MA: MIT Press.

Taylor, John R. 1989. *Linguistic Categorization: Prototypes in Linguistic Theory*. New York: Oxford University Press.

Traugott, Elizabeth C. 1995. Subjectification in Grammaticalisation. Stein & Wright eds. *Subjectivity and subjectivisation: linguistic perspectives*. Cambridge: Cambridge University Press.

Traugott, Elizabeth C. & Dasher, Richard B. 2002. *Regularity in Semantic Change*. Cambridge: Cambrige University Press.

Traugott, Elizabeth C. & Ekkehard König. 1991. The Semantics-Pragmatics of Grammaticalization Revisited. In Elizabeth Closs Traugott and Bernd Heine, eds. *Approaches to Grammaticalization*. Vol. 21: 189—218. Amsterdam: John Benjamins.

Ungerer, F. & Schmid, H. J. 1996. *An Introduction to Cognitive Linguistics*. London: Longman.

后　记

我是1993年在上海师范大学中文系现代汉语专业毕业，获得博士学位的，我的博士论文做的就是《现代汉语空间位置系统》。1998年学林出版社将我的博士论文以《现代汉语空间问题研究》为名出版。正如我在这本书的后记里所写的："感到幸运的是，我留在上海师范大学工作，能随时直接地聆听到我的导师张斌先生的教导，从而可以对我博士论文中的一些观点进行更加深入、更加广泛的思考，继而做出重大的修改，这样才能够有这本呈现在读者面前的拙作的问世"。尽管书出版了，然而，"更加深入、更加广泛的思考"这些年来一直陪伴着我，想在现代汉语空间问题上再做一番研究的想法也一直没有忘掉过。只是那时我已经担任一定的行政职务，想法归想法，实施起来却不那么容易，因为工作忙，因为在写其他书，这样的想法总是得不到实现，自己为自己找了不少可以推诿、拖延的理由。

直到2006年，我申报的国家社科基金项目"现代汉语空间范畴的认知与理解"批了下来，我没有任何理由可以让自己只想不做了。2004级的博士研究生吴念阳和2006级的博士研究生曾传禄都愿意跟我做这个课题。从2006到2009这三年，我们三个人同心协力，把这个课题完成了。我完成的是对现代汉语现实空间的表达研究，曾传禄做的是与位移空间相关的表达研究，吴念阳则在大量的心理实验的基础上，提交了一份心理空间相关的实证研究。

但是，这个课题直到2011年才完成结项工作。做完研究后，书稿就束之高阁。那两年我没有时间顾及自己项目的结项，学科的重大项目"现代汉语描写语法"到了最后冲刺的时候，我在商务印书馆出版的另一部工具书《现代汉语语气成分使用词典》也在那个时候送来清样，时隔五年之久也来忙中"添乱"。为了《现代汉语描写语法》能赶在2010年11月出版，那两年上海师大整个语法学科，都是处在高负荷的运作之中。我在该书的后记中有一段描述："面对着桌子上堆积如山的纸质稿子，面对着电脑中从修改稿1到修改稿7，再到定稿的各个文件夹，我们看到了岁月的流逝，看到了写作的艰辛"，就连九十高龄的张斌先生，也和我们一起努力着。这种时候去忙自己的课题结项，我觉得是对上海师大语法学科的亵渎，我说不出口，也不愿意去做。

《现代汉语描写语法》于2010年10月做完最后的校对工作，11月出版，赶在2010年11月27日召开的"庆祝张斌先生90华诞从教60周年学术研讨会暨《现代汉语描写语法》首发仪式"上与读者见面；

《现代汉语语气成分使用词典》于2010年12月做完校对工作，2011年2月出版；

"现代汉语空间范畴的认知与理解"的课题为60万字的系列著作，结项报告书于2011年3月提交，2011年8月我们收到全国哲学社会科学规划办公室的结项证书，鉴定等级为良好。

那是那一段时间的工作状况。如实记述。

"现代汉语空间范畴的认知与理解"为系列著作，其一为《现代汉语位移空间的认知研究》，作者是曾传禄；其二为《现代汉语心理空间的认知研究》，作者是吴念阳；其三为《现代汉语现实空间的认知研究》，作者是齐沪扬。我任三本著作的主编。

我很感谢我的这两位学生。

曾传禄1998年考过我的硕士研究生。那年竞争特别厉害，他没有被上海师大录取，转到贵州大学读宋宣教授的硕士研究生。经过贵州大学浓郁的人文气息和语言学学术氛围熏陶，曾传禄于2006年重又考回上海师大，攻读语法方向的博士学位。他语言学功底深厚，古汉语和近代汉语基础扎实，安于寂寞，甘于清贫，讷于言敏于行，粗茶淡饭却笔耕不辍,少言寡语然勤于思考。几年下来,他自然成为他们这一届博士研究生中的佼佼者,理论素养最好,科研成果最多。和这样的学生合作做课题,我感到高兴,感到放心。《现代汉语位移空间的认知研究》中的大部分章节作为博士论文参加过答辩,论文受到了答辩主席北京语言大学赵金铭教授和其他答辩委员的一致称赞。

吴念阳是上海师大教育学院的教授,她跟我读博士研究生完全是一种机遇的巧合。2004年她进入HSK(旅游)课题组,负责数据统计工作,这是由于她具有北大心理系本科和硕士的背景。然而在做课题的同时,她突然对语言学感兴趣了。她的博士论文整整做了四年,题目是《空间隐喻的认知研究》。为了博士论文,她带着自己的硕士研究生做了大量的有关空间隐喻的心理实验,正如她在著作中所说的,"仅有语言学证据是不够的","时序概念两种不同维度的空间隐喻是否具有心理现实性,即人们是否基于空间方向性建构、理解时序概念,需要进一步的实证、甚至神经生理的研究来提供充分的论证"。我觉得这些心理学的报告对深化语言学的研究是十分有用的。为此,我把吴念阳的这些实验报告作为课题的一个组成部分。

至于第三本《现代汉语现实空间的认知研究》,其中的很多章节,都已经发表过,这次做了补充修改,另外还收了我的硕士研究生葛新、蔡瑱所写的部分成果。

我还要感谢本书的责编白冰同志。白冰同志我没有见过面,但我信赖商务印书馆的责编们,以前合作过的那几位都给我们留下了认真、勤勉、负责的印象,相信白冰同志也是这样的责编。希望以后有更多的和白冰同志合作的机会。

现代汉语空间范畴的研究范围很大,可以研究的题目很多,我想我应该积攒能量,汇聚动力,带领学生在这一领域里继续耕耘下去。

齐沪扬

2012年6月

于上海师范大学对外汉语学院